# O escândalo do século

## Obras do autor

*O amor nos tempos do cólera*
*A aventura de Miguel Littín clandestino no Chile*
*Cem anos de solidão*
*Cheiro de goiaba*
*Crônica de uma morte anunciada*
*Do amor e outros demônios*
*Doze contos peregrinos*
*Os funerais da Mamãe Grande*
*O general em seu labirinto*
*A incrível e triste história de Cândida Eréndira e sua avó desalmada*
*Memória de minhas putas tristes*
*Ninguém escreve ao coronel*
*Notícia de um sequestro*
*Olhos de cão azul*
*O outono do patriarca*
*Relato de um náufrago*
*A revoada (O enterro do diabo)*
*O veneno da madrugada (A má hora)*
*Viver para contar*

### Obra jornalística

*Vol. 1 – Textos caribenhos (1948-1952)*
*Vol. 2 – Textos andinos (1954-1955)*
*Vol. 3 – Da Europa e da América (1955-1960)*
*Vol. 4 – Reportagens políticas (1974-1995)*
*Vol. 5 – Crônicas (1961-1984)*
*O escândalo do século*

### Obra infantojuvenil

*A luz é como a água*
*María dos Prazeres*
*A sesta da terça-feira*
*Um senhor muito velho com umas asas enormes*
*O verão feliz da senhorita Forbes*
*Maria dos Prazeres e outros contos (com Carme Solé Vendrell)*

# GABRIEL GARCÍA MÁRQUEZ
## O escândalo do século

*Prólogo de* Jon Lee Anderson

TRADUÇÃO DE
Joel Silveira
Léo Schlafman
Remy Gorga, Filho

EDITORA RECORD
RIO DE JANEIRO • SÃO PAULO
2020

**EDITORA-EXECUTIVA**
Renata Pettengill

**SUBGERENTE EDITORIAL**
Mariana Ferreira

**ASSISTENTE EDITORIAL**
Pedro de Lima

**AUXILIAR EDITORIAL**
Juliana Brandt

**CAPA**
Design adaptado da original da Penguin Random House

**DIAGRAMAÇÃO**
Beatriz Carvalho
Beatriz Araújo

**TÍTULO ORIGINAL**
El escándalo del siglo. Textos de jornais e revistas (1950 – 1984)

---

CIP-BRASIL. CATALOGAÇÃO NA PUBLICAÇÃO
SINDICATO NACIONAL DOS EDITORES DE LIVROS, RJ

G21e

García Márquez, Gabriel, 1928-2014
O escândalo do século / Gabriel García Marquéz; tradução de Joel Silveira, Léo Schlafman, Remy Gorga, Filho; prefácio de Jon Lee Anderson. – 1ª ed. – Rio de Janeiro: Record, 2020.

Tradução de: El escándalo del siglo. Textos de jornais e revistas (1950 – 1984)
ISBN 978-65-5587-017-6

1. Ensaios colombianos. I. Silveira, Joel. II. Schlafman, Léo. III. Remy Gorga, Filho. IV. Anderson, Jon Lee. V. Título.

20-64215

CDD: 868.993864
CDU: 82-4(862.1)

Meri Gleice Rodrigues de Souza – Bibliotecária CRB-7/6439

---

Título original:
El escándalo del siglo. Textos de jornais e revistas (1950 – 1984)

Copyright © GABRIEL GARCÍA MÁRQUEZ, e herdeiros de GABRIEL GARCÍA MÁRQUEZ, @1981, 1982, 1983, 1974-1995, 1991-1999.

Texto revisado segundo o novo Acordo Ortográfico da Língua Portuguesa.

Todos os direitos reservados. Proibida a reprodução, no todo ou em parte, através de quaisquer meios. Os direitos morais do autor foram assegurados.

Direitos exclusivos de publicação em língua portuguesa somente para o Brasil adquiridos pela
EDITORA RECORD LTDA.
Rua Argentina, 171 – Rio de Janeiro, RJ – 20921-380 – Tel.: (21) 2585-2000, que se reserva a propriedade literária desta tradução.

---

Impresso no Brasil

ISBN 978-65-5587-017-6

Seja um leitor preferencial Record.
Cadastre-se no site www.record.com.br e receba informações sobre nossos lançamentos e nossas promoções.

Atendimento e venda direta ao leitor:
sac@record.com.br

EDITORA AFILIADA

## SUMÁRIO

*Prólogo*, por Jon Lee Anderson .................................... 7
*Nota do editor*, por Cristóbal Pera............................. 17

### O ESCÂNDALO DO SÉCULO

O barbeiro presidencial .................................... 21
Tema para um tema........................................ 25
Um equívoco explicável.................................... 27
O assassino dos corações solitários .................... 31
A morte é uma dama impontual........................ 35
A estranha idolatria de La Sierpe ..................... 39
Um homem vem sob a chuva........................... 49
A casa dos Buendía ........................................ 55
Literaturismo................................................. 59
Os precursores................................................61
O carteiro bate mil vezes................................. 63
O tigre de Aracataca....................................... 69
S.S. sai de férias (fragmento)........................... 71
O escândalo do século..................................... 75
Estão em Caracas as mulheres que desaparecem em Paris?....... 139
"Visitei a Hungria" (fragmento)...................... 143
O ano mais famoso do mundo........................ 151
Só 12 horas para salvá-lo ............................... 169

6 de junho de 1958: Caracas sem água . . . . . . . . . . . . . . . . . . . . . . . 181
Desventuras de um escritor de livros. . . . . . . . . . . . . . . . . . . . . . . 191
Não me ocorre nenhum título. . . . . . . . . . . . . . . . . . . . . . . . . . . . . 195
O golpe sandinista. Crônica do assalto à "Casa de los Chanchos" . . . 205
Os cubanos diante do bloqueio . . . . . . . . . . . . . . . . . . . . . . . . . . . . 219
O fantasma do Prêmio Nobel . . . . . . . . . . . . . . . . . . . . . . . . . . . . . 231
Telepatia sem fio . . . . . . . . . . . . . . . . . . . . . . . . . . . . . . . . . . . . . . . 237
A nova profissão mais velha do mundo . . . . . . . . . . . . . . . . . . . . . 241
Sim: a nostalgia continua a mesma de antes . . . . . . . . . . . . . . . . . 245
Conto de horror para a noite de Ano-Novo . . . . . . . . . . . . . . . . . . 249
Caribe mágico . . . . . . . . . . . . . . . . . . . . . . . . . . . . . . . . . . . . . . . . . 253
A poesia ao alcance das crianças . . . . . . . . . . . . . . . . . . . . . . . . . . 257
O rio da vida . . . . . . . . . . . . . . . . . . . . . . . . . . . . . . . . . . . . . . . . . . 261
*María de meu coração* . . . . . . . . . . . . . . . . . . . . . . . . . . . . . . . . . . 267
Como almas penadas . . . . . . . . . . . . . . . . . . . . . . . . . . . . . . . . . . . 271
Algo mais sobre literatura e realidade . . . . . . . . . . . . . . . . . . . . . . 275
Meu Hemingway pessoal . . . . . . . . . . . . . . . . . . . . . . . . . . . . . . . . 281
Fantasmas de estradas . . . . . . . . . . . . . . . . . . . . . . . . . . . . . . . . . . 287
Bogotá, 1947 . . . . . . . . . . . . . . . . . . . . . . . . . . . . . . . . . . . . . . . . . . 291
"Contos de estrada" . . . . . . . . . . . . . . . . . . . . . . . . . . . . . . . . . . . . 295
Meu outro eu . . . . . . . . . . . . . . . . . . . . . . . . . . . . . . . . . . . . . . . . . 299
Os pobres bons tradutores . . . . . . . . . . . . . . . . . . . . . . . . . . . . . . . 305
O avião da Bela Adormecida . . . . . . . . . . . . . . . . . . . . . . . . . . . . . 309
Precisa-se de um escritor . . . . . . . . . . . . . . . . . . . . . . . . . . . . . . . . 313
Obregón ou a vocação arrebatada . . . . . . . . . . . . . . . . . . . . . . . . . 317
A literatura sem dor . . . . . . . . . . . . . . . . . . . . . . . . . . . . . . . . . . . . 321
De Paris, com amor . . . . . . . . . . . . . . . . . . . . . . . . . . . . . . . . . . . . 325
Regresso ao México . . . . . . . . . . . . . . . . . . . . . . . . . . . . . . . . . . . . 329
Está bem, falemos de literatura . . . . . . . . . . . . . . . . . . . . . . . . . . . 333
Aquele quadro-negro das notícias . . . . . . . . . . . . . . . . . . . . . . . . . 337
Volta às raízes . . . . . . . . . . . . . . . . . . . . . . . . . . . . . . . . . . . . . . . . . 341
Como se escreve um romance? . . . . . . . . . . . . . . . . . . . . . . . . . . . 345

# PRÓLOGO

O mundo reconhece Gabriel García Márquez como um romancista extraordinário: o querido criador do coronel Aureliano Buendía e de Macondo, do épico amor de Fermina Daza e Florentino Ariza, da morte de Santiago Nasar, e do colossal e solitário ditador de *O outono do patriarca*. Por tudo isso, ele recebeu em vida o reconhecimento máximo concedido a um literato, o prêmio Nobel, e toda a América Hispânica se regozijou ao ver "um dos 16 filhos do telegrafista de Aracataca" na cerimônia de entrega, diante dos monarcas da Suécia.

Gabo (nome afetuoso pelo qual é chamado em todo o mundo hispânico) também é conhecido como amigo e confidente de Fidel Castro, Bill Clinton, Cortázar, Fuentes e de seus outros colegas do *boom*. Também é conhecido como marido de Mercedes Barcha e pai de dois filhos, Gonzalo e Rodrigo. Quando morreu, em 2014, aos 87 anos, uma multidão compareceu ao seu velório, realizado no lindo palácio das Belas Artes da capital do país onde morava, o México. Quando Juan Manuel Santos, então presidente da Colômbia, sua terra natal, disse que Gabo fora o melhor colombiano de todos os tempos, ninguém duvidou.

No entanto, além de tudo isso, Gabo foi jornalista; o jornalismo foi, de certo modo, seu primeiro amor, e, como todos os primeiros amores, o mais duradouro. Foi essa profissão que lhe deu as bases para se tornar escritor, coisa de que ele sempre se lembrou; sua admiração pelo jornalismo chegou ao ponto de levá-lo a proclamar, em algum momento, com sua característica generosidade, que esse era "o melhor ofício do mundo".

Essa hipérbole foi inspirada por um sentimento de respeito e afeto por uma profissão que ele adotou ao mesmo tempo que dava os primeiros passos como escritor. Em 1947, em seu primeiro ano na Universidad Nacional de Bogotá, foram publicados seus primeiros contos no jornal *El Espectador*. Ele queria ser escritor, mas havia entrado na faculdade de direito para satisfazer o pai.

A violência política irrompeu bruscamente na vida de Gabo em abril de 1948, quando o assassinato do carismático líder liberal Jorge Eliécer Gaitán ensejou vários dias de revolta popular. Durante a comoção, lembrada como "Bogotazo", a residência estudantil de Gabo foi incendiada, e a universidade foi fechada por tempo indeterminado. Esse foi o começo de uma guerra civil entre liberais e conservadores — denominada "La Violencia" —, que duraria uma década e custaria a vida de cerca de 200 mil pessoas.

A Colômbia nunca seria a mesma, e a vida de Gabo também não. Para poder continuar os estudos, ele se mudou para Cartagena das Índias, matriculou-se na universidade e, em maio de 1948, começou a colaborar com o novo jornal local, o *El Universal*. Pouco tempo depois, deixou os estudos para dedicar-se totalmente à escrita. Tentou ganhar a vida escrevendo artigos para o *El Heraldo*, de Barranquilla, cidade para onde se mudou em 1950. Foram anos felizes e formadores: estava rodeado por outros jovens criativos — escritores, artistas, boêmios —, que se tornaram grandes amigos e formaram o chamado "Grupo de Barranquilla". Naquela época, Gabo vivia num hotel, assinava uma coluna sob o pseudônimo de Septimus e terminou seu primeiro romance, *A revoada (o enterro do diabo)*.

Esta antologia, tão bem-vinda e necessária, ressalta o legado do jornalista Gabriel García Márquez por meio de uma seleção de seus artigos publicados. Começa com o jovem e boêmio Gabo da fase caribenha, prestes a decolar como escritor, e continua por uns quarenta anos até meados da década de 1980, quando ele já é um autor maduro e consagrado. É uma antologia que nos revela um escritor de escrita amena em suas origens, brincalhão e desinibido, cujo jornalismo pouco se distingue de sua ficção. Em "Tema para um tema", por exemplo, ele escreve sobre a dificuldade de encontrar um assunto apropriado para começar um artigo. "Há quem transforme a falta de tema em tema para um artigo de jornal", diz, e, depois de revisar um leque de histórias pitorescas que aparecem nos jornais — casa-se a filha do ditador espanhol Franco, e o noivo é chamado de "Genríssimo"; alguns meninos acabam queimados quando brincam com discos voadores —, deixa claro que é possível escrever um artigo divertido sobre nada em particular. Em "Um equívoco explicável", Gabo narra como um homem extremamente bêbado se suicidou pulando da janela de um hotel ao ver peixes caindo do céu. Consumado o fato, o remate de Gabo tem um tom gótico *noir*, tipo Edgar Allan Poe, o que revela um jornalista motivado sobretudo pelo desejo de "contar um conto bem contado", como ele mesmo costumava dizer com seu estilo caribenho: "Cáli. 18 de abril. Extraordinária surpresa tiveram no dia de hoje os habitantes da capital do Valle del Cauca, ao observarem nas ruas centrais da cidade a presença de centenas de peixinhos prateados, de cerca de duas polegadas de comprimento, que apareceram espalhados por toda parte."

Em 1954, Gabo voltou a Bogotá para trabalhar em *El Espectador*, o mesmo jornal que publicara seus primeiros contos. Começou fazendo críticas de cinema e dedicou-se à reportagem como enviado especial, mas também publicou artigos de seu interesse — alguns deles presentes neste volume —, crônicas sobre lendas populares do litoral ou reflexões sobre acontecimentos que o intrigavam: em "Literaturismo", menciona um horripilante homicídio cometido em Antióquia. Com um tom de repreensão, abrandado por seu característico humor negro, Gabo escreve: "A notícia não mereceu — ao câmbio atual da moeda jornalística — mais de duas colunas na página das notícias locais. É um ato sangrento, como qualquer outro. Com a diferença de que, nesses tempos, ele não tem nada de extraordinário, pois como notícia é demasiado corrente e como romance é demasiado truculento. Conviria recomendar um pouco de discrição à vida real." Em outro artigo, "O carteiro bate mil vezes",

Gabo volta a demonstrar que é possível construir uma notícia do nada, com uma deliciosa crônica sobre a casinha de Bogotá onde vão parar as cartas que nunca chegam ao destino.

Durante sua permanência em Bogotá, Gabo não demorou a consagrar-se como cronista de renome nacional com sua dramática série intitulada "Relato de um náufrago", publicada em 1955. Baseada em entrevistas com Luis Alejandro Velasco — único sobrevivente do navio da Marinha colombiana *ARC Caldas*, afundado por uma tempestade na viagem de volta de Mobile, no Alabama —, a história de Gabo foi um sucesso. Publicada em 14 episódios, a série quebrou o recorde de vendas de *El Espectador*, ao mesmo tempo que provocou grande escândalo devido ao que Gabo afirmava ali: a embarcação afundara por causa da sobrecarga derivada do contrabando embarcado por oficiais e pela tripulação; o resultado foi que o editor, para afastar Gabo do olho do furacão, mandou-o para a Europa. Era a primeira vez que ele saía da Colômbia.

Nos dois anos e meio que passou na Europa, viajando como correspondente de *El Espectador* por Paris, Itália, Viena e até pelos países da Europa Oriental, do outro lado da Cortina de Ferro, Gabo escreveu uma série de crônicas a respeito de tudo o que lhe parecesse digno de interesse, desde uma reunião de cúpula em Genebra até as supostas brigas entre duas famosas atrizes do cinema italiano ou a neblina de Londres. Sua prosa tinha frescor, e suas crônicas eram sempre afiadas e carregadas de ironia; ele era um grande gozador, e a legião de fiéis seguidores, adquirida graças a "Relato de um náufrago", estava disposta a ler qualquer coisa que saísse de sua pluma.

Em um de seus trabalhos na Europa, "S.S. sai de férias", Gabo se detém no percurso habitual do papa desde o Vaticano até o palácio de Castelgandolfo, fora de Roma. Expondo a cena como um roteirista de cinema, Gabo escreveu: "O Papa saiu de férias. Esta tarde, às cinco em ponto, instalou-se num Mercedes particular, com placa SCV-7, e saiu pela porta do Santo Ofício, em direção ao palácio de Castelgandolfo, a 28 quilômetros de Roma. Dois gigantescos guardas suíços o saudaram à entrada. Um deles, o mais alto e robusto, é um adolescente louro de nariz achatado, como nariz de boxeador, em consequência de um acidente de trânsito". A história está cheia de suspense, graças ao truque de somar à crônica seções com títulos próprios: um sobre o calor daquele dia ("35 graus à sombra") e outro ("Acidentes de percurso") nas quais explica o atraso de dez minutos de Sua Santidade para chegar ao palácio por causa de um caminhão atravessado na rua. A chegada do papa, afinal, é comunicada em tom irônico: "Ninguém percebeu em Castelgandolfo de que lado o Papa entrou em seu palácio de férias. Entrou pelo oeste, num jardim com uma avenida orlada por árvores centenárias."

Quando voltou para a América Latina, no fim de 1957, Gabo tinha sido recrutado por Plinio Apuleyo Mendoza, amigo colombiano, para trabalhar na revista *Momento*, em Caracas. Mendoza também o acompanhara na viagem pelos países do Leste Europeu. Sua chegada coincidiu com uma nova etapa de convulsão política: logo depois de Gabo chegar, em janeiro de 1958, ocorreu a queda do ditador venezuelano Marcos Pérez Jiménez. Foi a primeira derrubada popular de um ditador numa época em que a América Latina era governada quase exclusivamente por ditadores. O que Gabo viveu durante o ano seguinte no volátil ambiente venezuelano representou para ele um despertar político.

Regressou por breve período a Barranquilla para se casar com Mercedes Barcha, bela jovem de Mompos, por quem se apaixonara anos antes, durante sua fase caribenha. Voltaram juntos para Caracas. Quando o amigo Mendoza deixou a revista *Momento*, por motivo de desentendimento com o proprietário, Gabo se solidarizou com ele e se demitiu. Como *freelancer*, começou a escrever artigos para outras publicações. Dois deles, presentes neste volume, "Caracas sem água" e "Só 12 horas para salvá-lo", são clássicos do emergente estilo jornalístico de Gabo, no qual a narração, reconstrução minuciosa de dramas da vida real, é veiculada em tom de suspense, às vezes quase hitchcockiano, e com um desenlace que só se revela no fim.

Em janeiro de 1959, duas semanas depois de o exército rebelde de Fidel Castro derrubar o ditador Fulgencio Batista e tomar o poder em Cuba, Gabo e Mendoza conseguiram viajar à ilha a bordo de um avião sucateado enviado a Caracas pelos barbudos vencedores para levar jornalistas. A partir daí, ele iniciou uma relação com a Revolução Cubana que durou toda a sua vida. Sobre essa primeira experiência cubana, ele escreveu memoravelmente em "Não me ocorre nenhum título".

Em seu texto, Gabo situou a recente revolução no contexto político do momento por meio de uma genial historieta sobre o poeta cubano Nicolás Guillén, que ele conhecera em Paris, quando ambos se alojavam no mesmo hotel barato do Quartier Latin, uns anos antes. "[...] ainda nos tempos mais cruéis do inverno — escreveu Gabo —, Nicolás Guillén conservava em Paris o costume bem cubano de acordar (sem galo) com os primeiros galos e de ler os jornais junto ao fogo do café, acalentado pelo vento daninho dos trapiches e pelo ponteio de violões dos amanheceres barulhentos de Camagüey. Depois abria a janela de sua sacada, também como em Camagüey, e acordava a rua inteira gritando as últimas notícias da América Latina, traduzidas do francês para o jargão cubano."

A situação do continente naquele momento expressava-se perfeitamente no retrato oficial da conferência de chefes de Estado que se reuniram no ano anterior no Panamá: "Mal se vislumbra um civil esquálido no meio de um aparato de fardas e medalhas de guerra. Até o general Dwight Eisenhower, que na presidência dos Estados Unidos costumava disfarçar o cheiro de pólvora de seu coração com os ternos mais caros da Bond Street, pusera para aquela foto histórica suas insígnias de guerreiro em repouso. De modo que, uma manhã, Nicolás Guillén abriu a janela e gritou uma única notícia: 'O homem caiu!'. Foi uma comoção na rua adormecida, porque cada um de nós acreditou que o homem caído era o seu. Os argentinos pensaram que era Juan Domingo Perón, os paraguaios acharam que era Alfredo Stroessner, os peruanos pensaram que era Manuel Odría, os colombianos acharam que era Gustavo Rojas Pinilla, os nicaraguenses acharam que era Anastasio Somoza, os venezuelanos acharam que era Marcos Pérez Jiménez, os guatemaltecos acharam que era Castillo Armas, os dominicanos pensaram que era Rafael Leónidas Trujillo, e os cubanos acharam que era Fulgencio Batista. Era Perón, na realidade. Mais tarde, conversando sobre isso, Nicolás Guillén nos pintou um panorama desolador da situação em Cuba. 'A única coisa que vejo no futuro — concluiu — é um rapaz que está se movendo muito para os lados do México.' Fez uma pausa de vidente oriental e concluiu: 'Chama-se Fidel Castro'."

Sua própria chegada a Havana, em plena efervescência revolucionária, foi lembrada por Gabo da seguinte maneira: "Antes do meio-dia aterrissamos entre as mansões babilônicas dos ricos mais ricos de Havana: no aeroporto de Campo Columbia, logo batizado com o nome de Ciudad Libertad, antiga fortaleza batistiana onde poucos dias antes Camilo Cienfuegos acampara com sua coluna de camponeses atônitos. A primeira impressão foi quase cômica, pois fomos recebidos pelos membros da antiga aviação militar que, na última hora, haviam se bandeado para a Revolução e estavam concentrados em seus quartéis, enquanto a barba crescia o suficiente para parecerem revolucionários antigos."

Com a publicação e o espetacular sucesso de *Cem anos de solidão*, o ano de 1968 foi um dos grandes marcos na vida de Gabriel García Márquez. A partir daí, Gabo e família gozaram de estabilidade financeira, e ele foi aclamado internacionalmente, com total merecimento, como um dos grandes romancistas contemporâneos. Não abandonou os auges literários nos vinte anos seguintes, período em que publicou suas outras obras maiores, entre as quais *O outono do patriarca* e *O amor nos tempos do cólera*, mas paralelamente — embora essa faceta fosse muito menos conhecida por seus milhões de leitores fora da América Latina — continuou trabalhando como jornalista, com um enfoque cada vez mais politicamente engajado.

Na década de 1970, em meio ao ambiente de crescente tensão na América Latina, propiciado pelo triunfo da Revolução Cubana e pela política de violenta contenção impulsionada pelos Estados Unidos, Gabo entrou numa fase de jornalismo militante. Quando, em 1973, o presidente socialista chileno, Salvador Allende, foi brutalmente derrubado pelo general Augusto Pinochet, ele chegou a declarar que não publicaria mais nenhum livro até a queda do regime. Apesar de não ter cumprido essa promessa, começou a expressar de modo cada vez mais claro suas simpatias pelas causas da esquerda.

Ao lado de alguns amigos jornalistas colombianos, lançou a *Alternativa*, revista de esquerda; escrevia artigos e colunas com críticas à política norte-americana e a favor de Cuba e de Fidel Castro, com quem criou laços de duradoura amizade. Escreveu uma longa crônica louvando a histórica expedição militar cubana em Angola, além de outra, que faz parte deste volume, intitulada "O golpe sandinista. Crônica do assalto à 'Casa de los Chanchos'", que tratava como epopeia heroica o sequestro em massa de parlamentares nicaraguenses por parte de um grupo de guerrilheiros sandinistas.

Na crônica "Os cubanos diante do bloqueio", incluída nesta antologia, Gabo valeu-se de seus dotes narrativos para levar os leitores a entender as implicações do famoso "embargo" — "bloqueio", para os cubanos — que os Estados Unidos impuseram a Cuba a partir de 1961. Escreveu: "Naquela noite, a primeira do bloqueio, havia em Cuba uns 482.560 automóveis, 343.300 refrigeradores, 549.700 receptores de rádio, 303.500 televisores, 352.900 ferros elétricos, 286.400 ventiladores, 41.800 máquinas de lavar roupa, 3.510.000 relógios de pulso, 63 locomotivas e 12 navios mercantes. Tudo isso, com exceção dos relógios de pulso, que eram suíços, fora fabricado nos Estados Unidos. Ao que tudo indica, haveria de passar-se certo tempo até que os cubanos se dessem conta do que significavam em sua vida aqueles números mortais. Do ponto de vista da produção, Cuba percebeu de imediato que não era um país à parte, mas sim uma península comercial dos Estados Unidos."

Por causa de textos como esses, Gabo foi muito criticado pela imprensa de direita nos Estados Unidos e na América Latina, e alguns chegaram a tachá-lo de propagandista do regime cubano ou mesmo de inocente útil de Fidel Castro. Gabo continuou apoiando as causas nas quais acreditava, exercendo, ademais, papel diplomático ao se envolver pessoalmente em esforços de diálogo entre os Estados Unidos e Cuba, bem como entre líderes guerrilheiros colombianos e os sucessivos governos do país.

Contudo, a obra de Gabo transcendia também suas ideias políticas. Em 1987, diante da espantosa notícia do assassinato, por ordem de Pablo

Escobar, de Guillermo Cano, seu amigo e editor à frente de *El Espectador* durante décadas, Gabo escreveu este sentido e comovente louvor: "Durante quase quarenta anos, a qualquer hora e em qualquer lugar, toda vez que ocorria algo na Colômbia, minha reação imediata era telefonar a Guillermo Cano, para que ele me contasse a notícia exata. Sempre, sem uma única falta, brotava do telefone a mesma voz: "Alô, Gabo, como vão as coisas?". Num mau dia de dezembro passado, María Jimena Duzán transmitiu-me em Havana uma mensagem dele: solicitava que eu escrevesse algo especial para o centenário de *El Espectador*. Naquela mesma noite, em minha casa, o presidente Fidel Castro estava fazendo um relato interessantíssimo durante uma festa entre amigos, quando ouvi, quase em segredo, a voz trêmula de Mercedes: 'Mataram Guillermo Cano.' Havia acontecido 15 minutos antes, e alguém correra ao telefone para nos dar a notícia nua e crua. Mal tive forças para esperar, com os olhos nublados, o final da frase de Fidel Castro. A única coisa que me ocorreu então, cegado pela comoção, foi o mesmo impulso instintivo de sempre: telefonar a Guillermo Cano, para que ele me contasse a notícia completa, e compartilhar com ele a raiva e a dor de sua morte."

No fim da década de 1990, Gabo, com câncer diagnosticado no sistema linfático (embora viesse a recuperar-se dessa doença), começou a enfraquecer inexoravelmente na última década e meia de vida.

Em 1996, antes que começassem seus problemas de saúde, publicou o livro *Notícia de um sequestro*, um de seus poucos trabalhos jornalísticos de envergadura, amplamente conhecido no plano internacional; trata do horrível calvário de um grupo de colombianos influentes, a maioria jornalistas, tomados como reféns por Pablo Escobar em seu esforço de convencer o governo colombiano a abandonar o acordo de extradição para narcotraficantes que havia sido firmado com os Estados Unidos.

Em 1998, Gabo utilizou parte do dinheiro de seu prêmio Nobel para comprar a revista *Cambio*, que pertencia a uma amiga, e relançá-la com uma nova equipe de repórteres e editores. Na *Cambio* publicou algumas de suas últimas obras jornalísticas; por exemplo, um perfil da cantora Shakira, nascida em Barranquilla, e outro do caudilho venezuelano

Hugo Chávez. A revista, por fim, teve de encerrar as atividades, mas, enquanto durou, Gabo desfrutou a experiência, encantado por viver de novo a fundo no "melhor ofício do mundo".

Na mesma época, a partir de 1995, Gabo ministrou *workshops* na Fundación Gabriel García Márquez para el Nuevo Periodismo Iberoamericano, com sede em Cartagena das Índias e criada com o propósito de divulgar novas técnicas jornalísticas e incentivar uma nova geração de jornalistas latino-americanos. Numa conversa que tivemos em 1999, ele me convidou para ser um dos professores da Fundação e me descreveu a futura fraternidade hemisférica de cronistas e repórteres como "uma máfia genial de amigos" que não só elevaria o nível jornalístico da América Latina, como também fortaleceria suas democracias.

Nos anos transcorridos desde então, milhares de jornalistas passaram pelos *workshops* e participaram das premiações da Fundação, e muitos deles atribuíram seu sucesso profissional posterior à "Fundação de Gabo", como costumam chamá-la. Alguns fundaram revistas e portais dedicados à crônica e ao jornalismo investigativo; outros escreveram livros; muitos ganharam grandes prêmios. Sem dúvida é de singular genialidade o fato de um autor emblemático do *boom* da ficção latino-americana ter como um de seus legados mais palpáveis ser o padrinho de um novo *boom* latino-americano, o da crônica. Depois da morte de Gabriel García Márquez, uma lei do Congresso da Colômbia determinou a criação, em sua amada Cartagena das Índias, de um "Centro Gabo" de caráter permanente, em aliança com sua Fundação, para que seu legado jornalístico, entre outras heranças, seja reconhecido e difundido para as novas gerações.

Jon Lee Anderson, 8 de julho de 2018

## NOTA DO EDITOR

Gabriel García Márquez encarregou-se de repetir que o jornalismo é "o melhor ofício do mundo" e que se considerava mais jornalista que escritor: "Sou jornalista, fundamentalmente. Toda a vida fui jornalista. Meus livros são livros de jornalista, embora se perceba pouco."

Esta seleção de cinquenta textos de Gabriel García Márquez, publicados em jornais e revistas entre 1950 e 1984, escolhidos em meio à monumental *Obra jornalística* em cinco volumes compilados por Jacques Gilard, tem o propósito de oferecer aos leitores da ficção de García Márquez uma amostra de seu trabalho na imprensa, fruto do ofício que ele sempre considerou a base de sua obra. Os leitores de sua ficção encontrarão em muitos destes textos uma voz reconhecível, a formação dessa voz narrativa por meio de seu trabalho jornalístico.

Quem quiser aprofundar-se no assunto conta com a obra de Gilard. Nos prólogos, encontrarão uma apaixonante e erudita explicação histórica e temática de seus textos e de seu ofício. Como afirma Gilard, "o jornalismo de García Márquez foi principalmente uma escola de estilo e constituiu o aprendizado de uma retórica original". Em *Gabo periodista*, edição não comercial, publicada pela Fundación para el Nuevo Periodismo Iberoamericano e pelo Consejo Nacional para la Cultura y las Artes (Conaculta) do México, encontra-se uma seleção diferente, realizada por importantes colegas jornalistas, e uma cronologia detalhada de sua carreira.

Embora alguns de seus primeiros contos precedam seus artigos na imprensa, o jornalismo foi o ofício que possibilitou ao jovem García Márquez largar o curso de Direito, começar a escrever em *El Universal* de Cartagena e em *El Heraldo* de Barranquilla e viajar pela Europa como correspondente de *El Espectador* de Bogotá (para ser tirado de cena, depois do conflito gerado por sua primeira grande reportagem sobre o marinheiro náufrago). Ao voltar, e graças ao amigo e colega jornalista Plinio Apuleyo Mendoza, García Márquez continuou com seu trabalho jornalístico na Venezuela, em revistas como *Élite* ou *Momento*, até se instalar em Nova York como correspondente da agência cubana Prensa Latina. Alguns meses depois, chega com a esposa, Mercedes Barcha, e o filho Rodrigo ao México, onde abandonará o ofício temporariamente para recolher-se e escrever *Cem anos de solidão*, cuja pré-história também se encontra em um texto aqui coligido, "A casa dos Buendía". Ainda que o trabalho como escritor viesse a ocupar a maior parte de seu tempo, ele sempre retornou à paixão pelo jornalismo e chegou a fundar seis periódicos, entre os quais *Alternativa* e *Cambio*: "Não quero ser lembrado por *Cem anos de solidão* nem pelo prêmio Nobel, mas pelo jornal."

*O escândalo do século* toma de empréstimo o título da grande reportagem central desta antologia, enviada de Roma e publicada em 13 episódios consecutivos em *El Espectador* de Bogotá, em setembro de 1955. Nessas quatro palavras encontramos condensados a manchete jornalística e o exagero que tende à literatura. O subtítulo é já uma pérola com a assinatura do autor: "Morta, Wilma Montesi passeia pelo mundo."

Entre os textos encontram-se notas de imprensa, colunas, comentários, crônicas, reportagens, artigos de opinião e perfis. O leitor encontrará também alguns textos literários publicados paralelamente em jornais ou em revistas literárias.

O critério de seleção foi pessoal e tentou evitar qualquer categorização acadêmica, estilística ou histórica. Como leitor e editor de García Márquez, escolhi textos em que se mostre latente essa tensão narrativa entre jornalismo e literatura, em que as costuras da realidade se estendam por seu incontrolável impulso narrativo, oferecendo aos leitores a possibilidade de desfrutar uma vez mais do "contador de histórias" que foi García Márquez.

Porém, ao mesmo tempo, García Márquez escrevia sua obra de ficção empregando os recursos de sua profissão de jornalista, como disse numa entrevista: "Mas esses livros têm tal quantidade de investigação e comprovação de dados e rigor histórico, fidelidade aos fatos, que no fundo são grandes reportagens romanceadas ou fantásticas, porém o método de investigação e de manejo da informação e dos fatos é de jornalista."

O leitor encontrará textos juvenis de imprensa nos quais o narrador principiante tenta achar um motivo que lhe permita cruzar a linha em direção ao literário, como o comentário humorístico que abre a seleção sobre o barbeiro do presidente; fragmentos precoces de narrações em que já aparece a família Buendía ou Aracataca; crônicas enviadas de Roma, nas quais ele acompanha a morte de uma jovem italiana cujo possível assassinato envolve as elites políticas e artísticas do país e em que ele ensaia a narrativa policial e uma crônica social que nos lembra *La Dolce Vita*; reportagens sobre tráfico de mulheres de Paris para a América Latina, que terminam com uma interrogação; notas reelaboradas sobre notícias enviadas de outros países; reflexões sobre seu ofício de escritor, bem como muitos dos apaixonantes artigos escritos para a "tribuna" de *El País*, em sua última e prolífica fase de 1980; e dezenas de outras narrativas que nos devolvem ao García Márquez de que continuamos sentindo falta. Parafraseando Gilard, são textos de "um jornalista colombiano solto no mundo".

Tenho uma dívida especial para com Carmen Balcells e Claudio López de Lamadrid, que confiaram em meu trabalho editorial para levar adiante este projeto quando já havia trabalhado com García Márquez na edição de suas memórias e o visitava com frequência em seu estúdio de El Pedregal, enquanto elaborávamos, juntos, *Eu não vim fazer um discurso*. A Mercedes, Rodrigo e Gonzalo, cujas sugestões e cujos conselhos me acompanharam nestes anos de leituras e releituras destes textos, o agradecimento de sempre por sua imensa generosidade. O legado da obra jornalística de que aqui se apresenta uma amostra continua crescendo, graças à Fundación Gabriel García Márquez para el Nuevo Periodismo Iberoamericano, dirigida por Jaime Abello, por meio de *workshops* nos quais se formaram e se especializaram centenas de jornalistas de todo o mundo e onde se outorga a cada ano o prêmio que leva seu nome. Finalmente, meu maior agradecimento devo ao próprio Gabo, por sua confiança em meu trabalho e, sobretudo, por sua amizade.

Cristóbal Pera

## O BARBEIRO PRESIDENCIAL

Na edição de um jornal governista apareceu há alguns dias a fotografia do Exmo. Sr. Presidente da República, Mariano Ospina Pérez, no ato inaugural do serviço de telefonia direta entre Bogotá e Medellín. O chefe do Executivo, sério, preocupado, aparece na foto rodeado por dez ou 15 aparelhos telefônicos, que parecem ser a razão desse ar concentrado e atento do presidente. Acho que nenhum objeto dá uma impressão mais clara de homem atarefado, de funcionário dedicado por inteiro à solução de complicados problemas dissímeis, quanto este rebanho de telefones (e peço, entre parênteses, um aplauso para a metáfora, surrealisticamente de mau gosto) que decora a foto presidencial. Pelo aspecto de quem faz uso deles, parece que cada receptor fala com um diferente dos múltiplos problemas de Estado e o senhor presidente se visse obrigado a estar durante as 12 horas do dia tratando de encaminhá-los a longa distância do seu remoto gabinete de primeiro magistrado. Entretanto, apesar dessa sensação do homem incalculavelmente ocupado, o Sr. Ospina Pérez continua sendo, mesmo na fotografia de que me ocupo, um homem correto no vestir, cuidadosamente penteados os fios de suas grisalhas têmporas, suave e liso o seu queixo barbeado, como um testemunho da frequência com que o senhor presidente acode à íntima e eficaz cumplicidade do barbeiro. E na verdade é esta a pergunta que me fiz ao contemplar a última foto do mandatário mais bem barbeado da América: quem é o barbeiro do palácio?

O Sr. Ospina é um homem prudente, astuto, precavido, que parece conhecer profundamente a índole daqueles que o servem. Seus ministros são homens de sua inteira confiança, nos quais não é possível imaginar pecados contra a amizade presidencial, sejam em palavra ou em pensamento. O cozinheiro do palácio, se é que o palácio tem um cozinheiro, deve ser um funcionário de irrevogável convicção ideológica, que prepara com minucioso cuidado os guisados que, poucas horas depois, servirão de fator altamente nutritivo para a primeira digestão da República, e que deve ser uma boa e despreocupada digestão. Além disso, admitido o caso de que até na cozinha do palácio penetrem, clandestinamente, as mal-intencionadas calúnias da oposição, não faltará um honesto provador na mesa dos presidentes. Se tudo isso sucede com os ministros, o cozinheiro, o ascensorista, como será com o barbeiro, o único mortal eleitor que se pode permitir a liberdade democrática de acariciar o queixo do presidente com o afiado gume de uma navalha? De outra parte, quem será esse influente cavalheiro a quem, todas as manhãs, o Sr. Ospina comunica suas preocupações da noite anterior, a quem relata, com cuidadosa minuciosidade, a trama de seus pesadelos, e é, afinal de contas, um conselheiro eficiente como deve ser todo barbeiro digno de sua profissão?

Muitas vezes a sorte de uma república depende mais de um único barbeiro que de todos os seus governantes, como na maioria dos casos — segundo o poeta — a dos gênios depende da parteira. O Sr. Ospina sabe disso e assim, talvez, antes de sair para inaugurar o serviço telefônico direto entre Bogotá e Medellín, o primeiro mandatário, com os olhos fechados e as pernas esticadas, entregou-se ao prazer de sentir muito perto de sua artéria jugular o frio e irônico contato da navalha, enquanto por sua cabeça passavam, em compacto desfile, todos os complicados problemas que seria necessário resolver durante o dia. É possível que o presidente tivesse informado o seu barbeiro de que naquela manhã inauguraria um serviço telefônico perfeito, glória do seu governo. "A quem vou chamar em Medellín?", deve ter perguntado, enquanto sentia subir o afiado fio por sua garganta. E o barbeiro, um homem discreto, chefe de família, transeunte nas horas de descanso, deve ter guardado um prudente mas significativo silêncio. Porque, na verdade — deve ter pensado o barbeiro —, se ele, em lugar de ser o que é, fosse presidente, teria assistido à inauguração do serviço telefônico, teria pegado o telefone e, visivelmente preocupado, teria dito com voz de funcionário eficiente: "Telefonista, ligue-me com a opinião pública."

16 de março de 1950, *El Heraldo*, Barranquilla

# TEMA PARA UM TEMA

Existem aqueles que convertem a falta de assunto em assunto para uma crônica jornalística. O expediente é absurdo num mundo como o nosso, onde acontecem coisas de inapreciável interesse. A quem pretenda sentar-se para escrever sobre nada, basta folhear despreocupadamente os jornais do dia, para que o problema inicial se transforme em outro exatamente oposto: saber que tema se deve preferir entre os muitos que nos são oferecidos. Veja-se, por exemplo, a primeira página de um jornal qualquer. "Dois meninos brincaram com discos voadores e acabaram queimados." Acenda-se um cigarro. Repasse-se, com todo o cuidado, o intrincado alfabeto da Underwood e comece-se com a letra mais atraente. Pense-se — uma vez lida a notícia — no doloroso desprestígio em que caíram os discos voadores. Recorde-se a quantidade de crônicas que já foram escritas sobre eles, desde que foram vistos pela primeira vez — há quase dois anos, nas proximidades do Arkansas — até agora, quando já se transformaram num simples embora perigoso brinquedo infantil. Considere-se a situação dos pobres discos voadores, aos quais, como aos fantasmas, a humanidade falta com o devido respeito, sem nenhuma consideração para com sua elevada categoria de elemento interplanetário. Acenda-se outro cigarro e considere-se, finalmente, que se trata de tema inservível por excesso de velocidade.

Passe-se, em seguida, para a página internacional. "Este ano o Brasil não disporá de um só excedente de café." Pergunte-se: "A quem pode interessar isto?" E passe-se adiante. "O problema dos colonos de Mares não é um simples caso legal." "O Carare, uma grande surpresa." Leiam-se os editoriais. Em cada adjetivo encontra-se a pegada de um censor implacável. Tudo, na realidade, de um inegável interesse. Mas não parece um assunto apropriado. O que fazer? O mais lógico: vejam-se as histórias em quadrinhos. Pafúncio não pode sair de sua casa. O tio Barbas assiste a um duelo de pistola. Clark tem de lutar contra o Super-Homem e vice-versa. Tarzan agora é um negociante de caveiras. Avivato, como de costume, roubou uma tarrafa de peixes. Penny assiste a uma aula de filosofia. Que horror! E agora que é: a coluna social. Eis aqui dois que se casam, estando a vida tão cara e a temperatura tão quente. A filha do general Franco se casa com um cavalheiro que será nada menos que o "genríssimo" do ditador. Morre alguém e nascem sete. Acenda-se outro cigarro. Pense-se que o jornal está chegando ao fim e que ainda não se decidiu por um assunto. Lembremo-nos da mulher, do batalhão de filhos que a espera, mortos de fome, e que continuarão morrendo indefinidamente, enquanto não surgir um assunto apropriado. Coisa terrível! Começamos a nos tornar sentimentais. Não! Ainda faltam os anúncios dos cinemas. Ah, mas ontem já falamos de cinema. Após isso, o dilúvio!

Acenda-se outro cigarro e descubra-se — com horror — que era o último do maço. E o último fósforo! Anoitece e o relógio gira, gira, executando a dança das horas (Caliban). E agora, o que resta? Jogar a toalha no ringue, como fazem os boxeadores medíocres? O jornalismo é a profissão que mais se parece com o boxe, com a vantagem de que sempre vence a máquina e a desvantagem de que nunca se pode atirar a toalha. Ficaremos sem "jirafa". Que bom — dirão muitos, que aplaudirão a ideia. Entretanto, pelo menos uma vez escuta-se uma frase que se tornou banal e gasta à força de tanto uso e abuso: "Nunca é tarde para quem começa bem." Quer dizer que o difícil é começar. Comecemos, pois, já sem cigarros, sem fósforos, em busca de assunto. Escrevamos uma frase inicial: "Existem aqueles que convertem a falta de assunto em assunto para uma crônica jornalística." O expediente é absurdo... Mas muito fácil, caramba! Não é verdade?

11 de abril de 1950, *El Heraldo*, Barranquilla

# UM EQUÍVOCO EXPLICÁVEL

Era terça-feira em Cáli. O cavalheiro, para o qual o fim de semana havia sido um borrascoso período sem tempo — três dias sem folga —, havia mantido o cotovelo decorosa e obstinadamente erguido até meia-noite de segunda-feira. Na manhã de terça, quando abriu os olhos e sentiu que seu quarto estava totalmente ocupado por uma grande dor de cabeça, o cavalheiro acreditou que havia passado a noite anterior numa festa e que estava despertando numa manhã de domingo. Não se lembrava de nada. No entanto, sentia um digno remorso de algum pecado mortal que poderia ter cometido, sem saber exatamente a qual dos sete pecados capitais correspondia aquele remorso. Era um remorso em si. Remorso isolado, sem condições, raivosamente independente e insubornavelmente anarquista.

    A única coisa que sabia com exatidão era que se encontrava em Cáli. Pelo menos — deve ter pensado — enquanto esse edifício que se erguia diante de sua janela fosse o Hotel Alférez Real e enquanto não lhe provassem matematicamente que o edifício havia sido trasladado para outra cidade na noite do sábado, podia assegurar que estava em Cáli. Quando abriu os olhos por completo, a dor de cabeça que preenchia seu quarto sentou-se junto à sua cama. Alguém chamou o cavalheiro pelo seu nome, mas ele não se voltou para olhar. Simplesmente pensou que alguém, no compartimento vizinho, estava chamando uma pessoa que lhe era completamente desconhecida. A margem esquerda da lacuna começava na tarde de sábado. A outra margem era esse indesejável amanhecer. Isso era tudo. Tratou de perguntar-se quem de fato era ele. E só quando se lembrou do seu nome deu-se conta de que era a ele que estavam chamando no compartimento vizinho. Entretanto estava demasiado ocupado com seu remorso para preocupar-se com uma chamada sem importância.

Subitamente uma lâmina diminuta e brilhante penetrou pela janela e bateu contra o chão, a curta distância de sua cama. O cavalheiro imaginou que se tratava de uma folha trazida pelo vento, de forma que continuou com os olhos fixos no teto que se havia tornado móvel, flutuante, envolto pela névoa de sua dor de cabeça. Algo, porém, estava sapateando no assoalho, perto de sua cama. O cavalheiro ergueu-se, olhou do outro lado do travesseiro e viu um peixe diminuto no centro do seu quarto. Sorriu zombeteiramente; deixou de olhar e voltou-se para o outro lado da parede. "Que ridículo!", pensou. "Um peixe na minha casa, no terceiro andar, e com o mar a muitos quilômetros de Cáli." E continuou a sorrir zombeteiramente.

Mas logo, e num gesto brusco, pulou da cama. "Um peixe", gritou. "Um peixe, um peixe no meu quarto." E pulou arquejante, exasperado, até o canto. O remorso lhe foi ao encontro. Sempre havia rido das lagartixas com guarda-chuva, dos elefantes cor-de-rosa. Mas agora não havia a menor dúvida. O que pulava, o que se debatia, o que brilhava no meio do seu quarto era um peixe!

O cavalheiro fechou os olhos, cerrou os dentes e mediu a distância. Depois foi a vertigem, o vazio sem fundo da rua. Havia-se atirado pela janela.

No dia seguinte, quando o cavalheiro abriu os olhos, encontrava-se num quarto de hospital. Lembrava-se de tudo, mas agora sentia-se bem. Nem sequer lhe doía o que estava sob as ataduras. Ao alcance de sua mão havia um jornal do dia. O cavalheiro desejava fazer algo. Apanhou distraidamente o jornal e leu:

"Cáli. — 18 de abril. — Hoje pela manhã um desconhecido jogou-se pela janela de seu apartamento situado no terceiro andar de um edifício da cidade. Parece que tal determinação deveu-se à excitação nervosa provocada pelo álcool. O ferido encontra-se no hospital, e tudo indica que seu estado não é grave."

O cavalheiro reconheceu-se na notícia, mas agora se sentia bastante tranquilo, bastante sereno, para preocupar-se com o pesadelo da noite anterior. Voltou a página do jornal e continuou lendo as notícias da cidade. Mais adiante havia outra. E o cavalheiro, sentindo mais uma vez a dor de cabeça que rondava sua cama, leu:

"Cáli. — 18 de abril. — Uma extraordinária surpresa tiveram no dia de hoje os habitantes da capital do Valle del Cauca, ao observarem nas ruas centrais da cidade a presença de centenas de peixinhos prateados, de cerca de duas polegadas de comprimento, que apareceram espalhados por toda parte."

20 de abril de 1950, *El Heraldo*, Barranquilla

# O ASSASSINO DOS CORAÇÕES SOLITÁRIOS

Quando Raymond Fernández e Martha Beck se conheceram em Nova York, faz alguns anos, nascia um desses idílios tumultuados, cuja estação propícia são os hoteizinhos de segunda categoria, entre longos beijos e doces pesadelos. Martha e Raymond — dois nomes magníficos para o próximo romance de dom Arturo Suárez — devem ter chegado a esse estado de pureza espiritual em que os surpreendeu a polícia, mediante uma escrupulosa checagem dos mútuos sentimentos, comprovados os gostos comuns e as faculdades comuns. A vida não era boa para com eles. Era uma espécie de cachorro amarrado no corredor do edifício em que moravam, um cão que durante o dia lhes mostrava os luzentes dentes da ferocidade e da fome e que às noites uivava, tirando-lhes a tranquilidade do sono e ameaçando livrar-se das correntes a qualquer momento. Isso é o que era a vida para Martha e Raymond, dois amantes que durante o noivado certamente não desfolhavam margaridas como os personagens das novelas românticas, mas que, pelo contrário, descarregavam uma metralhadora contra as paredes da casa, repetindo o clássico estribilho: "Quer, não me quer..."

Depois, quando foram viver no cantinho onde o cachorro vivia acorrentado, descobriram a maneira de fornecer um pouco de combustível digestivo a esse amor que, não fosse esse providencial recurso, acabaria por esfriar por falta de uma sopa quente no coração.

Raymond e Martha descobriram o flanco vulnerável de uma viúva, a Sra. Janet Flay, sócia de um desses melancólicos clubes chamados poeticamente de corações solitários. A Sra. Flay parecia ter o que a Raymond e Martha fazia falta para triunfar sobre o cachorro, e em compensação parecia faltar-lhe o que a eles sobrava em suas noites de leitos e espantos partilhados.

A coisa deve ter começado a ficar séria quando Raymond comunicou-se com a viúva e lhe propôs a troca. Ela contribuiria com dinheiro e ele tão-somente com uma das inumeráveis fibras enamoradas que já estava endurecendo no coração, por falta de um prato quente. O plano resultou uma perfeição — pelo menos da maneira como Raymond via as coisas — e se foi desenvolvendo, lentamente, pondo em movimento suas inumeráveis pecinhas secretas, até o dia em que algo falhou, algo que impediu o perfeito mecanismo idealizado, e Raymond e Martha, sem que eles mesmos soubessem como, foram parar na cadeia, com seu amor ardente, seu cão e tudo o mais.

Essa história sentimental talvez pudesse terminar aqui, se não fosse o fato de Martha, a abnegada, sofrer do contagioso mal-estar dos corações solitários e ter começado a namorar o guarda da prisão de Sing Sing. William Ritcher, advogado de Fernández, conseguiu que o juiz federal Sylvester Ryan expedisse um *habeas corpus* ordenando a transferência do preso para Nova York, tendo em vista que os inesperados sentimentos que Martha manifestou em relação a seu carcereiro o estavam submetendo a uma "tortura mental", o que não figurava na condenação.

Mas a viagem — segundo o telegrama — não conseguiu mitigar o mal-estar de Raymond. Era visto deambulando em sua cela, falando sozinho, atormentado pelas lembranças daquelas noites no hotelzinho de segunda categoria, noites que agora lhe pareciam ditosas, apesar do cachorro e apesar das ratazanas que disputavam entre si uma página editorial sob o leito amoroso. "O assassino dos corações solitários", como se diz agora, converteu-se num membro desse clube, no cárcere de Nova York, e pediu que lhe fosse aplicada a terapêutica eficaz para seu mal-estar. Uma terapêutica de alta voltagem, que sem dúvida transformará o gemebundo Raymond de hoje num novo Raymond eufórico, no momento em que os funcionários da prisão fizerem funcionar o eficaz mecanismo da cadeira elétrica.

27 de setembro de 1950, *El Heraldo*, Barranquilla

## A MORTE É UMA DAMA IMPONTUAL

Lendo uma notícia procedente de Middlesboro, Kentucky, lembrei-me da famosa parábola do escravo que fugiu para Samara porque se encontrou com a morte no mercado e esta lhe fez um gesto que o escravo concluiu ser "um gesto de ameaça". Poucas horas depois o amo do escravo (que, ao que parece, era amigo pessoal da morte), encontrou-se com ela e lhe perguntou: "Por que esta manhã fizeste um gesto ameaçador quanto viste meu escravo?" E a morte respondeu: "Não foi um gesto de ameaça, mas de surpresa. Surpreendeu-me vê-lo aqui, sabendo que esta tarde tinha um encontro comigo em Samara."

Em certa medida, essa parábola é o oposto ao fato acontecido dias atrás em Middlesboro, Kentucky, e que conta a história de um homem que naquela manhã tinha um encontro com a morte e ao qual, por motivos ainda não explicados, foi a morte e não o homem que deixou de comparecer. Porque James Longworth, um montanhês de 69 anos, se levantou naquele dia mais cedo do que nunca, tomou um banho e preparou-se para fazer uma viagem. Mas logo em seguida deitou-se na cama, fechou os olhos e rezou tudo o que sabia, enquanto lá fora, aglomeradas diante da janela, mais de duzentas pessoas aguardavam que chegasse o anunciado barco invisível que iria levá-lo para sempre.

A expectativa havia começado fazia três anos, numa manhã em que o montanhês, na hora do café da manhã falou de seus sonhos e disse que num deles a morte lhe havia aparecido e lhe prometera voltar para buscá-lo às oito e vinte da manhã do dia 28 de junho de 1952. A notícia espalhou-se pelo município, depois pelo distrito e depois por todo o Estado de Kentucky. Cedo ou tarde, todos os cidadãos teriam de morrer. Mas, a partir daquele dia, a mortalidade de James Longworth passou a ser diferente da de seus conterrâneos, porque ele já era um mortal na condição de um homem que já podia fazer tudo, inclusive impor-se uma dieta de sublimado corrosivo, certo de que a palavra de honra da morte não seria esquecida depois de tão precisa e peremptória notificação. A partir desse dia, James Longworth passou a ser conhecido nas ruas, no distrito de Middlesboro e no Estado do Kentucky, simplesmente como "o homem que vai morrer".

De forma que dois dias atrás, ao despertarem, todos os habitantes do município lembraram-se de que era 28 de junho e que dentro de duas horas a morte viria para seu encontro já marcado com James Longworth. O que deveria ser uma manhã de dor, acabou sendo uma manhã festiva, na qual os curiosos cidadãos atrasaram sua chegada ao trabalho para andar mais um trecho e assistir à morte de um homem. Na realidade, não é provável que moradores locais tivessem pensado que a de James Worth seria uma morte diferente. Mas de qualquer maneira nela estava em jogo algo de que os mortais se vêm interessando em comprovar desde o princípio do mundo: a fidelidade da morte à sua palavra de honra. E para comprovar isso ali estavam homens, mulheres e crianças, enquanto James Longworth, estendido na cama, despedia-se de todos, como se o fizesse do estribo desse veículo invisível que, três anos antes, lhe havia permitido conhecer uma dos milhões de casinhas que se alinhavam à margem do seu itinerário.

E então, com o coração apertado, os espectadores viram que eram exatamente oito e vinte, e que a morte ainda não havia chegado. Houve uma espécie de soberba desilusão, de esperança frustrada, naquelas duzentas cabeças que se aglomeravam diante da janela. Depois, passou mais um minuto, e mais outro — e nada aconteceu. Desconcertado, James Longworth sentou-se na cama e disse: "Ficarei decepcionado se não morrer logo." E é possível que a essas horas as duzentas pessoas que madrugaram e caminharam um longo trecho e se esfalfaram sob a luminosa manhã desse verão abrasador se encontrem agora no meio da praça chamando a morte. Não para deixarem-se levar por ela, mas para linchá-la.

        1 de julho de 1952, *El Heraldo*, Barranquilla

# A ESTRANHA IDOLATRIA DE LA SIERPE

A EXTRAVAGANTE VENERAÇÃO A "JESUSITO".
UM SINDICATO DE ÍDOLOS. SANTA TÁBUA E SÃO RIM.
A PACHA PÉREZ

A idolatria adquiriu em La Sierpe um extraordinário prestígio desde a remota data em que uma mulher acreditou descobrir poderes sobrenaturais em uma tábua de cedro. A mulher transportava uma caixa de sabão quando uma das tábuas se desprendeu e foram inúteis todos os esforços para recolocá-la em seu lugar; os pregos se dobraram até mesmo nos lugares menos duros da madeira. Por último, a mulher observou detidamente o sarrafo e descobriu, em suas rugosidades, segundo disse, a imagem da Virgem. A consagração foi instantânea e a canonização direta, sem metáforas nem circunlóquios: Santa Tábua, um sarrafo de cedro que faz milagres e que é levado em preces quando o inverno ameaça as colheitas.

O achado deu origem a um extravagante e numeroso santoral, integrado por cascos e chifres de boi, adorados por aqueles que aspiram a curar a doença de seus animais; calabaças destinadas a proteger os caminhantes contra os perigos das feras; pedaços de metal ou utensílios domésticos que proporcionam às donzelas noivos sob medida. E, entre tantos santos, o São Rim, canonizado por um açougueiro, que acreditou descobrir em um rim de boi uma assombrosa semelhança com o rosto de Jesus coroado de espinhos, ao qual se encomendam os que sofrem afecções dos órgãos internos.

## *Jesusito*

Elemento indispensável nas festas que todos os anos se celebram nos vilarejos próximos a La Sierpe, é um altarzinho que se instala a um canto da praça. Homens e mulheres comparecem a esse lugar para depositar esmolas e implorar milagres. É um nicho feito com folhas de palmeira-real, em cujo centro, sobre uma caixinha forrada de papel de cores brilhantes, está o ídolo mais popular e o que melhor clientela tem na região: um homenzinho negro, talhado em um pedaço de madeira de 5 centímetros de altura e engastado em um anel de ouro. Tem um nome simples e familiar: Jesusito. E é invocado pelos habitantes de La Sierpe em qualquer emergência, sob o grave compromisso de depositar a seus pés um objeto de ouro, comemorativo do milagre. Daí porque, no altar de Jesusito, há hoje um montão de figuras douradas que valem uma fortuna: olhos de ouro doados por quem foi cego e recuperou a visão; pernas de ouro, de quem foi paralítico e voltou a caminhar; tigres de ouro, depositados por viajantes que se livraram dos perigos das feras, e inumeráveis crianças de ouro, de diferentes tamanhos e variadas formas, porque à imagem do homenzinho negro engastado em um anel encomendam-se, de preferência, as parturientes de La Sierpe.

Jesusito é um santo antigo, de origem desconhecida. Transmitiu-se, de geração em geração, e tem sido, ao longo de muitos anos, o meio de subsistência dos que são ou foram seus proprietários. Jesusito está submetido à lei da oferta e da procura. É um cobiçado objeto, suscetível de apropriação mediante transações honradas, que correspondem, de forma adequada, aos sacrifícios de seus compradores. Por tradição, o proprietário de Jesusito é também proprietário das esmolas e dos ex-votos de ouro, mas não dos animais obsequiados ao ídolo para enriquecer seu patrimônio particular. A última vez que Jesusito foi vendido, há três anos, comprou-o um criador de excelente visão comercial, que resolveu mudar de ramo, vendeu o gado e as terras e saiu a vagar pelos vilarejos, levando de festa em festa sua próspera tenda de milagres.

## *A noite em que roubaram Jesusito*

Faz oito anos roubaram Jesusito. Era a primeira vez que isso ocorria e certamente a última, porque, desde então todo aquele que esteve além dos pântanos de La Guaripa conhece e se compadece do autor de tal ação. A coisa aconteceu a 20 de janeiro de 1946, em La Ventura, quando se festejava a noite de *O doce nome*. De madrugada, quando o entusiasmo começava a diminuir, um cavalo desenfreado irrompeu na praça do vilarejo e fez saltar o palanque com a banda de músicos entre um estrépito de cacos e roletas espalhados e dançarinos derrubados. Foi uma tempestade em um minuto. Mas quando cessou, Jesusito havia desaparecido de seu altar. Em vão o buscaram entre os objetos arrastados, entre os alimentos derramados. Em vão desarmaram o nicho e sacudiram os trapos e revistaram minuciosamente os perplexos habitantes de La Ventura. Jesusito havia desaparecido e isso era não apenas um motivo de inquietação generalizada, mas um sintoma de que o ídolo não estava de acordo com os rogos de *O doce nome*.

Três dias depois, um homem a cavalo, com as mãos monstruosamente inchadas, atravessou a longa e única rua de La Ventura, desmontou frente ao posto policial e depositou nas mãos do inspetor o minúsculo homenzinho engastado em um anel de ouro. Não teve forças para subir de novo no cavalo, nem coragem para desafiar a fúria do grupo que se amontoou à porta do posto. A única coisa que precisava e pedia, aos gritos, era um joalheiro que fabricasse, com urgência, um par de mãozinhas de ouro.

## *O santo perdido*

Em uma ocasião anterior, Jesusito esteve perdido durante um ano. Para localizá-lo estiveram em ação, durante 365 dias com suas noites, todos os habitantes da região. As circunstâncias em que desapareceu dessa vez foram semelhantes às que envolveram seu roubo na noite de *O doce nome* em La Ventura. Um conhecido valentão daquela região, sem ter qualquer motivo, apoderou-se intempestivamente do ídolo e o atirou a uma horta vizinha. Sem permitir que a perplexidade e o espanto os invadissem, os devotos de Jesusito empenharam-se imediatamente na limpeza da horta, centímetro a centímetro. Doze horas depois não havia um sinal de erva, mas Jesusito continuava perdido. Então, começaram a roçar a terra. E roçaram inutilmente durante essa semana e a seguinte. Por último, depois de 15 dias de busca, foi decidido que a colaboração naquela empresa constituísse uma penitência e que o achado de Jesusito determinasse indulgência. A horta se converteu, desde então, em um lugar de romaria, e mais tarde em um mercado público. Instalaram-se barracas à volta dela, e homens e mulheres dos mais remotos pontos de La Sierpe vieram roçar a terra, cavar, revolver a terra inúmeras vezes revolvida, para localizar o Jesusito. Dizem, aqueles que o sabem de primeira mão, que o Jesusito perdido continuou fazendo milagres, menos o de aparecer. Foi um mau ano para La Sierpe. As colheitas diminuíram, decaiu a qualidade do grão e os lucros foram insuficientes para atender às necessidades da região, que nunca foram tantas como nesse ano.

## *A multiplicação de Jesusito*

Há um rico anedotário, e muito pitoresco, desse mau ano em que Jesusito se perdeu. Em alguma casa de La Sierpe apareceu um Jesusito falsificado, talhado por um gracioso antioqueno, que assim desafiou a indignação popular e esteve a ponto de se sair muito mal de sua aventura. Esse episódio originou uma série de falsificações, uma produção em grande escala de Jesusitos apócrifos, que apareceram em toda parte e chegaram a confundir os ânimos ao ponto que, em determinado momento, todos já se perguntavam se entre aquela considerável quantidade de ídolos falsos não estaria o autêntico. O instinto que têm os habitantes de La Sierpe para distinguir o artificial do legítimo foi a princípio o único recurso de que se pôde valer o proprietário de Jesusito para identificar sua imagem. As pessoas examinavam a estatuetazinha e diziam, simplesmente: "Não é este." E o proprietário a recusava, porque embora aquele pudesse ser o Jesusito legítimo, de nada lhe teria servido se seus devotos asseguravam que era um dos falsos. Mas houve um momento em que se registraram controvérsias em torno da identidade dos ídolos. Oito meses depois de perdido, o prestígio de Jesusito começou a ser julgado. A fé de seus devotos se abalou e o montão de ídolos de discutida reputação foi incinerado, porque alguém garantiu que o Jesusito legítimo era invulnerável ao fogo.

*Sindicato de ídolos*

Resolvido o problema dos numerosos Jesusitos falsos, a imaginação dos fanáticos concebeu novos recursos para localizar o ídolo. Santa Tábua, São Rim, toda a complicada galeria de chifres, cascos, anéis e utensílios de cozinha, que constituem o próspero santoral de La Sierpe, foi trazida à horta, em procissão, para que reforçasse, em íntima solidariedade sindical, a extenuante busca de Jesusito. Também esse recurso foi inútil.

Exatamente quando havia transcorrido um ano da noite em que a imagem fora perdida, algum especialista nas exigências e nos melindres de Jesusito concebeu um recurso providencial: disse ele que o que Jesusito desejava era uma grande festa de touros.

Os criadores da região contribuíram com dinheiro e animais bravos, e cinco dias de férias remuneradas para os peões. A festa foi a mais concorrida, intensa e buliçosa de quantas se recordam em La Sierpe, mas seus cinco dias se passaram sem que Jesusito aparecesse. Uma semana depois da última noite, quando os peões retornavam a seu trabalho e os fanáticos da região inventavam novos recursos e extravagantes penitências para que Jesusito aparecesse, uma mulher, que passou a seis léguas da horta, encontrou um homenzinho negro atirado no meio do caminho. No pátio da casa mais próxima acendeu-se uma fogueira e a ela foi atirada a imagem. Quando o fogo se extinguiu, o ídolo estava ali, perfeito em sua integridade de Jesusito autêntico.

## *A fazenda particular de Jesusito*

Aquele foi o começo da fortuna de Jesusito. O proprietário da horta transferiu-lhe a propriedade, na condição de que o terreno fosse considerado patrimônio particular da imagem, e não de seu atual dono. Desde então, Jesusito recebe de seus devotos cabeças de gado e terras de bom pasto e água corrente. É claro que o administrador desses bens é o proprietário do ídolo. Mas na atualidade não lhe podem ser apontadas irregularidades na direção da fazenda. Dessa forma, Jesusito é dono de uma horta, de duas casas e de um potreiro bem cuidado, onde pastam vacas e bois, cavalos e mulas, distinguidos com sua marca particular. Alguma coisa parecida com o que acontece com o Cristo da Vila de San Benito, contra quem foi instruído, há alguns anos, um sumário por furto de gado, porque umas reses alheias apareceram com sua marca.

## *Um velório em La Sierpe*

As donas de casa em La Sierpe vão às compras cada vez que morre uma pessoa. O velório é o centro da atividade comercial e social de uma região cujos habitantes não têm outra oportunidade de se encontrar, se reunir e se divertir senão a que, eventualmente, lhes proporciona a morte de uma pessoa conhecida. Por isso o velório é um pitoresco e movimentado espetáculo de feira, onde o menos importante, o circunstancial e episódico é o cadáver.

Quando uma pessoa morre em La Sierpe, outras duas saem de viagem em sentidos contrários: uma delas para La Guaripa, para comprar o ataúde, e a outra para o interior do pântano, para divulgar a notícia. Os preparativos começam na casa com a limpeza do pátio e a coleta de quanto objeto possa obstaculizar, nessa noite e nas oito seguintes, o livre movimento dos visitantes. No ponto mais afastado, onde não constitua obstáculo, onde estorve menos, é deitado o morto, no chão, posto ao comprido, sobre duas tábuas. As pessoas começam a chegar ao entardecer. Vão diretamente ao pátio da casa e instalam contra a cerca barracas de quinquilharias, frituras, loções baratas, querosene e fósforos. O pátio anoitece transformado em mercado público, em cujo centro há uma gigantesca tina transbordando de aguardente destilada na região, e onde flutuam numerosas vasilhas pequenas, feitas com calabaças verdes. A aguardente e o pretexto do morto são as únicas contribuições da família.

*O colégio do amor*

A um canto do pátio, junto à mesa mais ampla, congregam-se as donzelas para enrolar folhas de tabaco. Não todas: só as que aspiram a conseguir um marido. As que preferem, no momento, continuar em atividades menos arriscadas, podem fazer o que desejem no velório, menos dobrar tabaco. Ainda que, em geral, as donzelas que não aspiram a conseguir marido não assistam à feira.

Para os homens que aspiram a conseguir mulher há também um lugar reservado, junto ao moinho de café. As mulheres de La Sierpe sentem uma irresistível atração, muito convencional, mas também muito simbólica, pelos homens que são capazes de moer grandes quantidades de café a velocidades excepcionais. Os participantes daquele concurso vão aderindo, em grupos, à mesa do moinho, onde procuram converter em pó, de uma só tacada, o coração das donzelas que enrolam tabaco e as desmesuradas quantidades de café torrado com que um juiz imparcial e oportunista mantém repleto o depósito do moinho. Mais que os diligentes galãs, os beneficiados são quase sempre os proprietários do café, que aguardaram muitos dias pela oportunidade de que um morto e um otimista lhe resolvessem o problema mais difícil de sua indústria.

Distribuídos em grupos, os outros homens falam de negócios, discutem, aperfeiçoam e fecham negócios, e celebram acordos ou fazem menos ásperas as controvérsias com periódicas viagens à gigantesca tina de aguardente. Há também um lugar para os ociosos, para aqueles que não têm nada que comprar nem que vender. Eles se sentam em grupos, à volta de um candeeiro, para jogar dominó ou o "9", com baralho espanhol.

## *A Pacha Pérez*

Chorar o morto — uma das atividades que no litoral atlântico oferece os mais curiosos e extravagantes matizes — é para os nativos de La Sierpe uma ocupação que não compete à família do morto, mas a uma mulher que, à custa de vocação e experiência, transforma-se em uma carpideira profissional. As rivalidades entre as que se dedicam a esse ofício se revestem de características mais alarmantes e têm consequências mais sombrias que a alegre competição dos moedores de café.

Gênio de carpideira entre as carpideiras de La Sierpe foi a Pacha Pérez, uma mulher autoritária e esquálida, de quem se diz que foi transformada em serpente pelo diabo à idade de 185 anos. Como La Marquesita, a lenda a adotou. Ninguém voltou a ter uma voz como a dela, nem voltou a nascer nos emaranhados pântanos de La Sierpe uma mulher que tenha, como ela, a faculdade alucinante e satânica de condensar toda a história de um homem morto em um berro. A Pacha Pérez esteve sempre à margem da concorrência. Quando a ela se referem, as carpideiras de agora têm um modo de se justificarem a si mesmas: "É que a Pacha Pérez tinha um pacto com o diabo."

## O teatro das carpideiras

As carpideiras não intervêm para se condoerem do morto, senão em homenagem a visitantes notáveis. Quando a assistência percebe a presença de alguém que por sua posição econômica é considerado, na região, um cidadão de méritos excepcionais, notifica-se a carpideira de plantão. O que vem depois é um episódio completamente teatral: as propostas comerciais se interrompem, as donzelas suspendem a dobra do tabaco e seus aspirantes a moagem de café; os homens que jogam o "9" e as mulheres que atendem nos fogões e nas barracas ficam em silêncio, expectantes, voltadas para o centro do pátio, onde a carpideira, com os braços levantados e o rosto dramaticamente contraído se dispõe a chorar. Em um longo e *asaetado*\* grito, o recém-chegado ouve então a história — com seus bons momentos e seus maus momentos, com suas virtudes e seus defeitos, com suas alegrias e amarguras — do morto, que está apodrecendo a um canto, rodeado de porcos e galinhas, barriga para cima, sobre as tábuas.

O que ao entardecer era um alegre e pitoresco mercado, na madrugada começa a parecer uma tragédia. A tina foi cheia várias vezes, e várias vezes teve consumida sua perigosa aguardente. Então se formam nós nas conversas, no jogo e no amor. Nós apertados, indesatáveis, que romperiam para sempre as relações daquela humanidade intoxicada, se nesse instante não viesse à tona, com seu tremendo poderio, a ofendida importância do morto. Antes do amanhecer alguém recorda que há um cadáver dentro da casa. E é como se a notícia estivesse sendo divulgada pela primeira vez, porque então se suspendem todas as atividades, e um grupo de homens embriagados e de mulheres cansadas espantam os porcos, levam o morto para o interior da casa, para que Pánfilo reze.

Pánfilo é um homem gigantesco, arbóreo e um tanto efeminado, que agora tem cerca de 50 anos. Durante trinta anos assistiu a todos os velórios de La Sierpe e rezou o rosário para todos os seus mortos. O mérito de Pánfilo, o que o fez preferido entre todos os rezadores da região, é que

---

\* *Aseatado*, em forma de *saeta*, copla que se canta em procissões. (*N. do T.*)

o rosário que ele diz, com seus mistérios e suas orações, são inventados por ele mesmo em um original e enrevesado aproveitamento da liturgia católica e das superstições de La Sierpe. Seu rosário completo, batizado por Pánfilo, chama-se *Oração a nosso Senhor de todos os poderios*. Pánfilo, que não tem residência conhecida, mas que mora na casa do último morto até que tenha notícia de um novo, planta-se diante do cadáver, assinalando, com a mão direita levantada, a contabilidade dos mistérios. Há um instante de grandes diálogos entre o rezador e assistência, que responde em coro: "Leva-o por aqui", cada vez que Pánfilo pronuncia o nome de um santo, quase sempre de sua invenção. Para arrematar a *Oração a nosso Senhor de todos os poderios*, o rezador olha para cima, dizendo: "Anjo da guarda, leva-o por aqui." E aponta, com o indicador, para o teto.

Pánfilo tem apenas 50 anos e é corpulento e saudável como uma paina, mas — como aconteceu com La Marquesita e a Pacha Pérez — já está com a lenda pelo pescoço.

28 de março de 1954,
Revista dominical, *El Espectador*, Bogotá

## UM HOMEM VEM SOB A CHUVA

Outras vezes tinha experimentado o mesmo sobressalto quando se sentava para ouvir a chuva. Sentia ranger o portão de ferro; sentia passos de homem no caminho ladrilhado e ruído de botas esfregadas no piso, frente ao umbral. Durante muitas noites aguardou que o homem batesse à porta. Mas depois, quando aprendeu a decifrar os inumeráveis ruídos da chuva, pensou que o visitante imaginário não passaria nunca do umbral e se acostumou a não o esperar. Foi uma resolução definitiva, tomada naquela borrascosa noite de setembro, cinco anos atrás, quando se pôs a refletir sobre sua vida, e disse a si mesma: "Desse jeito, acabarei ficando velha." Desde então mudaram os ruídos da chuva e outras vozes substituíram os passos do homem no caminho de ladrilhos.

É verdade que, apesar de sua decisão de não o esperar mais, em algumas ocasiões o portão de ferro voltou a ranger e o homem esfregou outra vez as botas frente ao umbral, como antes. Mas então ela assistia a novas revelações da chuva. Então ouvia outra vez Noel, quando tinha 15 anos, ensinando o catecismo a seu papagaio; e ouvia a canção remota e triste do gramofone que venderam a um negociante de antiguidades, quando morreu o último homem da família. Ela havia aprendido a resgatar da chuva as vozes perdidas no passado da casa, as vozes mais puras e íntimas. De maneira que houve muito de maravilhosa e surpreendente novidade, naquela noite de tormenta em que o homem que tantas vezes tinha aberto o portão de ferro percorreu o caminho ladrilhado, tossiu no umbral e bateu na porta.

Sombrio o rosto por uma irreprimível ansiedade, ela fez um breve gesto com a mão, voltou o olhar até onde estava a outra mulher e disse: "Já está aí."

A outra estava junto à mesa, apoiados os cotovelos nas grossas tábuas de carvalho não lustrado. Quando ouviu as batidas, desviou os olhos para o lampião e pareceu estremecida por uma tenebrosa ansiedade.

— Quem pode ser a esta hora? — disse.

E ela, serena outra vez, com a certeza de quem está dizendo uma frase amadurecida durante muitos anos:

— Isso é o de menos. Quem quer que seja deve estar tiritando de frio.

A outra se levantou, seguida minuciosamente pelo olhar dela. Viu-a pegar o lampião. Viu-a perder-se no corredor. Sentiu, da sala em penumbras e entre o rumor da chuva que a escuridão fazia mais intensa, sentiu os passos da outra, afastando-se, tropeçando nos soltos e gastos ladrilhos do saguão. Logo ouviu o ruído do lampião que se chocou com a parede e depois a tranca, arrastando-se nas argolas enferrujadas.

Por um momento não ouviu nada mais que vozes distantes. O discurso remoto e feliz de Noel, sentado no barril, dando notícias de Deus a seu papagaio. Ouviu o ranger da roda no pátio, quando Papá Laurel abria o portão para que entrasse o carro de bois. Ouviu Genoveva alvoroçando a casa, como sempre, porque sempre, "sempre encontro este bendito banheiro ocupado". E depois outra vez Papá Laurel, botando boca afora seus palavrões de soldado, abatendo andorinhas com a mesma escopeta que utilizou na última guerra civil para derrotar, ele sozinho, toda uma divisão governista. Até chegou a pensar que dessa vez o episódio não passaria das batidas na porta, como antes não passou das botas esfregadas no umbral; e pensava que a outra mulher tinha aberto a porta e só vira os vasos de flores sob a chuva, e a rua triste e deserta.

Logo, porém, começou a distinguir vozes na escuridão. E ouviu outra vez as pisadas conhecidas e viu as sombras estiradas na parede do saguão. Então soube que, depois de muitos anos de aprendizagem, depois de muitas noites de vacilação e arrependimento, o homem que abria o portão tinha decidido entrar.

A outra mulher voltou com o lampião, seguida pelo recém-chegado; colocou-o na mesa, e ele — sem sair da órbita da claridade — tirou a capa impermeável, virando para a parede o rosto castigado pela tormenta. Então ela o viu pela primeira vez. Olhou-o solidamente no começo. Depois o decifrou dos pés à cabeça, determinando-o membro a membro, com um olhar perseverante, aplicado e sério, como se em vez de um homem houvesse estado examinando um pássaro. Finalmente voltou os olhos para o lampião e começou a pensar: "É ele, de qualquer maneira. Embora o imaginasse um pouco mais alto."

A outra mulher empurrou uma cadeira até a mesa. O homem se sentou, cruzou uma perna e desamarrou a bota. A outra se sentou junto a ele, falando-lhe com espontaneidade de alguma coisa que ela, na cadeira de balanço, não conseguia entender. Mas frente aos gestos sem palavras ela se sentia redimida de seu abandono e notava que o ar empoeirado e asséptico cheirava de novo como antes, como se fosse outra vez a época em que havia homens que entravam suando nas alcovas, e Úrsula, estouvada e saudável, corria todas as tardes, às quatro e cinco, para acenar para o trem da janela. Ela o via gesticular e se alegrava que o desconhecido procedesse assim; que entendesse que, depois de uma viagem difícil, muitas vezes retificada, havia encontrado afinal a casa perdida na tormenta.

O homem começou a desabotoar a camisa. Tinha tirado as botas e estava inclinado sobre a mesa, secando ao calor do lampião. Então a outra mulher se levantou, caminhou até o armário e regressou à mesa com uma garrafa pela metade e um copo. O homem agarrou a garrafa pelo gargalo, extraiu com os dentes a rolha de cortiça e encheu meio copo com um licor verde e espesso. Logo bebeu sem respirar, com uma ansiedade exaltada. E ela, da cadeira de balanço, observando-o, lembrou-se daquela noite em que o portão rangeu pela primeira vez — fazia tanto tempo!... — e ela pensou que não havia nada na casa para oferecer ao visitante, salvo aquela garrafa de menta. Tinha dito a sua companheira: "Precisamos deixar a garrafa no armário. Alguma hora alguém pode precisar dela." A outra lhe tinha dito: "Quem?" E ela: "Qualquer pessoa. Sempre é bom estar preparada, pois só vem alguém quando chove." Haviam transcorrido muitos anos desde então. E agora o homem previsto estava ali, vertendo mais licor no copo.

Mas dessa vez o homem não bebeu. Quando se dispunha a fazê-lo, seus olhos se perderam na penumbra, por cima do lampião, e ela sentiu pela primeira vez o contato morno de seu olhar. Compreendeu que até esse instante o homem não tinha se dado conta de que havia outra mulher na casa; e então começou a se balançar.

Por um momento o homem a examinou com uma atenção indiscreta. Uma indiscrição talvez deliberada. Ela se perturbou no princípio, mas logo notou que também esse olhar lhe era familiar e que não obstante sua perscrutadora e um tanto impertinente obstinação tinha nela muito da travessa bondade de Noel e também um pouco da torpeza impaciente e honrada de seu papagaio. Por isso começou a se balançar, pensando: "Ainda que não seja o mesmo que abria o portão de ferro, é como se o fosse, de qualquer maneira." E ainda se balançando, enquanto ele olhava para ela, pensou: "Papá Laurel o teria convidado para caçar coelhos na horta."

Antes da meia-noite a tormenta recrudesceu. A outra havia empurrado a cadeira de balanço e as duas mulheres permaneciam silenciosas, imóveis, contemplando o homem que se secava junto ao lampião. Um galho seco da amendoeira vizinha golpeou várias vezes a janela mal fechada e o ar da sala se umedeceu, invadida por uma lufada de intempérie. Ela sentiu no rosto o cortante vento do granizo, mas não se mexeu, até que viu o homem escorrer no copo a última gota de menta. Pareceu-lhe que havia algo simbólico naquele espetáculo. E então se lembrou de Papá Laurel, lutando sozinho, entrincheirado no curral, abatendo soldados do governo com uma escopeta de *perdigones*\* para andorinhas. E se lembrou da carta que lhe escreveu o coronel Aureliano Buendía e do título de capitão que Papá Laurel recusou, dizendo: "Diga ao Aureliano que não fiz isso pela

---

\* *Perdigón* é, ao mesmo tempo, o macho da perdiz e o grão de chumbo, usado para a caça. (*N. do T.*)

guerra, mas para evitar que esses selvagens comessem meus coelhos." Foi como se naquela lembrança houvesse esgotado ela também a última gota de passado que restava à casa.

— Tem alguma coisa mais no armário? — perguntou sombriamente.

E a outra, com a mesma inflexão, com o mesmo tom em que supunha que ele não teria podido ouvi-la, disse:

— Nada mais. Lembre-se de que na segunda comemos o último punhado de feijão.

E logo, temendo que o homem as tivesse ouvido, olharam de novo para a mesa, mas só viram a escuridão, sem a mesa e o homem. Apesar disso, elas sabiam que o homem estava ali, invisível junto ao lampião exausto. Sabiam que não abandonaria a casa enquanto não parasse de chover, e que na escuridão a sala se reduzira de tal modo que não tinha nada de estranho que as tivesse ouvido.

9 de maio de 1954, *El Espectador*, Bogotá

## A CASA DOS BUENDÍA
(*Anotações para um romance*)

A casa é fresca: úmida durante as noites, mesmo no verão. Situa-se no norte, no final da única rua do povoado, erguida num alto e sólido alicerce de cimento. O portal alto, sem batentes; o largo salão quase sem móveis, com duas janelas inteiriças que dão para a rua, talvez seja a única coisa que a faz diferenciar-se das outras casas do povoado. Ninguém se lembra de jamais ter visto as portas fechadas durante o dia. Ninguém se lembra de já ter visto as quatro cadeiras de balanço num lugar diferente ou numa outra posição: estão todas colocadas de maneira a formarem um quadrado, no centro da sala, parecendo terem perdido a faculdade de proporcionar descanso, tendo agora apenas uma simples e inútil função decorativa. Existe, agora, um gramofone no canto, perto da menina inválida. Mas antes, nos primeiros anos do século, a casa era silenciosa, desolada; talvez a mais silenciosa e desolada do povoado, com esse imenso salão ocupado apenas pelas quatro (...) (agora a talha tem um filtro de pedra, coberto de musgo) no canto oposto ao da menina.

 Nas paredes ao lado da porta que leva ao único quarto de dormir, veem-se dois retratos antigos, assinalados por tarjas funerárias. O próprio ar, no interior do salão, é de uma fria severidade, mas elementar e sadia, como os trajes matrimoniais, arrumados em forma de embrulho, que pendem do cabide do quarto ou como o seco ramo de aloés que decora por dentro a soleira que dá para a rua.

Quando Aureliano Buendía voltou ao povoado, a guerra civil havia terminado. Talvez não restasse ao novo coronel nada que lembrasse a áspera peregrinagem. Restavam-lhe apenas o título militar e uma vaga inconsciência de seu desastre. Mas lhe restava também a metade da morte do último Buendía e uma ração inteira contra a fome. Restavam-lhe a nostalgia da vida doméstica e o desejo de ser dono de uma casa tranquila, aconchegante, sem guerra, que tivesse um portal alto para receber o sol e uma rede no quintal, estendida entre duas forquilhas.

No povoado, onde estava a casa dos seus antepassados, o coronel e sua esposa encontraram apenas as raízes das estacas incineradas e a alta e pequena planura, diariamente varrida pelo vento. Ninguém diria que naquele lugar existira antes uma casa. "Tão claro, tão limpo estava tudo", disse o coronel, lembrando. Mas entre as cinzas onde outrora havia o quintal, a amendoeira ainda reverdecia, como um Cristo entre os escombros, perto do quartinho de madeira destinado às coisas já sem préstimo. De um lado, a árvore era a mesma que dava sombra ao pátio dos velhos Buendía. Mas do outro, do lado que caía sobre a casa, estendiam-se os galhos fúnebres, carbonizados, como se metade da amendoeira estivesse no outono e a outra metade na primavera. O coronel lembrava-se da casa destruída. Lembrava-se dela pela sua claridade, pela sua indisciplinada música, composta com os restos de todos os ruídos que a habitavam, e em tal quantidade que pareciam transbordar. Mas lembrava-se também do acre e penetrante mau cheiro da latrina perto da amendoeira, e do odor que vinha do quartinho abarrotado de silêncios profundos, dividido em espaços vegetais. Em meio aos escombros, ao revolver a terra enquanto varria, dona Soledad encontrou um São Rafael de gesso com uma asa quebrada, e um vidro de lamparina. Ali construíram a casa, com a porta dando para o poente; precisamente na posição contrária à que teve a dos Buendía mortos na guerra.

A construção começou quando cessaram as chuvas — sem preparativos, sem ordem preconcebida. No buraco onde seria enfiada a primeira estaca, acomodaram o São Rafael de gesso, sem qualquer ritual. É possível que o coronel não tivesse pensado nisso quando fazia o traçado no chão, mas, junto à amendoeira onde havia antes o depósito, o ar continuou com a mesma leveza que tinha quando o local era o quintal. De maneira que quando cavaram os quatro buracos e disseram: "Assim vai ser a casa, com uma sala bem grande para que nela as crianças possam brincar", já o melhor dela estava feito. Foi como se os homens que tomaram a medida do ar tivessem marcado os limites da casa exatamente onde terminava o silêncio do quintal. Porque quando foram levantadas as quatro estacas, o espaço cercado era limpo e úmido, como agora é a casa. Dentro dela ficaram presos a frescura da árvore e o profundo e misterioso silêncio da latrina. Lá fora, ficou o povoado, com o calor e os ruídos. E três meses mais tarde, quando o teto foi construído, o interior da casa continuou tendo, assim mesmo, alguma coisa de quintal.

3 de junho de 1954, *Revista Crónica*, Barranquilla

## LITERATURISMO

Há ainda quem se queixe da truculência desses dramas folhetinescos nos quais há mais sangue do que protagonistas por quilômetro quadrado, cujos leitores ou espectadores devem tomar precauções para não serem eles também vítimas da tragédia. No entanto, a vida real é às vezes mais truculenta.

Aí está o caso ocorrido no município de San Rafael, Antióquia, que qualquer crítico literário condenaria por seu exagero e por não se parecer com a vida. Em primeiro lugar se trata de um caso de rivalidade entre duas famílias, recurso que parece desqualificado literariamente porque poucas pessoas estão dispostas a atribuir validez a uma situação que já existia havia dois séculos. No entanto, o sangrento folhetim de San Rafael se originou de uma rivalidade entre famílias, e para quem essa situação pareça falsa não haverá remédio senão condenar a vida por sua pobre imaginação e sua excessiva afeição aos convencionalismos.

Como era de se esperar, houve um crime. Mas não um crime simples, e sim um homicídio espetacular, em que o matador, para começar, disparou sua escopeta contra a vítima. Até ali era Troia para a literatura: descarregada a arma no corpo da vítima, o matador investiu a machadadas contra o cadáver, e, finalmente, num excesso de impiedade que permite pensar de alguma maneira na ascendência tártara de alguns colombianos, cortou-lhe a língua sem pensar de antemão o que ia fazer com ela, como de fato nada fez.

A notícia não mereceu — ao câmbio atual da moeda jornalística — mais de duas colunas na página das notícias locais. É um ato sangrento, como qualquer outro. Com a diferença de que, nesses tempos, ele não tem nada de extraordinário, pois como notícia é demasiado corrente e como romance é demasiado truculento.

Conviria recomendar um pouco de discrição à vida real.

23 de junho de 1954, *El Espectador*, Bogotá

## OS PRECURSORES

Sem dúvida a primeira notícia sensacional que se produziu — depois da criação — foi a expulsão de Adão e Eva do Paraíso. Teria sido uma primeira página inesquecível: *Adão e Eva expulsos do Paraíso* (em oito colunas). "Ganharás o pão com o suor de teu rosto", disse Deus. — "Um anjo com espada de fogo executou ontem a sentença e monta guarda no Éden. Uma maçã, a causa da tragédia."

Quantos anos se passaram desde que aconteceu a notícia? Tão difícil é responder a essa pergunta como prever quando chegará o momento de escrever a última grande reportagem sensacional: o dia do Juízo Final, que será uma espécie de balanço definitivo da humanidade. Mas antes que chegue essa hora, quem sabe quantas modificações sofrerá o jornalismo, essa esmagadora atividade que começou quando um vizinho contou ao outro o que fez um terceiro na noite anterior, e que tem uma curiosa variedade em nossas cidades, onde um homem que lê os jornais todos os dias comenta por escrito a notícia, num artigo com inequívoco tom editorial ou num leve e despretensioso estilo de uma crônica, segundo sua importância, e o lê essa tarde na farmácia, onde a opinião pública se considera no dever de se sentir orientada.

O comentarista do fato cotidiano, que pode ser encontrado em pelo menos quarenta por cento de nossas cidades, é o jornalista sem jornal, um homem que exerce sua profissão contra a dura e imutável circunstância de não ter sequer uma prensa de mão para expressar suas ideias e as expressa na via pública, com tão evidentes resultados que talvez seja essa uma demonstração indiscutível de que o jornalismo é uma necessidade biológica do homem, que tem mesmo a capacidade de sobreviver aos jornais. Sempre haverá um homem que leia um artigo no canto de uma farmácia, e sempre — porque aí está a graça — haverá um grupo de cidadãos disposto a escutá-lo, ainda que seja para sentir o democrático prazer de discordar.

10 de agosto de 1954, *El Espectador*, Bogotá

## O CARTEIRO BATE MIL VEZES

#### UMA VISITA AO CEMITÉRIO DAS CARTAS PERDIDAS

QUAL É O DESTINO DA CORRESPONDÊNCIA QUE NUNCA
PÔDE SER ENTREGUE. AS CARTAS PARA O HOMEM INVISÍVEL.
UMA REPARTIÇÃO ONDE O ABSURDO É INTEIRAMENTE NATURAL.
AS ÚNICAS PESSOAS COM AUTORIZAÇÃO LEGAL
PARA ABRIR A CORRESPONDÊNCIA.

Alguém postou uma carta que não chegou jamais a seu destino nem retornou ao remetente. No instante de escrevê-la, o endereço estava correto, o selo, irrepreensível e perfeitamente legível o nome do destinatário. Os funcionários do Correio a despacharam com escrupulosa regularidade. Não se perdeu uma só conexão. O complexo mecanismo administrativo funcionou com absoluta precisão, do mesmo modo para essa carta que não chegou nunca como para milhares de cartas que foram levadas ao Correio no mesmo dia e chegaram a seu destino.

    O carteiro bateu várias vezes, retificou o endereço, averiguou na vizinhança e obteve uma resposta: o destinatário tinha mudado de casa. Deram-lhe o novo endereço, com dados precisos, e a carta, finalmente, foi mandada para a posta-restante, onde ficou à disposição do destinatário durante trinta dias. Milhares de pessoas que diariamente vão aos escritórios do Correio para procurar uma carta que jamais foi escrita viram lá a carta que, essa sim, tinha sido escrita mas que nunca chegaria a seu destino.

A carta foi devolvida ao remetente. Mas também o remetente tinha mudado de endereço. Trinta dias mais esteve essa carta devolvida aguardando-o na posta-restante, enquanto ele se perguntava por que ainda não recebera resposta. Finalmente, essa singela mensagem, esses quatro parágrafos que talvez não dissessem nada de particular ou fossem decisivos para a vida de um homem, foi metida dentro de um saco, misturando-se a outro milhar de cartas anônimas, e enviadas à pobre e empoeirada casa n.º 567, da oitava *carrera*. Aí fica o cemitério das cartas perdidas.

*Investigação epistolar*

Por essa casa de um só andar, teto rebaixado e paredes descascadas, onde parece não viver ninguém, passaram milhões de cartas não reclamadas. Algumas delas deram voltas ao mundo e retornaram a seu destino, à espera de um reclamante que talvez tenha morrido esperando-a.

O cemitério das cartas se parece com o cemitério dos homens. Tranquilo, silencioso, com grandes e profundos corredores e escuras galerias cheias de pilhas de cartas. Apesar disso, ao contrário do que ocorre no cemitério dos homens, no cemitério das cartas transcorre muito tempo antes que se perca a esperança. Seus funcionários metódicos, escrupulosos, cobertos pela ferrugem da rotina, continuam fazendo o possível para encontrar as pistas que lhes permitam localizar um destinatário desconhecido.

Três dessas seis pessoas são as únicas que no país podem abrir uma carta sem que sejam processadas por violação de correspondência. Entretanto, até mesmo esse recurso legal é inútil na maioria dos casos: o texto da carta não revela nenhuma pista. E uma coisa mais estranha: de cada cem envelopes selados e postados com o endereço errado, pelo menos dois não têm nada dentro. São cartas sem cartas.

## *Onde vive o homem invisível?*

A mudança de endereço do destinatário e do remetente, ainda que pareça rara, é o caso mais simples e frequente. Os encarregados da seção de achados e perdidos — assim se chama oficialmente o cemitério de cartas perdidas — perderam a conta das situações que podem se apresentar no confuso labirinto das mensagens extraviadas. Da média de cem cartas abandonadas que lá chegam todos os dias, pelo menos dez foram regularmente seladas e despachadas como convinha, só que os envelopes estão completamente em branco. "Cartas para o homem invisível", são chamadas, e foram introduzidas na caixa postal por alguém que teve a ideia de escrever uma carta para uma pessoa que não existe e, por conseguinte, não vive em parte nenhuma.

## *Cartas a Ufemia*

"José, Bogotá", diz no envelope uma das cartas perdidas. O envelope foi aberto e dentro dele viu-se uma carta, de duas páginas, manuscrita e assinada por um "Diógenes". A única pista para encontrar o destinatário é seu cabeçalho: "Meu querido Enrique."

Contam-se aos milhares as cartas que têm chegado à seção de achados e perdidos e em cujos envelopes só se escreveu um nome ou um sobrenome. Milhares de cartas para Alberto, para Isabel, para Gutiérrez y Medina e para Francisco José. É dos casos mais comuns.

Nesta seção, onde o absurdo é uma coisa inteiramente natural, há uma carta, dentro de um envelope de luto, onde não está escrito o nome nem o endereço do destinatário, mas uma frase em tinta roxa: "Mando-a em envelope preto para que chegue mais rápido."

## *Quem é quem!*

Esses despropósitos, multiplicados ao infinito, que bastariam para enlouquecer uma pessoa normal, não alteraram o sistema nervoso dos seis funcionários que, durante oito horas por dia, fazem o possível para encontrar os destinatários de milhares de cartas extraviadas. Do leprosário de Agua de Dios, especialmente nas proximidades do Natal, chegam centenas de cartas sem nome. Em todas se pede uma ajuda: "Para o senhor que tem uma lojinha na rua 28-Sul, duas casas depois do açougue", diz em um envelope. O carteiro descobre que não só é impossível localizar a loja ao longo de uma rua de cinquenta quadras, mas que em todo o bairro não existe um açougue. Apesar disso, de Agua de Dios chegou uma carta a seu destino com os seguintes dados: "Para a senhora que todas as manhãs vai à missa das cinco e meia na Igreja de Nossa Senhora do Egito." Insistindo, fazendo averiguações, os empregados e carteiros da seção de achados e perdidos conseguiram identificar a anônima destinatária.

## *Apesar de tudo...*

As cartas que se declaram definitivamente mortas não constituem a maioria das que diariamente chegam à seção de achados e perdidos. Dom Enrique Posada Ucrós, um homem parcimonioso, cabeça branca, que depois de cinco anos à frente dessa seção já não se surpreende com nada, tem os sentidos aguçados no fabuloso ofício de localizar pistas onde aparentemente não existem. É um fanático da ordem em uma seção que só existe em virtude da desordem abismal dos correspondentes do país. "Ninguém lê a posta-restante do Correio", diz o chefe da seção. Mas aqueles que as leem são precisamente os que postaram uma carta sem endereço, ou seja, um inexpressivo número. A porta-restante da administração do Correio de Bogotá vive cheia de gente que espera receber uma carta. Apesar disso, em uma lista de 170 cartas com endereço errado, só seis foram retiradas pelos destinatários.

*Homônimos*

A ignorância, o descuido, a negligência e a falta de espírito de cooperação do público são as principais causas para que uma carta não chegue a seu destino. É muito escasso o número de colombianos que mudam de endereço e fazem a correspondente comunicação ao Correio. Enquanto essa situação perdurar, serão inúteis os esforços dos funcionários da seção de achados e perdidos, onde há uma carta não reclamada há muitos anos, e que está endereçada da seguinte forma: "Para você, mandada por sua noiva." E ali mesmo, pacotes procedentes de todo o mundo, com jornais, revistas, reproduções de quadros famosos, diplomas universitários e estranhos objetos sem aparente aplicação. Duas peças estão entulhadas com tais devoluções, procedentes de todo o mundo, e cujos destinatários não puderam ser localizados. Ali podem ser vistos pacotes para Alfonso López, Eduardo Santos, Gustavo Rojas, Laureano Gómez, que não são os mesmos cidadãos que qualquer pessoa poderia imaginar. E, entre eles, um pacote de revistas e boletins filosóficos para o advogado e sociólogo da Costa, Dr. Luis Eduardo Nieto Artesa, atualmente em Barranquilla.

*O carteiro bate mil vezes*

Nem todos os pacotes que se encontram na seção de achados e perdidos têm o endereço errado. Muitos deles foram recusados pelos destinatários. Homens e mulheres que fazem compras pelo Correio, e que logo se arrependem, teimam em não receber a remessa. Dizem não ao carteiro. Ficam indiferentes aos chamados do Sr. Posada Ucrós, que localiza o telefone do destinatário no catálogo e lhe implora que receba um pacote procedente da Alemanha. O carteiro, acostumado a esses incidentes, recorre a todo tipo de artimanhas para fazer com que o destinatário assine o devido recibo e conserve a remessa. Na maioria dos casos, resultam inúteis todos os esforços. E o pacote, que muitas vezes não tem remetente, passa definitivamente ao arquivo dos objetos não reclamados.

Nesse caso encontram-se, também, os artigos de importação proibida, que chegam às alfândegas do país, e os de importação permitida, cujos destinatários não os reclamam, porque os impostos são superiores ao preço da mercadoria. Na última sala do cemitério das cartas perdidas há nove volumes remetidos pela alfândega de Cúcuta. Nove volumes contendo todo tipo de valiosos objetos, mas que chegaram sem documentos de procedência ou destino e que, por conseguinte, não existem legalmente. Mercadoria que não se sabe de onde vem nem para onde vai.

*O mundo é grande e estranho*

Às vezes falha o complexo mecanismo do Correio Mundial e chega à seção de achados e perdidos de Bogotá uma carta ou um pacote que não devia percorrer senão cem quilômetros, mas já percorreu cem mil. Do Japão chegam cartas com muita frequência, especialmente desde que o primeiro grupo de soldados colombianos regressou da Coreia. Muitas delas são cartas de amor, escritas em espanhol indecifrável, onde se misturam confusamente os caracteres japoneses com os latinos. "Cabo 1.º La Habana", era o único endereço que trazia uma dessas cartas.

Há apenas um mês foi devolvida a Paris uma carta que estava endereçada, com nome e endereço perfeitamente legíveis, a um remoto povoadinho dos Alpes italianos.

1º de novembro de 1954, *El Espectador*, Bogotá

## O TIGRE DE ARACATACA

Aracataca, na zona bananeira de Santa Marta, não tem muitas oportunidades de sair em letra de forma, e não porque faltem os *as* nos linotipos, e sim porque é uma povoação rotineira e pacífica, desde que passou a verde tempestade da banana. Nesses dias, seu nome voltou a aparecer nos jornais, relacionando suas cinco repetidas e trepidantes vogais com as duas sílabas de um tigre que talvez seja um dos três tristes tigres do conhecido trava-língua, metido agora no mesmo trava-língua de Aracataca.

Mesmo que seja certa, como indiscutivelmente é, a notícia do tigre de Aracataca não parece ser. Em Aracataca não há tigres, e quem disse tem motivos de sobra para saber. Os tigres da região caíram há muitos anos, foram vendidos para fabricar tapetes em diferentes lugares da Terra, quando Aracataca era um povoado cosmopolita onde ninguém descia do cavalo para recolher uma nota de 5 pesos. Depois, quando acabou a febre da banana e os chineses, os russos, os ingleses e os emigrantes de todo o mundo foram para outra parte, não deixaram nem rastro do antigo esplendor, tampouco deixaram tigres. Em Aracataca não deixaram nada.

No entanto, valeria a pena que fosse certa a história do tigre para que os linotipos voltassem a insistir cinco vezes sobre uma mesma letra e alguém se recordasse outra vez de Aracataca — a terra de Radragaz, como disse um autor profissional de pilhérias — e alguém pensasse nela como cedo ou tarde se pensa em todos os municípios da Colômbia, incluindo os que não têm nomes tão difíceis de esquecer.

Temos que lembrar de Aracataca antes que ela seja comida pelo tigre.

1º de fevereiro de 1955, *El Espectador*, Bogotá

## S.S. SAI DE FÉRIAS
(Fragmento)

O papa saiu de férias. Esta tarde, às cinco em ponto, instalou-se num Mercedes particular, com placa SCV-7, e saiu pela porta do Santo Ofício, em direção ao palácio de Castelgandolfo, a 28 quilômetros de Roma. Dois gigantescos guardas suíços o saudaram à entrada. Um deles, o mais alto e robusto, é um adolescente louro de nariz achatado, como nariz de boxeador, em consequência de um acidente de trânsito.

Poucos turistas esperavam a passagem do carro papal na Praça São Pedro. Discretamente, os jornais católicos anunciaram de manhã a viagem de Sua Santidade. Mas disseram que o automóvel sairia do pátio do Vaticano às seis e meia da noite, e saiu às cinco da tarde. Como sempre, Pio XII ia adiantado: suas audiências coletivas, suas viagens e suas bênçãos aos turistas ocorrem sempre um pouco antes da hora anunciada.

*35 graus à sombra*

O viajante ia sozinho no carro, na parte de trás, naturalmente. Na frente, um motorista uniformizado parecia indiferente às manifestações de devoção e simpatia dos romanos e dos turistas, que saudaram o carro, ao passar por Gianicolo, onde estão as estátuas de Garibaldi — que parece um pirata de Salgari — e a de sua mulher, que também parece um pirata de Salgari, montada como homem num cavalo.

Pela primeira vez no ano, esta tarde o papa esteve ao alcance das crianças, perfeitamente visível através do vidro fechado do carro. Dentro do veículo devia fazer um calor tremendo, porque o automóvel pontifício não tem ar-condicionado. O papa, contudo, não parecia incomodado com a temperatura, apesar de não vestir o que se poderia chamar de "roupa de férias". Enquanto pelas ruas de Roma os sólidos trabalhadores correm como loucos em suas vespas, sem camisa e com calças curtas, Sua Santidade ia de férias em seu automóvel hermeticamente fechado distribuindo bênçãos à direita e à esquerda, sem se preocupar com o calor.

## *A governanta*

Outros dois carros, iguais ao de Sua Santidade, seguiam o automóvel pontifício. Num deles ia Sra. Pascualina, antiga e dinâmica administradora da vida particular de Sua Santidade. É uma freira alemã, forte de corpo e espírito, que se encarrega pessoalmente da roupa do papa, que vigia seus alimentos e exerce sobre ele domínio inflexível. Ela, mais do que ninguém — e mais ainda do que os médicos de cabeceira de Sua Santidade — pode dizer como amanheceu o papa. E foi ela quem o ajudou a se recuperar de seus achaques há alguns meses, melhorando-o a um ponto tal que hoje o Sumo Pontífice está mais gordo, recuperou a espontaneidade dos movimentos dos braços. E voltou a trabalhar normalmente. Na primeira página do *L'Osservatore Romano* aparece hoje um anúncio:

"O escritório do mestre de câmara de Sua Santidade faz saber que, durante sua permanência em Castelgandolfo, o Santo Padre se dignará a conceder audiência aos fiéis e peregrinos, duas vezes por semana. Essas audiências ocorrerão às quartas-feiras e aos sábados, às seis da tarde. Quem desejar participar dessas audiências deverá retirar o costumeiro ingresso no escritório do mestre de câmara de Sua Santidade."

Esse anúncio foi considerado um indício da boa saúde do papa. Sabe-se, além disso, que no terceiro automóvel viajavam funcionários da

Cidade do Vaticano, com uma maleta cheia de papéis de negócios que Sua Santidade deve estudar durante as férias.

## Acidentes de percurso

A última vez que o papa passou pela formosa estrada de Castelgandolfo pensou-se que seria na verdade a última. Foi no final do verão do ano passado e sua saúde estava assustadoramente debilitada. Hoje, contudo, voltou a passar, e aproximou várias vezes o azeitonado e seco rosto dos vidros do carro, para benzer os numerosos italianos que saíram disparados em suas vespas para esperar sua passagem pela estrada.

Mas nem todos o esperaram no caminho. A maioria estava concentrada na estreita pracinha de Castelgandolfo, uma pracinha rodeada de árvores e com lojas que exibem sua vistosa mercadoria na guarnição da porta, como em Girardot. O papa chegou ao palácio um pouco depois das seis. A viagem teve uma interrupção de dez minutos: um enorme caminhão carregado de tijolos atravancou a via Appia Nuova e o trânsito foi interrompido. Quando o carro do papa chegou ao local, um colossal motorista em calça curta distribuía palavrões no meio do caminho.

## Sábado em Tolima

Ninguém percebeu em Castelgandolfo de que lado o papa entrou em seu palácio de férias. Entrou pelo oeste, num jardim com uma avenida orlada por árvores centenárias. A pracinha do povoado estava cheia de bandeiras, como a pracinha do Espinal em dia de São Pedro. Exatamente como no Espinal, antes de começar a corrida de touros, num estrado de madeira estavam as autoridades, e em outro estrado de madeira, a banda de músicos. Quando se soube que Sua Santidade estava no palácio, a banda — uma típica formação rural — se pôs a tocar a plenos pulmões. Só que não tocou uma música tolimense, mas um hino emocionante:

"Branco pai." As crianças das escolas, esforçando-se dentro de seus uniformes de lã, agitavam as bandeirinhas amarelas e brancas — as cores do Vaticano — numa tarde de sábado que não foi de férias para eles porque tiveram de assistir às férias do papa.

## *A cabeça de uma mulher*

Sua Santidade, tradicionalmente, inicia seu período de repouso nos primeiros dias de julho. Essa vez está com quase um mês de atraso, e são muitas e diversas as interpretações feitas sobre o atraso. Uma das interpretações tem muito a ver com a crônica policial. Vinte dias antes apareceu o corpo decapitado de uma mulher na margem do lago de Castelgandolfo. A polícia levou o corpo para um frigorífico. Examinaram-no milímetro a milímetro e estudaram os dados a respeito de trezentas mulheres desaparecidas nos últimos dias. Uma a uma as trezentas mulheres foram aparecendo. A polícia deslindou, sem se propor especificamente, muitas coisas, com ganhos adicionais na atividade investigativa: adultérios, violações, fugas sem importância. Mas a cabeça da decapitada de Castelgandolfo não apareceu em nenhum lugar, embora os mergulhadores do governo, trabalhando 24 horas todos os dias, tenham sondado o lago milímetro a milímetro.

Amanhã, em seu primeiro dia de férias, o papa assomará à janela de seu palácio de verão para contemplar a superfície azul do formoso lago de Castelgandolfo. E ainda que não se saiba se Sua Santidade se interessa pela fecunda e escandalosa crônica policial dos jornais de Roma, não poderá evitar a visão dos mergulhadores e das lanchas da polícia. E talvez seja a única pessoa que possa ver — de uma janela que domina toda a superfície do lago — aquilo que todos os romanos estão desesperados por conhecer: a cabeça que, cedo ou tarde, os mergulhadores resgatarão das águas de Castelgandolfo.

8 de agosto de 1955, *El Espectador*, Bogotá

# O ESCÂNDALO DO SÉCULO

MORTA, WILMA MONTESI PASSEIA PELO MUNDO

Na noite de quinta-feira, 9 de abril de 1953, o carpinteiro Rodolfo Montesi esperava em casa o retorno de sua filha Wilma. O carpinteiro vivia com a mulher, Petti María; o filho Sergio, de 17 anos, e outra filha solteira, Wanda, de 25 anos, na rua Tagliamento, 76, em Roma. É um enorme edifício de três andares, do início do século, com quatrocentos apartamentos construídos em torno de um aprazível pátio circular, cheio de flores e uma pequena fonte no centro. Só há uma entrada para o edifício: um gigantesco portão com abóbadas de vidros quebrados e poeirentos. Do lado esquerdo do portão de entrada está o quarto da porteira e, acima da portaria, uma imagem do Coração de Jesus, iluminado por uma lâmpada elétrica. Desde as seis da manhã até as onze da noite a porteira controla rigorosamente a entrada do edifício.

## *A primeira providência*

Rodolfo Montesi esperou sua filha Wilma, de 21 anos, até as oito e meia. A prolongada ausência era alarmante, porque a moça saíra na parte da tarde. Cansado de esperar, o carpinteiro se dirigiu em primeiro lugar ao hospital mais próximo, onde não se tinha notícia de nenhuma desgraça ocorrida naquele dia. Depois, a pé, dirigiu-se ao Lungotevere, onde procurou a filha durante duas horas. Às dez e meia, cansado da busca infrutífera e temendo uma desgraça, Rodolfo Montesi se apresentou à delegacia de polícia, na rua Salaria, a poucas quadras de sua casa, para pedir ajuda na localização de Wilma.

### *"Não me agrada esse filme"*

Ao oficial de plantão, Andrea Lomanto, o carpinteiro informou que naquele dia, depois do almoço, e aproximadamente à uma da tarde, regressara como de costume de sua oficina de carpintaria, na rua de Sebino, 16. Disse que deixara em casa toda a família e, ao retornar, sua mulher e a filha Wanda lhe informaram que Wilma ainda não havia regressado. As duas, segundo o carpinteiro, disseram-lhe que foram ao cinema Excelsior, no vizinho vale Legi, para ver o filme intitulado *A carruagem de ouro*. Saíram de casa às quatro e meia, mas Wilma não quis acompanhá-las porque, segundo disse, não gostava desse tipo de filme.

Às cinco e meia — segundo disse Rodolfo Montesi na delegacia — a porteira do edifício viu Wilma sair, sozinha, com uma bolsa preta de couro. Contrariamente ao habitual, Wilma não portava os brincos e o colar de pérolas que poucos meses antes ganhara do noivo. O noivo de Wilma era Angelo Giuliani, investigador da polícia de Potenza.

### *Chamada de um estranho*

Como a filha saíra sem se arrumar, contrariando seus hábitos, e também desprovida de dinheiro e do documento de identidade, Rodolfo Montesi formulou na delegacia a hipótese de que Wilma se suicidara. A moça tinha, segundo seu pai, motivo para se suicidar: estava desesperada com a perspectiva de ter de abandonar a família e se mudar para Potenza, depois de seu iminente casamento com o investigador de polícia.

No entanto, Wanda, a irmã de Wilma, tinha outra ideia: declarou que ela saíra sem se arrumar simplesmente porque não tivera tempo. Talvez, pensava, tivera de sair de casa às pressas, depois de um telefonema urgente.

Havia, contudo, uma terceira hipótese: Wilma fugira com o noivo e viajara a Potenza na mesma noite. Para checar esse fato, Rodolfo Montesi telefonou para Giuliani, sexta-feira, 10 de abril, às sete da manhã. Mas o desconcertado carpinteiro só recebeu a resposta estupefata do futuro genro. Giuliani não tinha nenhuma notícia de Wilma, salvo uma carta que recebera na tarde anterior. Essa carta não oferecia nenhuma pista. Era uma carta de amor convencional.

Preocupado com o desaparecimento da noiva, Giuliani se dispôs a viajar imediatamente para Roma. Mas necessitava uma desculpa urgente para dar aos superiores. Por isso pediu a Rodolfo Montesi que lhe mandasse um telegrama. Rodolfo Montesi lhe mandou ao meio-dia um telegrama dramático. Em quatro palavras lhe disse que Wilma se suicidara.

*Um cadáver na praia*

Na noite do dia 10, a família Montesi e a polícia de Roma prosseguiram na busca. Foi uma busca inútil, à qual se uniu depois da meia-noite o noivo de Wilma, que veio imediatamente de Potenza. Nada se averiguou até as sete da manhã do dia seguinte, sábado, quando o pedreiro Fortunato Bettini se apresentou, com sua bicicleta, no posto de polícia, para dizer que havia uma mulher morta na praia de Torvaianica, a 42 quilômetros de Roma.

Bettini contou à polícia que quando se dirigia para o trabalho vira o corpo na praia em posição quase paralela à margem, com a cabeça inclinada sobre o ombro direito, e o braço também direito levantado e com a mão à altura do queixo. O braço esquerdo estava estendido ao longo do corpo. Do corpo faltavam a saia, os sapatos e as meias. O corpo estava vestido apenas com uma combinação de malha cor marfim, calcinha justa, de piquê branco com pequenos bordados, e um suéter leve. Atado ao pescoço, por um pequeno botão, tinha um casaco amarelo-escuro com hexágonos verdes. O casaco estava quase totalmente coberto de areia, aberto como uma asa na direção das ondas.

## *Os mortos mudam de posição*

A informação de Bettini foi recebida pelo agente de plantão, Andreozzi Gino. Às nove e meia da manhã se encontravam no local do macabro achado o carabineiro Amadeo Tondi, o sargento Alessandro Carducci e o médico da região Agostino di Giorgio. Perceberam que o cadáver não estava na mesma posição em que o pedreiro disse que o achara: estava quase perpendicular à margem, com a cabeça virada para o mar e os pés na direção da praia. Mas ninguém pensou que o pedreiro mentira, e sim que as ondas o fizeram mudar de posição.

Depois de um exame sumário do cadáver, o doutor Di Giorgio comprovou:

a) que se encontrava em estado de semirrigidez progressiva;
b) que suas características externas permitiam pensar que a morte se devia a afogamento, ocorrido aproximadamente 18 horas antes do achado;
c) que a conservação da roupa e o aspecto exterior do corpo permitiam descartar a possibilidade de uma longa permanência na água.

## "*É ela!*"

Às onze e meia, o sargento Carducci enviou um telegrama ao procurador-geral da República, informando-o sobre o achado. Mas às sete da noite, como não havia recebido nenhuma resposta, decidiu dar um telefonema. Meia hora depois veio a ordem de recolher o cadáver e conduzi-lo ao anfiteatro de Roma. Ali chegou à meia-noite.

No dia seguinte, domingo, às dez da manhã, Rodolfo Montesi e Angelo Giuliani foram ao anfiteatro ver o cadáver. O reconhecimento foi imediato: era o cadáver de Wilma Montesi.

### O LEITOR DEVE RECORDAR

a) Que a porteira viu Wilma sair às cinco e meia, segundo disse a Rodolfo Montesi e ele informou à polícia.
b) Que na noite de 9 de abril ninguém na casa da família Montesi falou de uma provável viagem da moça a Ostia.
c) Que Wanda Montesi falou de um misterioso telefonema.

Em seu informe de 12 de abril, o sargento Carducci expressou a opinião, com base nas conclusões do médico Di Giorgio, de que a morte de Wilma Montesi fora ocasionada por asfixia de afogamento e não se encontraram lesões causadas por atos de violência. Expressou que podiam ser estabelecidas três hipóteses: acidente, suicídio ou homicídio. Formulou a crença de que o cadáver, proveniente do setor de Ostia, fora arrastado pelo mar e restituído à praia nas primeiras horas da noite de 10 de abril. Disse ainda que na noite de 10 de abril se desencadeou um violento temporal no setor e posteriormente o mar se mantivera agitado por causa do vento que continuou a soprar na direção noroeste.

*Meia hora essencial*

Por seu turno, a 14 de abril, a delegacia de polícia de Salaria entregou seu relatório sobre a família Montesi. De acordo com esse relatório, a família do carpinteiro gozava de boa reputação. Wilma era conhecida como jovem séria, de índole reservada e sem amizades, e estava oficialmente comprometida, desde setembro de 1952, com o investigador Giuliani, transferido, poucos meses antes da morte da noiva, de Marino para Potenza.

De acordo com esse relatório, o relacionamento de Wilma com a família sempre fora excelente. Escrevia com frequência ao noivo, e a última das cartas, de 8 de abril, copiada por ela num caderno requisitado pela polícia, revelava um afeto tranquilo e assentado.

A porteira do edifício dizia ter visto Wilma Montesi na tarde de 9 de abril no trem de Ostia. E a 9 de abril o trem de Ostia saiu exatamente às cinco e meia.

## *As chaves da casa*

A doutora Passarelli, tendo visto nos jornais a notícia da morte e as fotografias de Wilma Montesi, apresentou-se sexta-feira, dia 13, muito cedo, na casa da família, para contar o que vira na quinta-feira. Disse que Wilma viajara com ela a Ostia, no mesmo compartimento do trem, e que não tinha nenhum acompanhante. Ninguém se aproximara dela ou conversara com a moça durante a viagem. Segundo a doutora Passarelli, Wilma desceu em Ostia, sem se apressar, logo que o trem parou.

A polícia indagou à família quais eram as outras peças de vestuário que Wilma levava quando saiu de casa, além das que foram encontradas no cadáver. Tinha meias e sapatos de couro de cervo com saltos altos. Tinha também uma saia curta, de lã, do mesmo tecido do casaco achado no cadáver, e ligas de elástico. A família confirmou que ao sair de casa deixara não apenas todos os objetos de ouro presenteados pelo noivo, como também a fotografia dele. Confirmou também o que a porteira dissera: Wilma levava uma carteira de couro preta em formato de cubo, com cabo de metal dourado. Dentro da carteira levava um pentinho branco, um espelhinho e um lencinho branco. Também levava as chaves da casa.

*Ninguém sabe nada*

Esse primeiro relatório da polícia opinou que não se podia supor nenhuma razão para suicídio. Por outro lado, na carta que escrevera ao noivo no dia anterior, não havia nenhum indício de que pensara em tomar determinação semelhante. Estabeleceu-se também que nenhum membro da família, nem pelo lado da mãe nem pelo lado do pai, sofria de transtornos mentais. Wilma gozava de boa saúde. Mas fornecia um dado que podia ser de extraordinária importância na investigação: a 9 de abril, Wilma acabara de sair do período menstrual.

Apesar das numerosas investigações não se pôde estabelecer que a família de Wilma tivesse conhecimento de uma possível viagem sua a Ostia. Seu pai a buscara com insistência no Lungotevere, acreditando que se jogara no rio, mas não pôde dar outra explicação além de um presságio. Estabeleceu-se claramente que a família ignorava que a moça conhecesse alguém em Ostia. Assegurou-se até que ignorava o caminho e as conexões de ônibus ou bondes que devia tomar para se dirigir à estação de São Paulo, de onde partem os trens para Ostia.

*Enigma para peritos*

Na tarde de 14 de abril, no Instituto de Medicina Legal de Roma, os professores Frache e Carella realizaram a necropsia de Wilma Montesi. A polícia apresentou aos peritos um questionário, com o propósito de estabelecer a data e as causas precisas da morte. E, em especial, encomendou-lhes a missão de determinar se o passamento fora ocasionado efetivamente pelo afogamento ou se a moça estava morta ao ser lançada à água. Devia se estabelecer, também, a natureza das irregularidades anatômicas descobertas no cadáver, e a presença eventual, nas vísceras, de substâncias venenosas ou narcóticas.

Solicitou-se também aos peritos precisar, caso a morte tivesse ocorrido em realidade por causa de afogamento, a distância da praia em que

Wilma caiu na água. Pediu-se para estabelecer se a morte pôde ser uma consequência de condicionamentos fisiológicos especiais, ou do estado da digestão. Essa averiguação era importante, pois podia se relacionar com o fato de que Wilma desejasse lavar os pés no mar durante o processo de digestão.

*Seis coisas para lembrar*

A 2 de outubro de 1953 os peritos responderam ao questionário da seguinte forma:

1º A morte de Wilma Montesi ocorreu a "9 de abril", de quatro a seis horas depois da última refeição. De acordo com o exame, a última refeição (que deve ter sido o almoço em sua casa) se verificara entre as duas e as três e meia da tarde. De maneira que a morte deve ter ocorrido entre as seis e as oito da noite, pois o processo de digestão estava completamente concluído. A perícia estabeleceu que pouco antes de morrer Wilma Montesi tomou um sorvete.

2º A morte foi provocada por asfixia da imersão total, e não por síncope dentro da água. Não se encontraram nas vísceras vestígios de substâncias venenosas ou narcóticas.

3º No momento da morte, Wilma Montesi se encontrava no período imediatamente posterior à menstruação, isso é, em circunstâncias de maior sensibilidade a um banho imprevisto de água fria nas extremidades inferiores.

4º A presença de areia nos pulmões, no aparelho gastrointestinal, devia ser interpretada como uma prova de que a asfixia ocorrera nas proximidades da praia, onde a água marinha tem uma notável quantidade de areia em suspensão. Mas, ao mesmo tempo, o conteúdo ferruginoso dessa areia não era o mesmo da areia da praia de Torvaianica, e sim da areia de outro ponto das imediações.

5º Observou-se, entre outras coisas, a presença de pequenas equimoses, de forma quase redonda, na superfície lateral da coxa direita e no terço superior da parte da frente da perna esquerda. Considerou-se que aquelas equimoses foram causadas antes da morte, mas não se atribuiu a elas nenhuma importância médico-legal.

6º Não foram encontrados elementos que permitissem determinar se se tratou de "uma desgraça acidental, um suicídio ou um homicídio". A hipótese de acidente foi fundamentada exclusivamente na possibilidade de que Wilma Montesi tivesse sofrido um desmaio quando lavava os pés nas condições fisiológicas em que se encontrava naquele dia.

### A IMPRENSA DÁ O SINAL DE ALARME

Quatro dias depois de identificado o cadáver de Wilma Montesi — 16 de abril — considerou-se definitivamente concluída a investigação, e o fato qualificado como "infeliz acidente". A família da vítima, que no dia do desaparecimento apresentou à polícia argumentos suficientes para sustentar a hipótese de suicídio, contribuiu para destruir essa hipótese nos dias seguintes à identificação do cadáver.

Em contradição com tudo o que dissera no primeiro dia, Wanda Montesi disse aos instrutores do sumário que sua irmã a convidara para ir a Ostia na manhã do dia 9, "unicamente para tomar um banho de pés". Tratava-se, segundo disse Wanda, de submeter à ação da água do mar uma irritação provocada pelos sapatos nos calcanhares. Para confirmar essa declaração, Wanda se lembrou à última hora que naquela manhã fora à oficina de seu pai, a pedido de Wilma, para buscar um par de sapatos mais confortáveis. Disse que anteriormente ambas haviam sofrido a mesma irritação e tentaram curá-la com tintura de iodo. Depois, tendo se revelado inútil o álcool iodado, resolveram viajar "um dia desses" às praias de Ostia, com a esperança de que o iodo natural da água do mar lhes proporcionasse a desejada melhora. Mas não voltaram a falar da viagem. Só na manhã do dia 9, segundo disse Wanda, sua irmã voltou a se recordar da viagem. Mas Wanda se negou a ir porque estava interessada em ver *A carruagem de ouro*.

*Tivesse dito antes*

Diante de sua negativa, disse Wanda que Wilma não voltou a falar da viagem a Ostia e preferiu ficar em casa enquanto ela ia ao cinema com a mãe. E, ao contrário do que disse na primeira vez, Wanda explicou à polícia que sua irmã deixou em casa os objetos de ouro porque sua mãe assim suplicou reiteradamente, para evitar que se perdessem ou que se deteriorassem. Declarou também que não levara o retrato do noivo porque não era seu costume levá-lo à rua. Por último, forneceu dois dados importantes para descartar a hipótese de suicídio: em primeiro lugar, Wilma se mostrara muito tranquila na manhã do dia 9. E, em segundo, antes de sair, lavara sua roupa íntima, depois de trocá-la por uma muda limpa.

*O mistério da liga*

Na investigação realizada entre os parentes, vizinhos e conhecidos de Wilma, estabeleceu-se outra verdade importante: Wilma não sabia nadar. Por isso, no ano anterior, quando esteve com a família em Ostia, durante as férias, limitara-se a permanecer na praia com seu traje de banho e a lavar os pés no mar.

Também o pai de Wilma voltou atrás em sua versão original de que a moça se suicidara. Rodolfo Montesi justificou sua primeira impressão de que Wilma se suicidara com uma explicação cômoda: disse que quando saiu para procurá-la, na noite de 9, não sabia que ela convidara a irmã para ir a Ostia tomar banho de pés. E explicou que o dramático telegrama que enviara a Giuliani fora sugerido por ele no telefonema: só desta forma espetacular podia conseguir permissão rápida para viajar a Roma naquela mesma noite.

Faltava uma coisa por estabelecer: a opinião de Rodolfo Montesi sobre o fato de que o cadáver da filha fora encontrado sem a liga, que é uma prenda íntima, e da qual não era indispensável se desfazer para tomar um banho de pés. Rodolfo Montesi explicou: Wilma era uma moça de formas exuberantes e não tinha suficiente liberdade de movimentos quando submetida à pressão da liga.

*Um par de luvas*

A senhora Montesi também descartou a hipótese de suicídio de sua filha. E expôs um argumento forte: Wilma levara consigo as chaves da casa, o que demonstrava que estava disposta a retornar. Mas, em compensação, não se mostrou favorável à hipótese do acidente e tratou de reforçar a do homicídio. Segundo a senhora Montesi, sua filha fora vítima de um sedutor que se sentiu forçado a despojá-la da liga para poder levar a cabo seus brutais propósitos. E, para demonstrar como é difícil tirar a liga de uma mulher, exibiu diante do investigador uma liga de Wanda, semelhante à que levava Wilma e que não foi encontrada com o cadáver. Era uma liga de tecido preto, com 20 centímetros de altura no lado de trás, decrescente até o lado da frente, com uma abotoadura metálica de gancho a pressão. E fez a polícia se dar conta de que não apenas a liga, a saia e os sapatos haviam desaparecido. Também desaparecera a carteira preta de couro.

O LEITOR DEVE RECORDAR

a) Que o caderno no qual Wilma transcreveu a carta enviada ao seu noivo foi requisitado.
b) Que no relatório da delegacia de Salaria se afirmou que a porteira viu Wilma sair às cinco, e não às cinco e meia como dissera Rodolfo Montesi.
c) Que os peritos observaram as pequenas equimoses, mas não consideraram a hipótese de que Wilma teria sido agarrada à força.
d) Que a análise para estabelecer a presença de substâncias venenosas ou narcóticas só foi feita nas vísceras.
e) A declaração da doutora Passarelli.

Nessa ocasião, a senhora Montesi enriqueceu o inventário da roupa da filha com outros objetos. Segundo ela, Wilma tinha um par de luvas na frasqueira e um relógio com pulseira de metal dourado.

## O admirador silencioso

No entanto, não se deu força suficiente aos argumentos da senhora Montesi e se deu maior importância às razões expostas por Wanda para descartar a hipótese de homicídio. Wanda explicou que, quando disse à polícia que sua irmã saíra depois de um telefonema urgente, esquecera duas coisas: a conversação sobre a viagem a Ostia e a circunstância de que não havia nada a respeito de Wilma que não fosse de seu conhecimento. E, a propósito, recordou um caso recente, de cinco dias antes da morte. Wilma contou que um jovem a seguira em seu automóvel desde a praça Quadrata até sua casa, mas sem lhe dirigir a palavra. Segundo pensava Wanda, sua irmã não voltara a ver o admirador silencioso, pois certamente teria contado.

## Ninguém lhe mandava flores

Depois dessa investigação, adiantada em quatro dias, a polícia chegou à conclusão de que Wilma era uma moça excepcionalmente séria e retraída que não tivera na vida outro amor senão o de Giuliani. Aceitou-se que só saía à rua em companhia da mãe e da irmã, embora essas tenham admitido que nos últimos meses — depois que seu noivo foi transferido para Potenza — Wilma adquirira o hábito de sair sozinha quase todos os dias, e sempre à mesma hora, das cinco e meia às sete e meia da noite.

A porteira do edifício, Adalgisa Roscini, recordou, por sua vez, que nunca havia recebido um buquê de flores para Wilma. E garantiu que a moça nunca havia recebido nenhuma carta que não fosse de seu noivo.

*Aqui não aconteceu nada*

Com base nessas declarações se concluiu — num relatório datado de 16 de abril — que, não havendo motivos para pôr em dúvida as declarações da família Montesi, devia-se dar por certo que, de fato, Wilma fora a Ostia para se dar um banho de pés. Supunha-se que a moça escolhera um lugar da praia que conhecia por ter estado no ano anterior e começara a se desnudar, segura de que não havia ninguém à vista. A moça perdera o equilíbrio por causa de uma depressão no fundo arenoso e se afogara acidentalmente. O relatório terminava dizendo que a morte devia ter ocorrido entre as seis e quinze da noite e as seis e meia, pois Wilma — que nunca chegava à sua casa depois das oito — pretendia tomar o trem das sete e meia.

*"O escândalo do século"*

Esse teria sido o melancólico final do caso Montesi se, na rua, não estivessem circulando os jornais, dizendo às pessoas que havia alguma causa oculta naquele acontecimento. A coisa começou no mesmo dia do reconhecimento do cadáver, quando Angelo Giuliani, o noivo de Wilma, observou no corpo as pequenas equimoses que os jornais mencionaram posteriormente, sem atribuir-lhes importância. Ao sair do anfiteatro, Giuliani contou sua observação a um jornalista e manifestou-lhe a certeza de que Wilma fora assassinada.

Enquanto a polícia considerava que Wilma Montesi morrera por conta de um acidente, a imprensa seguia clamando por justiça. E no dia 4 de maio *Il Roma*, jornal de Nápoles, soltou a bomba de dinamite que daria início ao "escândalo do século". Segundo artigo publicado pelo jornal, as peças do vestuário que faltavam no corpo de Wilma Montesi haviam sido depositadas na central de polícia de Roma, onde foram destruídas. Foram levadas para lá por um jovem em companhia do qual Wilma Montesi fora vista nos primeiros dez dias de março, num automóvel que se deteve na areia, perto das praias de Ostia. O nome do jovem estava publicado: Gian Piero Piccioni. Era nada menos que o filho do chanceler da Itália.

### ENTRA EM AÇÃO A OPINIÃO PÚBLICA

A espetacular publicação do *Il Roma*, jornal raivosamente monarquista, foi acolhida, enfeitada e aumentada por todos os jornais do país. Mas a polícia seguia outro caminho. A 15 de maio, os carabineiros da praia de Ostia divulgaram um relatório sobre os únicos indícios encontrados para estabelecer a presença de Wilma Montesi em Ostia, na tarde de 9 de abril. Tratava-se das declarações de uma babá, Giovanna Capra, e da responsável pela banca de jornais da estação de Ostia, Pierina Schiano.

A babá, às seis da tarde de 9 de abril, vira se dirigir, até o estabelecimento Marechiaro, uma moça que se parecia com Wilma Montesi, de acordo com as fotos publicadas pelos jornais. Mas não se fixara na cor do casaco.

A responsável pela banca de jornais disse à polícia, sem vacilar, que Wilma Montesi comprou um cartão-postal na estação de Ostia, preencheu-o ali mesmo e o pôs na caixa do correio. Logo, segundo essa declaração, Wilma se dirigiu, sempre sozinha, ao canal do pântano. O cartão escrito por Wilma era dirigido a "um militar de Potenza".

*O postal nunca chegou*

Os investigadores interrogaram as duas testemunhas e jogaram por terra seus depoimentos. Mas enquanto a primeira não se recordou de nenhuma das características pessoais da moça que viu nas praias de Ostia, a outra afirmou sem vacilar que ela usava um suéter branco. A responsável pela banca de jornais confirmou que o postal era dirigido a um "militar de Potenza", mas não pôde dar nenhuma informação sobre o endereço.

Em novo interrogatório, Giuliani confirmou que não recebeu nenhum postal. A mãe e a irmã de Wilma comprovaram que a moça não levava caneta na carteira. Enfim, estabeleceu-se que de onde a babá dizia ter visto Wilma às seis até a banca de jornais da estação de Ostia há três quilômetros e meio de distância.

*A moça do automóvel*

Mas, enquanto a polícia seguia destruindo testemunhos, os jornais continuavam a atiçar o escândalo. Averiguou-se que a 14 de abril, dois dias depois do achado do cadáver de Wilma, um mecânico de Ostia se apresentou à polícia para contar a história do automóvel atolado na areia, de que falou *Il Roma* em sua sensacional publicação. O mecânico se chamava Mario Piccini. Contou à polícia que, no primeiro terço de março, quando se encontrava a serviço da ferrovia de Ostia, fora chamado por um jovem, um pouco antes do amanhecer, para ajudar a rebocar seu automóvel. Piccini disse que foi com boa vontade e durante a manobra notou a presença de uma jovem dentro do automóvel atolado. Essa moça se parecia muito com Wilma Montesi nas fotos publicadas nos jornais.

*A coisa é com príncipes*

A polícia de Roma não manifestou o menor interesse na declaração espontânea do mecânico. Mas a polícia judiciária fez uma investigação rápida e descobriu uma coisa diferente. Descobriu que pelo mesmo lugar passara, às seis da tarde de 9 ou 10 de abril, um automóvel conduzido por um conhecido jovem da aristocracia italiana, o príncipe Maurizio D'Assia. Segundo essa investigação, o distinto cavalheiro ia em companhia de uma jovem, que não era Wilma Montesi. O automóvel foi visto pelo guarda Anastasia Lilli, o carabineiro Lituri e o operário Ziliante Triffelli.

*A bomba!*

A polícia de Ostia se declarou vencida na busca das peças do vestuário que faltavam no cadáver. O advogado Scapucci e um filho seu, que passeavam nos arredores de Castelporziano, encontraram um par de sapatilhas de mulher, a 30 de abril. Acreditando que se tratava das sapatilhas de Wilma Montesi, apresentaram-se com elas à polícia. Mas os parentes da vítima disseram que não eram essas as sapatilhas calçadas pela moça na última vez que saiu de casa.

Considerando que ali não havia mais nada a fazer, a procuradoria-geral da República se dispunha a arquivar o sumário, confirmada a hipótese da morte acidental. Então a pequena e escandalosa revista mensal *Attualità*, em seu número de outubro, pôs outra banana de dinamite na investigação. Com a assinatura de seu diretor, a revista publicou uma matéria sensacional: "A verdade sobre a morte de Wilma Montesi."

O diretor de *Attualità* é Silvano Muto, um ousado jornalista de 30 anos, com cara de artista de cinema e vestido como artista de cinema, com cachecol de seda e óculos escuros. Sua revista, segundo se diz, era a menos lida da Itália e, em consequência, a mais pobre. Muto a escrevia da primeira à última página. Ele mesmo conseguia os anúncios e a sustentava com unhas e dentes, pelo puro desejo de ter uma revista.

### O LEITOR DEVE RECORDAR

a) Que Wanda Montesi só se lembrou de que Wilma a convidara para ir a Ostia vários dias depois do dia do desaparecimento.
b) Que a polícia não interrogou o mecânico Mario Piccini.
c) O testemunho do carabineiro Lituri relativo à passagem do automóvel do príncipe D'Assia.
d) O nome de Andrea Bisaccia.

Mas, depois do número de outubro de 1953, *Attualità* se converteu num monstro enorme. Os leitores se davam trombadas todos os meses à porta de sua sede para conseguir um exemplar.

Essa inesperada popularidade se deveu ao escandaloso artigo sobre o caso Montesi, o primeiro passo firme dado pela opinião pública para a averiguação da verdade.

*Sem nome próprio*

Em seu artigo, Muto afirmava:

a) O responsável pela morte de Wilma Montesi era um jovem músico da rádio italiana, filho de proeminente personalidade política.
b) Por influências políticas, a investigação caminhava de maneira a que pouco a pouco caísse sobre ela o silêncio.
c) Destacava a reserva mantida em torno dos resultados da necropsia.
d) Acusava as autoridades de não querer identificar o culpado.
e) Relacionava a morte de Wilma Montesi ao tráfico de entorpecentes, a que se achava vinculada; falava-se também das orgias na região, de Castelporziano e Capacotta, com uso abusivo de entorpecentes, numa das quais morrera Wilma Montesi, por não estar habituada ao consumo de narcóticos.
f) As pessoas presentes no festim transportaram o corpo às vizinhas praias de Torvaianica, para evitar um escândalo.

*Caso arquivado*

A 24 de outubro de 1953, Silvano Muto foi chamado pela procuradoria de Roma para prestar contas pelo seu artigo. Muto declarou tranquilamente que tudo o que afirmara era mentira, que escrevera o artigo apenas para aumentar a tiragem de sua revista e reconhecia ter procedido com leviandade. Em vista dessa impressionante retratação, Muto foi processado por "divulgação de notícias falsas e tendenciosas e perturbação da ordem pública". E o processo de Wilma Montesi foi arquivado em janeiro de 1954, por ordem da procuradoria.

*Outra vez?*

Contudo, quando Silvano Muto se apresentou diante da justiça por causa de seu escandaloso artigo confirmou tudo o que escrevera e acrescentou novos dados. E pela primeira vez forneceu nomes próprios. Disse que o material do artigo lhe fora fornecido por Orlando Trifelli, para quem seu irmão reconhecera Wilma Montesi num automóvel atolado no dia 9 ou 10 de abril de 1953, na frente da casa do guardião de Capacotta. Além disso, disse que recebera a revelação confidencial de dois participantes das orgias de bebidas e entorpecentes: Andrea Bisaccia e a atriz de televisão Anna María Caglio.

*O baile começa*

Andrea Bisaccia foi chamada a depor. Num estado de nervos alarmante negou haver dito qualquer coisa a Silvano Muto. Disse que era uma história fantasiosa, inventada com o objetivo de estragar sua íntima amizade com Gian Piero Piccioni, o filho do chanceler e conhecido autor de música popular. Concluiu dizendo que a manipulação fantasiosa de Silvano Muto a impressionou de tal forma que no dia 9 de janeiro tentou se suicidar.

A Muto não sobrava outro caminho senão a prisão e, ao processo de Wilma Montesi, uma permanência definitiva nos poeirentos arquivos judiciais de Roma. Mas a 9 de fevereiro Anna María Caglio se apresentou à polícia e serenamente, com sua voz de locutora profissional, contou a dramática história de sua vida.

## ENCONTRO SECRETO NO MINISTÉRIO DE GOVERNO

Anna María Caglio era a amante de Ugo Montagna, cavalheiro endinheirado, amigo de personalidades notáveis e famoso por suas aventuras amorosas. Fazia-se chamar de "marquês de Montagna" e era conhecido e tratado por marquês em todos os círculos. Anna María Caglio disse à polícia que não conhecia Wilma Montesi. Mas, como viu sua foto nos jornais, identificou-a como a moça morena, robusta e elegante que, na tarde de 7 de janeiro de 1953, saíra de um dos apartamentos de Montagna em Roma, em companhia dele. Ambos entraram no automóvel conduzido pelo marquês.

Naquela noite, Anna María Caglio — segundo contou à polícia — protagonizou uma violenta cena de ciúmes quando seu amante regressou à casa.

### *"Aqui tem gato escondido"*

Ao ler o artigo na *Attualità*, Anna María Caglio acreditou identificar o senhor X de quem se falava como sendo seu próprio amante, o marquês de Montagna. Por isso fez contato com o jornalista e lhe disse que tudo quanto dizia em seu artigo era verdade. Na noite de 26 de outubro estava com seu amante dentro de um automóvel. Pediu-lhe explicações, segundo disse à polícia. E o marquês, irritado, e um pouco nervoso, ameaçou jogá-la para fora do automóvel.

Para acalmar o amante, Anna María Caglio convidou-o a ir à sua casa, para ler com calma o artigo de Muto; Montagna leu o artigo e nada disse. Mas quando Anna María Caglio foi guardar a revista na gaveta da mesinha de cabeceira, viu ali um pacote com dois cigarros dourados e um cinzeiro de pedras preciosas. Essa descoberta reforçou na moça a suspeita de que seu amante estava envolvido com alguma quadrilha de traficantes de entorpecentes.

## Um encontro misterioso

Caglio insistiu, na polícia, que viajara a Milão, sua terra natal, a 7 de abril e regressara dia 10. Quando chegou a Roma, o amante ficou visivelmente nervoso e contrariado por seu intempestivo retorno. Ainda assim, levou-a à sua casa, onde aquela noite ele recebeu um telefonema do filho do chanceler, Gian Piero Piccioni, que se preparava para uma viagem.

Posteriormente, Anna María Caglio soube que em novembro do ano anterior uma certa Gioben Jo perdera 13 milhões de liras jogando cartas em Capacotta, com Montagna, Piccioni e um alto funcionário da polícia.

## Dia 29 de abril, à noite

Anna María Caglio ceava com o amante no luxuoso apartamento dele e se dispunham a ir ao cinema, o Supercinema. Poucos dias antes, disse Caglio que Montagna lhe contara que Piccioni era "um pobre rapaz a quem se devia ajudar, porque se metera em confusão". Naquela noite, quando punha o agasalho para sair, Anna María Caglio se deu conta de que Piccioni chamou Montagna pelo telefone e lhe disse que devia ir imediatamente falar com o chefe da polícia de Roma. Montagna saiu às pressas e se encontrou com Piccioni no Ministério de Governo.

### O LEITOR DEVE RECORDAR

a) A declaração de Anna María Caglio, de que Montagna e Piccioni visitaram o Ministério de Governo, a 29 de abril de 1953.
b) O bilhetinho que diz: "Vou para Capacotta e passarei a noite lá. Como terminarei?"
c) Gioben Jo, que perdeu 13 milhões de liras jogando cartas.

*"Para voar"*

Uma hora e meia depois, quando Montagna regressou ao automóvel em que o esperava Anna María Caglio, disse que estivera tentando suspender a investigação sobre a morte de Wilma Montesi. Anna María Caglio lhe disse que aquilo era uma infâmia, pois o autor do crime devia pagar, ainda que fosse filho de um ministro. Montagna lhe respondeu que Piccioni era inocente, já que no dia do crime se encontrava em Amalfi. Então a moça perguntou a Montagna:

— E quando Piccioni voltou a Roma?

Montagna, indignado, não respondeu. Fitou-a nos olhos e disse:

— Boneca, você sabe demais. É melhor trocar de ares.

*"Te jogo no mar"*

De fato, Anna María Caglio demonstrou que no dia seguinte fora enviada outra vez a Milão, com uma carta especial para o diretor da televisão. Regressou a Roma no dia 22 do mesmo mês, para comemorar o primeiro aniversário de seu namoro com Montagna. No dia 27 de julho foram viver cada um para seu lado, mas continuaram a se ver no apartamento da rua Gennargentu. No final de novembro romperam definitivamente, depois dos incidentes provocados pelo artigo de Muto.

Anna María Caglio revelou à polícia que aqueles foram dias de terror para ela. O amante se tornava cada vez mais misterioso. Recebia estranhos telefonemas e parecia comprometido em negócios obscuros. Uma noite, esgotada pela tensão nervosa, Anna María Caglio fez ao amante uma pergunta relacionada com seus negócios e Montagna respondeu em tom ameaçador:

— Se não se comportar, te jogo no mar.

*O testamento*

Anna María Caglio, em seu dramático depoimento à polícia, disse que desde aquela noite adquiriu a certeza de que seria assassinada. A 22 de novembro, depois de jantar com Montagna no Restaurante Matriciana, na rua Gracchi, teve a sensação de que a envenenaram. Sozinha em seu apartamento, lembrou que o amante fora pessoalmente à cozinha para colaborar no preparo da refeição.

Aterrorizada, Anna María Caglio partiu no dia seguinte para Milão. Estava com os nervos em frangalhos. Não sabia o que fazer, mas tinha a certeza de que era preciso fazer algo. Por isso fez uma visita ao padre jesuíta Dall'Olio e lhe contou toda a história de sua vida com Montagna. O sacerdote, tremendamente impressionado com o relato da moça, repetiu a história ao ministro de Governo. Anna María Caglio, atormentada pelo sentimento de perseguição, refugiou-se no convento da rua Lucchesi. Mas havia algo que não disse à polícia: antes de ir para Milão entregou à dona da pensão em que vivia em Roma uma carta fechada com a seguinte recomendação:

— Na eventualidade de minha morte, faça chegar esta carta ao procurador-geral da República.

*"Como terminarei?"*

A dona da pensão, Adelmira Biaggioni, em cujas mãos Anna María Caglio depositara a carta, foi chamada a depor. Apresentou-se à polícia com três cartas escritas por Caglio e um bilhete que a moça jogou por baixo da porta antes de sair para a rua, a 29 de outubro de 1953. O bilhetinho dizia: "Vou para Capacotta e passarei a noite lá. Como terminarei?"

Por Adelmira Biaggioni se soube que Anna María Caglio escreveu a carta-testamento na noite que acreditou que fora envenenada e a entregou no dia seguinte, antes de partir para Milão, com a promessa de que seria entregue ao procurador da República caso fosse encontrada morta. A dona da pensão reteve a carta por vários dias. Logo, não querendo carregar aquela responsabilidade, colocou-a dentro de outro envelope e a enviou para Anna María Caglio, no convento onde se refugiara.

A polícia ordenou o sequestro dessa carta e chamou de novo Anna María Caglio para que a reconhecesse como sua. Entre outras coisas a carta dizia:

"Desejo que todo mundo saiba que nunca estive a par dos negócios de Ugo Montagna... Mas estou convencida de que o responsável é Ugo Montagna (com a colaboração de muitas mulheres...). Ele é o cérebro da organização enquanto que Piero Piccioni é o assassino."

### OS RUIDOSOS FESTIVAIS COM ALIDA VALLI

O dramático testamento de Anna María Caglio deu origem a um terremoto na opinião pública. A imprensa — especialmente os jornais de oposição — iniciou uma carga de artilharia pesada contra a organização judicial, contra a polícia, contra tudo que tivesse algo a ver com o governo. Entre as detonações, Ugo Montagna e Gian Piero Piccioni foram chamados a depor.

Bem-vestido, com um escuro traje de riscas e uma sorridente seriedade, Ugo Montagna respondeu ao interrogatório. Disse que nunca conhecera Wilma Montesi. Negou que fosse ela a senhora com quem Anna María Caglio disse tê-lo visto em 7 de janeiro de 1953 dentro de um automóvel, na porta de seu apartamento. Negou enfaticamente que em Capacotta se tenham realizado as mencionadas "festas de prazer". Disse que não era certo que Piccioni o chamara por telefone na noite de 10 de abril. Concluiu dizendo, sem perder a calma, com voz segura e convincente, que não se recordava de ter falado com o chefe da polícia de Roma no Ministério de Governo, como afirmava Anna María Caglio, e era absolutamente falso que alguma vez tivesse entrado em contato com traficantes de entorpecentes. Observou também que Piccioni e o chefe da polícia eram velhos amigos e que não era necessário nem razoável, portanto, que tivesse de servir de intermediário entre eles.

## *A data mortal*

Menos sereno do que Montagna, vestido esportivamente e num sonoro italiano com inflexão romanesca, Gian Piero Piccioni se declarou absolutamente estranho ao caso Montesi. No dia da morte, disse, fazia um breve repouso em Amalfi, de onde regressou a Roma, de automóvel, às três e meia da tarde do dia 10 de abril. Afirmou que naquela mesma tarde se meteu na cama com uma forte amigdalite. Prometeu mostrar a receita do professor Di Filippo, o médico que o visitara à tarde.

Em relação à suposta visita ao chefe da polícia de Roma em companhia de Montagna, disse que não se realizara na forma maliciosa contada por Anna María Caglio. Várias vezes o visitara sozinho ou em companhia de Montagna, mas unicamente com o objetivo de solicitar sua intervenção na forma com que a imprensa estava comprometendo seu nome no caso Montesi.

— Os ataques da imprensa — disse — só têm uma finalidade política: desprestigiar meu pai.

## *Arquive-se!*

Considerando que as acusações não ofereciam nenhuma perspectiva nem pareciam suficientemente válidas para destruir a hipótese de morte acidental quando ela tomava um banho de pés, o processo de Wilma Montesi foi pela segunda vez arquivado a 2 de março de 1954. Mas a imprensa não arquivou sua campanha. O processo contra o jornalista Muto seguia adiante e, cada vez que alguém se apresentava para depor, o caso Montesi voltava a se agitar.

### O LEITOR DEVE RECORDAR

a) A data em que Piero Piccioni disse ter regressado de Amalfi.

b) A receita do professor Di Filippo, que Piero Piccioni prometeu mostrar à polícia.

Entre outros, depôs um pintor, Franccimei, que convivera uma semana com Andrea Bisaccia, uma das duas mulheres que Muto assinalou como fonte de suas informações. Franccimei contou à polícia uma história apaixonante. Andrea Bisaccia — disse — sofria de pesadelos. Falava agoniada enquanto dormia. Num dos pesadelos, começou a gritar, aterrorizada:

— Água...! Não... Não quero me afogar... Não quero morrer da mesma maneira... Solte-me!

Enquanto o pintor dava seu dramático depoimento, uma mulher enlouquecida pelo uso abusivo de entorpecentes se atirou do terceiro andar de um hotel de Alexandria. A polícia encontrou em sua carteira, anotados num pequeno papel, dois telefones que não figuravam na lista de Roma. Ambos eram telefones privados. Um pertencia a Ugo Montagna. O outro, a Piero Piccioni.

*Toda uma vida*

A mulher que se jogou do terceiro andar era Corinna Versolatto, uma aventureira que em menos de um ano exercera toda espécie de profissão. Foi enfermeira numa clínica respeitável, responsável pela chapelaria do clube noturno Piccolo Slam, fechado posteriormente pela polícia; e, em seus momentos de ócio, prostituta clandestina.

Por ocasião da tentativa de suicídio, Corinna Versolatto era secretária particular de Mario Amelotti, um andarilho venezuelano suspeito de exercer o tráfico de entorpecentes e tráfico de mulheres. Em um momento de lucidez, Corinna declarou aos jornalistas, na presença do médico da clínica para onde foi conduzida e de um funcionário da polícia de Alexandria que nos últimos meses caíra em desgraça com Amelotti, seu chefe, porque se negara a colaborar com seus negócios ilícitos. Disse:

— É tudo o que posso dizer. Mario é um homem sem escrúpulos. Comprou a polícia e é amigo de pessoas influentes.

Por último, Corinna revelou que o chefe era amigo de alguém que fumava cigarros de maconha. E que juntamente com um fotógrafo amigo dirigia uma firma de postais pornográficos.

## *Isso parece um filme*

Enquanto isso ocorria, a imprensa continuava a gritar. E a polícia continuava a receber informações anônimas. Quando se arquivou pela segunda vez o processo de Wilma Montesi, chegaram mais de seiscentas denúncias anônimas. Uma delas, assinada por "Gianna la Rossa", dizia textualmente:

"Estou a par dos fatos ocorridos em abril de 1953, relacionados com a morte de Wilma Montesi. Sinto-me apavorada pela crueldade de Montagna e Piccioni, que tentaram colocá-la em contato com os traficantes de entorpecentes da província de Parma, precisamente de Traversetolo. Fiz a correspondente denúncia à polícia de Parma, na oportunidade. Mas a jogaram fora.

Há alguns meses, depositei uma segunda carta no escritório de um pároco num povoado da região de Traversetolo. Mandei aquela carta porque estava convencida de que sofreria a mesma sorte de Wilma Montesi.

O pároco entregará a carta a quem lhe apresentar meu bilhete em anexo. A outra metade está em seu poder."

Gianna la Rossa prosseguia sua carta explicando as razões pelas quais preferia se escudar num pseudônimo. A carta terminava: "Minha pele não vale nada, mas por casualidade é a única que tenho."

*Por onde chega a água?*

A polícia fez uma rápida investigação dos dois casos anteriores. Em relação aos antecedentes da suicida, estabeleceu-se que em Roma frequentava o clube Victor e no hotel onde morava organizava estrondosos festivais de prazer de que participavam personalidades notáveis e duas artistas de cinema. Uma delas era Alida Valli.

O hotel onde Corinna vivia em Alexandria — de uma de suas janelas se jogou na rua — foi interditado pela polícia. No quarto da suicida se encontraram dois recortes de jornais. Um era a notícia do fechamento do Piccolo Slam. O outro era sobre o caso Montesi.

*"Vejamos, padre"*

Em relação à carta de Gianna la Rossa, a polícia averiguou que o pároco era Tonnino Onnis, cura de Bannone di Traversetolo e estudante de engenharia. Os policiais procuraram o cura, com a metade do bilhete incluído na carta, uma entrada de 50 liras do departamento geral de Antiguidades e Belas-Artes do Ministério da Educação. O pároco mostrou a carta em que escrevera com o próprio punho: "Depositada em minha mão a 16 de maio de 1953, para ser entregue apenas a quem apresentar a outra metade do ingresso anexo, e que deve ter o número A.N.629190." No verso do envelope fizera uma segunda anotação: "Selada por mim. Não conheço o nome nem o endereço da pessoa que a escreveu."

Aberta a carta, foi lido seu texto sensacional.

### As histórias sombrias das testemunhas

A carta entregue pelo pároco à polícia era datada de 16 de maio e dizia, entre outras coisas:

"Quando esta carta for lida estarei morta. Quero que se saiba que não morri de morte natural. Fui posta fora de combate pelo marquês Montagna e Piero Piccioni... Vivi os últimos meses com o pesadelo de sofrer a mesma morte de Wilma Montesi... Estou pondo em prática um plano para desmascarar a quadrilha dos traficantes de entorpecentes... Se este plano fracassar, sofrerei a mesma sorte de Wilma... Esta carta só será entregue a quem estiver de posse de uma contrassenha especial...

## *A armadilha*

Mas o padre Onnis não se conformou em apenas mostrar a carta à polícia e aproveitou a oportunidade para contar uma história que parece filme de bandidos. Disse que em agosto ou setembro de 1953, uma sexta-feira, quando se dispunha a abandonar Parma em sua motocicleta, aproximaram-se dois indivíduos que desceram de um automóvel com placa da França. Com um simulado sotaque estrangeiro, por intermédio do qual o pároco acreditou descobrir a pronúncia da Itália meridional, os dois indivíduos lhe suplicaram que levasse um embrulho. Ele se negou, ligou a motocicleta e arrancou a toda a velocidade. Mas ao chegar ao povoado vizinho foi detido pela polícia e conduzido à delegacia. Os funcionários de plantão requisitaram o embrulho que o pároco levava no assento traseiro. Era um rádio para consertar.

Então a polícia lhe mostrou um bilhete anônimo que recebera poucas horas antes no qual se assinalava o número de sua motocicleta, a hora em que passaria pelo povoado e se formulava a acusação de que estava em contato com uma quadrilha de traficantes de entorpecentes.

## *Alida Valli ao telefone*

Os investigadores perceberam logo algo muito importante: a carta apresentada pelo padre Onnis era datada de 16 de maio, uma época em que o nome de Piero Piccioni ainda não tinha sido associado ao de Montagna. Os depoimentos de Anna María Caglio foram feitos em outubro.

Naquela mesma época, os jornais estavam empenhados em outro acontecimento importante do caso Montesi: o telefonema feito de Veneza pela atriz Alida Valli a Piero Piccioni, com quem mantinha uma amizade íntima. Alida Valli estivera com Piccioni em Amalfi, na viagem que ele mencionou à polícia para diminuir as suspeitas. Logo a atriz viajou a Veneza para trabalhar na filmagem de *Mãos estranhas*. Dois dias depois que Alida Valli chegou a Veneza se armou o escândalo Montesi. Um jornalista, um ator e um diretor de cinema e um deputado afirmaram que a atriz telefonara a Piccioni de uma tabacaria veneziana. A atriz negou a conversa.

*Sem margem para dúvida*

Segundo os depoentes, Alida Valli, num evidente estado de excitação, disse a Piccioni:

— O que diabo você fez? O que houve entre você e aquela moça?

A atriz sustentou o diálogo em voz alta, porque era uma chamada de longa distância. Era um lugar público. Ao terminar, estava tão excitada que disse em voz alta, como se ainda estivesse falando a longa distância:

— Veja você em que confusão se meteu aquele imbecil.

### O LEITOR DEVE RECORDAR

a) O telefonema, de Veneza, de Alida Valli a Piero Piccioni.
b) Os resultados da primeira necropsia feita em Wilma Montesi, publicados na segunda matéria desta série.
c) As declarações da família de Wilma Montesi depois de encontrado o cadáver nas praias de Torvaianica.
d) As peças do vestuário encontradas no cadáver.

O órgão do Partido Comunista Italiano, *L'Unità*, enfatizou o escândalo do telefonema. Segundo o jornal, a chamada se realizara a 29 de abril de 1953. A atriz escreveu uma carta à redação protestando pela "leviandade" com que se divulgavam "notícias fantásticas e tendenciosas". E afirmou que no dia 29 de abril estava em Roma. Mas a polícia sequestrou sua caderneta de telefonemas e estabeleceu que, de fato, a chamada fora feita.

## *Histórias obscuras*

Outro depoimento foi incorporado ao processo contra o jornalista Muto: o de Gioben Jo, que, segundo Anna María Caglio, perdera 13 milhões de liras jogando cartas em Capacotta, em companhia de Montagna, Piccioni e um alto funcionário da polícia. Ela declarou que um conhecido seu, Gianni Cortesse, emigrado para o Brasil, escreveu-lhe para dizer que estava "muito bem instalado". Era "comissário de bordo" em Gênova, havia alguns anos, e um notório traficante de entorpecentes. Disse que Cortesse abastecia um dentista amigo seu com grandes quantidades de cocaína. Esse amigo seu apresentou-a a Montagna, de quem era amigo íntimo.

Outra testemunha declarou finalmente que havia alguns anos fora hóspede de Montagna. Havia um advogado, amigo de ambos, conhecido por seu vício, que até sofria de *delirium tremens* em consequência do uso abusivo de entorpecentes. Em abril ou junho de 1947, segundo a testemunha, Montagna, o advogado amigo e uma mulher entraram nus em seu quarto e o despertaram com frases vulgares e palavras obscuras.

## *Em quem acreditar?*

O processo do jornalista Muto se converteu realmente num processo de muitas ramificações. Cada vez que alguém era chamado a depor, era preciso chamar outros depoentes, para estabelecer a verdade dos testemunhos. Aquilo parecia um jogo de toma-lá-dá-cá. De fato, novos nomes iam aparecendo. E a imprensa, por seu turno, fazia investigações espontâneas e amanhecia com novas revelações. Entre as pessoas que depuseram no processo de Muto estava Vittorio Feroldi de Rosa, que disse ter feito, em julho ou agosto de 1953, uma viagem de automóvel de Roma a Ostia, em companhia de várias pessoas, entre as quais se encontrava Andrea Bisaccia. Segundo Feroldi, Bisaccia lhe dissera que no litoral de Ostia-Torva se traficavam entorpecentes; que conhecera Wilma Montesi; participara de algumas das "reuniões de prazer" de Castelporziano; e vira a liga da Montesi "nas mãos de uma pessoa".

Chamados a depor os outros passageiros do automóvel, um deles, Silvana Isola, declarou que nada ouvira, porque dormiu profundamente durante a viagem. Mas outro dos passageiros, Gastone Prettenati, admitiu que, de fato, Andrea Bisaccia lhe fez algumas confidências durante a viagem. Disse-lhe, entre outras coisas, que Montesi, numa "reunião de prazer" de que participara e na qual fumaram "certos cigarros", sofrera um colapso. Então fora abandonada na praia, porque os outros participantes acreditaram que estava morta.

Outra testemunha, Franco Marramei, declarou finalmente que uma noite se encontrava num barzinho da rua do Babuino e ouviu Andrea Bisaccia dizer em voz alta:

— Montesi não pode ter morrido por acidente. Eu a conhecia muito bem.

*Outra vez o começo*

Ante a tremenda gritaria da imprensa e o evidente inconformismo da opinião pública, a Corte de Apelação de Roma solicitou à procuradoria--geral da República o sumário duas vezes arquivado. A 29 de março de 1954 — quase um ano depois da morte da Montesi — a seção de instrução assumiu o confuso cartapácio e iniciou a instrução formal do caso Montesi.

Durante um ano, o volumoso e sorridente presidente da seção, Rafaelle Sepe, trabalhando dia e noite, botou ordem naquele monte de contradições, erros e falsos testemunhos. Teve de começar outra vez pelo princípio. O cadáver de Wilma Montesi foi exumado para uma nova necropsia. O trabalho do presidente Sepe foi colocar as cartas do baralho em ordem.

### VINTE E QUATRO HORAS PERDIDAS NA VIDA DE WILMA

Como se tratava de começar pelo princípio, o presidente Sepe começou por tentar estabelecer a hora precisa em que Wilma Montesi saiu de sua casa na tarde de 9 de abril. Até então havia dois testemunhos diferentes: o do pai da vítima, que na noite do dia 9 disse à polícia que a porteira Adalgisa Roscini dissera que Wilma saiu às cinco e meia; e o do investigador de polícia de Salabria que, em seu primeiro relatório de 14 de abril, segunda-feira, informou que a mesma porteira lhe falara de outra hora: cinco em ponto.

O investigador chamou Adalgisa Roscini e ela afirmou sem vacilar que Wilma não saiu de casa antes das cinco e quinze. A porteira tinha um motivo para fazer aquela afirmação categórica. Durante os dias em que ocorreram os fatos, trabalhava no edifício um grupo de operários que suspendiam o trabalho às cinco em ponto. Então iam se lavar na pia do pátio, na qual não ficavam menos de dez minutos. Quando os operários terminaram seu trabalho, no dia 9 de abril, Wilma não havia saído. Quando acabaram de se lavar e abandonaram o edifício, ela ainda não saíra. Adalgisa Roscini a viu sair poucos minutos depois dos operários. Um pouco depois das cinco e quinze.

*"Um osso duro"*

Neste interrogatório, a porteira do número 76 de Tagliamento fez outra revelação que lançou sombras de dúvidas sobre o comportamento da família Montesi. Na realidade, a atitude dos parentes da vítima mudou profundamente desde o dia em que o cadáver foi reconhecido. Adalgisa revelou que poucos dias depois da morte de Wilma a mãe dela lhe pediu que modificasse a declaração original, segundo a qual a moça havia saído às cinco e meia. A porteira se negou. E então a mãe de Wilma lhe disse:

— E então como fez a doutora Passarelli para viajar com ela no trem a essa mesma hora?

A porteira disse que respondeu:

— Terá olhado mal o relógio.

Em seguida, indignada pela pressão sobre ela exercida, exclamou:

— Vocês toparam com um osso duro de roer, porque não modifico a hora.

## *A doutora Passarelli*

Para começar bem pelo princípio, a doutora Passarelli foi chamada de novo. Apresentou-se num estado de inquietante excitação. Dessa vez não se mostrou tão segura de ter visto Wilma Montesi no trem.

— Pareceu-me que a vi — foi tudo o que disse. E voltou a descrever a moça. Era uma jovem entre 28 e 30 anos. Tinha um penteado "alto sobre a fronte, puxado dos lados e um topete enorme no osso occipital". Não tinha luvas. Usava mocassins e um casaco cuja cor predominante era o verde.

Na verdade, Wilma completara 21 anos havia poucos meses e, segundo o testemunho de muitos que a conheciam, aparentava menos idade. E, na tarde em que saiu de casa pela última vez, não calçava mocassins, e sim umas sapatilhas muito vistosas, com tecidos dourados. O penteado não era o mesmo descrito por Passarelli, porque Wilma tinha o cabelo curto havia vários meses.

## *Salva por um fio*

O investigador mostrou à doutora Passarelli o casaco encontrado no cadáver. Ao vê-lo, a doutora se desconcertou. Era um casaco amarelo, vistoso e inconfundível. Virou-o, como para ver se era verde do outro lado. Então negou redondamente que fosse aquele o casaco que a moça do trem vestia.

O presidente Sepe teve certeza de que o cadáver de Wilma Montesi não fora visto pela doutora. O reconhecimento se limitou a examinar um pedaço de roupa. Considerou-se, portanto, investigar o modo de viver da doutora. Estabeleceu-se que se tratava de uma graduada em letras, empregada do Ministério da Defesa, filha de alto oficial do Exército e pertencente a uma ilustre família de Roma. Mas se estabeleceu ao mesmo tempo que sofre de uma leve miopia e não usa óculos e tem um temperamento impulsivo, pouco reflexivo, com tendências à fantasia. Salvou-se por um fio. Conseguiu provar de onde tirou o dinheiro com que comprou, poucos dias depois de seu primeiro e espontâneo depoimento, um apartamento que lhe custou 5,6 milhões de liras.

## *"A um passo da eternidade"*

Demolido o testemunho da doutora Passarelli, o investigador se propôs estabelecer quanto tempo gasta uma pessoa para ir da rua Tagliamento, número 76, até a estação de trem de Ostia. Colaboraram na investigação carabineiros, empresários do transporte e o Ministério da Defesa.

### O LEITOR DEVE SABER

A partir desta crônica se encontrarão no texto as respostas àqueles pontos que "o leitor deve recordar", e que foram publicadas nas crônicas anteriores.

a) A alegada viagem de Wilma Montesi a Ostia.
b) Tempo e lugar de sua morte.
c) Causa da morte e definição jurídica do fato.
d) Hábitos, moralidade e ambiente familiar reais de Wilma Montesi.
e) Tráfico de entorpecentes.
f) Reuniões em Capacotta.
g) Denúncia contra o príncipe D'Assia.
h) Elementos contra Ugo Montagna e Piero Piccioni e contra o ex--chefe da polícia de Roma, Severo Polito.

Do número 76 da rua Tagliamento até a porta da estação há 6.301 metros, pelo caminho mais curto. Para percorrer essa distância, em condições ideais de trânsito e descontando os sinais, um táxi demora exatamente 13 minutos. A pé, a passo normal, demora-se entre uma hora e 15 e uma hora e vinte e um minutos. A passo acelerado, cinquenta minutos. O trajeto é servido por uma linha de bonde (o rápido B), que demora normalmente 24 minutos. Supondo que Wilma Montesi tivesse utilizado aquele transporte, há que acrescentar pelo menos três minutos, tempo necessário para a moça ir do portão de sua moradia até a parada do bonde, situada a 200 metros.

E ainda é preciso tempo para comprar o bilhete na estação e alcançar o trem, numa plataforma situada a 300 metros da entrada. Foi uma conclusão importante. Wilma Montesi não viajou a Ostia no trem das cinco e meia. Provavelmente não viajaria mesmo se realmente tivesse saído de sua residência às cinco.

*A hora da morte*

Aqueles que forneceram os primeiros relatórios não se deram conta de algo essencial: o doutor Di Giorgio, primeiro médico a examinar o cadáver nas praias de Torvaianica, declarou que estava em processo de endurecimento progressivo. Depois de certo tempo, um cadáver começa a endurecer: é o período de invasão da rigidez. Posteriormente, opera-se o fenômeno contrário. O doutor Di Giorgio estabeleceu que o cadáver de Wilma Montesi estava "parcialmente rígido". Mas tinha um motivo para afirmar que era o processo de "endurecimento progressivo": a rigidez se apresentava na mandíbula, no pescoço e nas extremidades superiores. A lei de Nysten, devidamente comprovada, explica: "A rigidez cadavérica se inicia nos músculos da mandíbula, continua nos do pescoço e nas extremidades superiores." Com base nessa lei, o doutor Di Giorgio entregou seu relatório: a morte ocorreu cerca de 18 horas antes do exame. E o exame se verificou sábado, 11 de abril, às nove e meia da manhã.

*Aqui começou o erro*

O cadáver ficou exposto ao sol durante todo o dia, enquanto chegavam instruções de Roma. Essas instruções vieram ao anoitecer. Poucas horas depois o cadáver foi transferido para o anfiteatro. Quando Rodolfo Montesi e Angelo Giuliani chegaram para reconhecê-lo haviam transcorrido mais de 24 horas do momento do achado. Quando se fez a necropsia e se emitiu o relatório se disse que a morte ocorrera na noite de 9 de abril, porque o cadáver apresentava um primeiro ponto de putrefação e pelo fenômeno da "pele rugosa". Um ano depois da morte, um grupo de professores da Faculdade de Medicina realizou nova perícia, depois de cuidadoso exame do cadáver, e estabeleceu que a invasão putrefativa pode ter sido precipitada pela longa exposição do cadáver ao sol e à umidade, nas praias de Torvaianica, durante todo o dia 11 de abril.

Em relação ao fenômeno da "pele rugosa", demonstraram que esse fenômeno é comum nos cadáveres dos afogados, mas que também pode se apresentar antes da morte, por causa do terror ou da agonia prolongada. Mas no caso de Wilma Montesi pôde ter sido ocasionado também pela longa permanência do cadáver no frigorífico, antes da realização da necropsia. O primeiro relatório, o do doutor Di Giorgio, era fundamental: a rigidez era parcial. E a conclusão indiscutível:

Wilma Montesi morrera na noite de 10 de abril, 24 horas depois que a porteira a viu sair de sua casa.

O que fez nessas 24 horas?

VINTE E QUATRO HORAS PERDIDAS NA VIDA DE WILMA
(Continuação)

Tratava-se de estabelecer outra verdade importante: o local em que morreu Wilma Montesi. Pois se deu como certo que a moça tomava um banho de pés nas praias de Ostia quando sofreu um colapso e logo depois, afogada, foi transportada pelas ondas às praias de Torvaianica, 20 quilômetros adiante.

Para reforçar essa hipótese, a polícia de Ostia informou que na noite de 10 de abril desabou naquele setor um violento temporal, com fortes ventos na direção noroeste. O instrutor do sumário, o doutor Sepe, pediu aos professores de meteorologia e ao instituto meteorológico que verificassem esse dado. A informação, com boletins meteorológicos de todo o mês de abril de 1953, dizia que no setor Ostia-Torvaianica não se registrou o pretenso temporal. O fenômeno mais notável ocorrera a 11 de abril e precisamente na hora em que se encontrou o cadáver de Wilma Montesi: um vento nordeste, de 13 quilômetros por hora.

## *O esmalte revelador*

A necropsia dos superperitos deixou claro que o cadáver não apresentava nenhum vestígio de mordedura de animais marinhos nem de picadas de insetos, muito abundantes na praia de Torvaianica. O instrutor concluiu, a partir desse dado, que o cadáver não permaneceu muito tempo na água, tampouco muito tempo na praia, antes do achado. A primeira dedução foi já um princípio de certeza para descartar a hipótese de que o corpo fora transportado por 20 quilômetros pelas ondas.

Mas foram encontrados indícios mais importantes. O esmalte das unhas de Wilma Montesi estava intacto. Os peritos comprovaram que essa substância era resistente à água do mar. Mas averiguaram a densidade de areia em suspensão no trajeto marinho Ostia-Torvaianica. E concluíram que dificilmente o esmalte poderia resistir à fricção da areia na longa e rápida viagem de 20 quilômetros.

*Um botão como modelo*

O presidente Sepe foi o único a se interessar pelo casaco que estava preso por um botão no pescoço do cadáver. Quando o corpo de Wilma Montesi foi encontrado na praia, o carabineiro Augusto Tondi compreendeu que o casaco era um obstáculo para transportá-lo, de maneira que puxou o botão e o arrancou sem dificuldade.

O instrutor Sepe contou os fios com que estava costurado o botão: eram 17. Os peritos demonstraram que esses 17 fios não resistiriam à água marinha, com o casaco batido pelas ondas, se um carabineiro só precisou dar um puxão para arrancá-lo.

Essa conclusão e outras de caráter indigestamente científicos permitiram descartar a hipótese de uma longa viagem do cadáver das praias de Ostia até as de Torvaianica. Novos peritos demonstraram que a densidade ferruginosa da areia encontrada nos pulmões do cadáver não era uma prova concludente para estabelecer o local onde perdeu a vida. Wilma Montesi se afogou a poucos metros do lugar em que foi encontrado seu corpo.

*Além disso*

No entanto, a 5 metros da praia não há em Torvaianica meio metro de profundidade. É certo que Wilma não sabia nadar. Mas não é provável que uma pessoa que não sabe nadar se afogue, só porque não sabe nadar, a meio metro de profundidade. As causas deveriam ser outras. E o presidente Sepe se dispôs a investigá-las.

Ordenou-se a superperícia. Um médico de conduta irrepreensível e cinco professores universitários de medicina legal devidamente investigados estudaram a presença de areia e plâncton nos pulmões e no intestino do cadáver. Pela quantidade e profundidade concluíram que a morte não se produzira em circunstâncias normais. Desde a primeira ingestão de água até o instante da morte transcorreram, no máximo, quatro minutos.

A superperícia demonstrou que Wilma Montesi morreu num lento e prolongado afogamento, de dez a vinte minutos depois de seu primeiro contato com a água. Assim se explicava que tivesse se afogado a meio metro de profundidade. Wilma Montesi estava exausta quando começou a se afogar.

*Suicidar-se não custa nada*

Uma vez obtida essa importante conclusão, o presidente Sepe se dispôs a analisar as três hipóteses:

a) Suicídio.
b) Acidente.
c) Homicídio.

Só se falou de um possível suicídio de Wilma na noite de 9 de abril, quando o pai foi buscá-la em Lungotevere e, depois, quando se apresentou à polícia e mandou o telegrama a Giuliani. Rodolfo Montesi disse que a filha queria se suicidar ante a iminência do casamento e a posterior separação da família por causa da viagem a Potenza, onde trabalhava o noivo. Mas o casamento de Wilma não fora imposto pela família. Ela tinha independência suficiente, era maior de idade e poderia cancelar seu compromisso com Giuliani quando quisesse. Era uma hipótese fraca.

Em compensação, considerou-se de muito peso para destruir a hipótese do suicídio o argumento da mãe: Wilma levara consigo as chaves da casa, coisa que nem sempre acontecia. E o raciocínio da irmã: antes de sair, Wilma deixou no lavatório, em água e sabão, a roupa íntima que acabara de tirar. Por último, alguém que examinou as verdadeiras circunstâncias em que morreu Wilma Montesi ponderou: "Seria preciso violentar a extremos sobre-humanos o instinto de conservação para permanecer se afogando durante um quarto de hora, a um metro de profundidade." Suicidar-se não dá tanto trabalho.

## *Passos de animal grande*

O presidente Sepe descartou o suicídio e se pôs a estudar a morte por acidente. Aceitou como válida a explicação da primeira necropsia: Wilma não morreu por ter entrado na água durante o processo digestivo, porque o processo estava concluído. E, mesmo que não estivesse, é improvável que sofresse um colapso por submergir os pés na água depois da comida.

Também não se considerou válida, para explicar o colapso, a circunstância de que Wilma se encontrava em fase pós-menstrual imediata. Qualquer transtorno que pudesse ter sofrido devido a essa circunstância especial não a teria impedido de se arrastar até a praia, segundo os peritos que, por último, depois da nova necropsia, descartaram a hipótese de qualquer transtorno de outra índole: Wilma gozava de boa saúde. Em compensação, o coração era pequeno em relação à sua estatura, assim como o diâmetro da aorta.

O presidente Sepe considerou conveniente estabelecer com precisão a origem da hipótese do banho de pés. Ela surgiu muitos dias depois da morte, quando Wanda Montesi "se recordou" de que sua irmã lhe falara da viagem a Ostia. Isso foi depois do velório, quando toda a família começou a buscar uma explicação para a morte. A atitude foi considerada suspeita: a família de Wilma Montesi manifestou em todos os momentos um desmedido interesse de que se desse crédito à versão de Wanda. Com base nessa declaração se arquivou pela primeira vez o sumário, com a definição de "morte por acidente". No entanto, todos os elementos contribuíam para se admitir a verdade: a família de Wilma não tinha notícias da viagem a Ostia, nem do pretendido banho de pés.

## *"Vamos por aqui"*

Os peritos estabeleceram, por outra parte, que Wilma Montesi não tinha qualquer lesão, irritação ou eczema nos calcanhares. Não tinha marcas de calos ou rachaduras produzidas pelos sapatos. Essa atitude suspeita da família foi minuciosamente analisada pelo presidente Sepe. O pai de Wilma, que intempestivamente adotou a hipótese de "morte por acidente", explicou que a moça tirara a liga para maior liberdade de movimento durante o banho de pés. Mas em compensação não despiu o casaco. Deve-se supor que uma pessoa que deseja liberdade de movimento para lavar os pés tira o casaco antes da liga. E até tira o casaco para ter mais liberdade de movimento ao tirar a liga.

Finalmente, é inconcebível que para tomar um banho de pés Wilma Montesi tivesse caminhado 20 quilômetros da estação de Ostia até as praias de Torvaianica, quando o mar começa a poucos metros da estação. O presidente Sepe não engoliu a pílula da morte por acidente e o banho de pés, e seguiu investigando.

Agora tinha nas mãos um dado mais importante: o tamanho do coração de Wilma Montesi. Isso podia ter alguma relação com os entorpecentes.

### INCONSCIENTE, FOI JOGADA NO MAR

Quando Angelo Giuliani viu o cadáver da noiva, observou certas marcas nos braços e nas pernas que o fizeram pensar em homicídio. Foi ele quem disse a um jornalista, à saída do anfiteatro. A primeira necropsia confirmou a existência dessas cinco equimoses, mas não lhe foram atribuídas importância médico-legal.

A superperícia mandada fazer pelo presidente Sepe, ao examinar o cadáver de novo, minuciosamente, e efetuar até uma detalhada exploração radiográfica, revelou que não existia nenhuma lesão óssea. Observaram-se alguns arranhões no rosto, especialmente no nariz e nas sobrancelhas: resultantes da fricção do cadáver contra a areia. Em compensação, o exame confirmou que as cinco equimoses eram de origem vital. Os superperitos consideraram que poderiam ter sido produzidas entre o começo da agonia e cinco ou seis horas antes da morte.

### *Não houve violência carnal*

Considerando sua situação particular e a ausência de outras marcas características se descartou a hipótese de que as cinco equimoses fossem o produto de um ato de violência sexual. Havia duas no braço esquerdo, duas na coxa esquerda e uma na perna direita. Essas equimoses, segundo os superperitos, por sua localização, quantidade e superficialidade, tinham as características de um "aferramento" sobre um corpo inerte.

Não eram marcas de luta ou resistência, pois se podia estabelecer claramente que quando elas foram produzidas o corpo não opôs resistência. Num ato de violência carnal, as características teriam sido diferentes. Outra teria sido a quantidade e diferente a localização.

### *Não bastam as vísceras*

O leitor há de lembrar que, depois da primeira necropsia, se procedeu a um exame químico das vísceras para estabelecer a presença de entorpecentes. O resultado do exame foi negativo. Um ano depois, os superperitos afirmaram que o "estado de inconsciência preexistente à morte não era incompatível com a ausência de vestígios de entorpecentes nas vísceras". A investigação original fora incompleta, pois não se pesquisou a presença de entorpecentes no sangue, no cérebro ou na medula espinhal. Portanto, o caráter negativo do exame químico das vísceras não podia ser considerado absoluto. Wilma Montesi poderia ter sido vítima de entorpecentes sem que o exame químico de suas vísceras revelasse a presença deles.

*Abrindo caminho*

Mas podia se tratar de um alcaloide que não deixou vestígio nas vísceras. Isso poderia ocorrer por causa da eliminação, em vida ou depois da morte, ou de transformações oriundas depois do óbito. Essa afirmação é muito mais válida no campo das substâncias voláteis ou degeneráveis.

Diante dessas circunstâncias, os superiores consideraram que não se estabeleceu, com resolução médico-legal, se Wilma Montesi utilizou certas doses de entorpecentes. O exame, no entanto, não era negativo, e sim inútil, já que se limitara a comprovar que não havia vestígios nas vísceras no momento da investigação. Esses vestígios poderiam ter sido encontrados em outros órgãos e até nas próprias vísceras, em momento anterior.

*"Teu pequeno coração"*

O presidente Sepe teve a atenção despertada pela reduzida dimensão do coração de Wilma Montesi. Perguntou aos superperitos se essa circunstância teria podido ocasionar uma síncope quando a moça lavava os pés. Os superperitos responderam que não: era absolutamente impossível demonstrar a hipótese de que as condições fisiológicas particulares em que Wilma se encontrava teriam ocasionado um colapso por causa do reduzido tamanho do coração.

Em compensação, disseram outra coisa: "O reduzido tamanho do coração pode ter produzido um colapso por causa da aplicação de entorpecentes."

O exame detalhado do corpo permitiu estabelecer que Wilma tinha uma sensibilidade sexual inferior à normal. O presidente Sepe considerou que essa podia ser uma explicação para aplicação de entorpecentes, pois qualquer pessoa poderia pôr em prática esse recurso para provocar uma excitação que não se apresentaria em circunstâncias normais. Ou para enfraquecer a resistência da vítima.

*Avesso e direito*

Estava definitivamente descartada a hipótese de que o mar despojara Wilma de peças de roupa. Para que ocorresse seria necessário que o corpo fosse submetido a uma violenta ação das ondas, a que os 17 fios do botão do casaco não teriam resistido. O cadáver, no entanto, estava sem a liga, uma peça tão fortemente fixada ao corpo que uma antiga empregada da família Montesi declarou que em várias ocasiões, para tirá-la ou colocá-la, Wilma pedira sua ajuda.

Era preciso admitir que uma outra pessoa despojara Wilma de algumas peças de seu vestuário, provavelmente à força, ou provavelmente quando se encontrava sob ação dos entorpecentes. Em compensação, o casaco continuava a ser um enigma: é curioso que a tenha despojado da liga, e não da peça mais fácil de tirar: o casaco.

Por que não pensar numa coisa mais lógica? Por exemplo: Wilma estava completamente despida quando sofreu o colapso. Em seu nervosismo, o acompanhante desconhecido, tentando destruir os rastros de sua ação, tentara vesti-la às pressas. Por isso o casaco estava ali. Porque era a peça mais fácil de tirar, mas também a mais fácil de repor. E por isso a liga não estava.

*A definição*

O presidente Sepe, examinados esses detalhes e outros que não é indispensável particularizar, chegou à conclusão de que o estado de inconsciência em que se encontrava Wilma Montesi antes da morte era resultante de uma ação culposa ou dolosa. Era a alternativa. O homicídio culposo se demonstrava com a comprovação de que o responsável ignorava que Wilma ainda estava viva quando, para se desfazer do corpo, abandonou-a na praia. Curiosamente, uma das primeiras testemunhas dissera que Wilma participara de um bacanal, sofrera um colapso por causa dos entorpecentes e fora abandonada na praia.

*Duas perguntas encadeadas*

Diante de uma alternativa como essa, existe no direito italiano o que se chama *favore*. O benefício consiste em que, diante da dúvida entre um delito grave e um menos grave, o suspeito deve ser processado pelo delito menos grave. A primeira parte do artigo 83 do código penal italiano diz: "Se por erro no meio de execução do delito, ou por outra causa, ocorre um acontecimento diferente do desejado (ocultação de um presumível cadáver, neste caso), o culpado responde, a título de culpa, do evento não desejado, quando o fato foi previsto pela lei, como delito culposo." Com base nesse artigo, o presidente Sepe definiu a morte de Wilma Montesi como homicídio culposo. Quem cometeu esse homicídio?

*O personagem central*

O presidente Sepe não podia, de repente, falar de nomes próprios. Mas havia algumas coisas importantes: das cinco equimoses se deduz que a colocação do corpo na água, nas praias de Torvaianica, pôde ser uma operação realizada quando Wilma se encontrava inconsciente. Isso é, o acidente ocorrera em outro lugar e a vítima fora transportada até o local descampado. Naquele lugar, a orla do mar dista mais de 12 metros da estrada asfaltada, onde se deteve o automóvel em que Wilma Montesi foi transportada. Entre a estrada e o mar há uma zona arenosa, de trânsito difícil. Considerando o peso da vítima e a localização das cinco equimoses, o presidente Sepe concluiu que Wilma Montesi foi levada de automóvel à praia por pelo menos duas pessoas.

"Quem são essas duas pessoas?", deve ter se perguntado o presidente Sepe, coçando a cabeça calva e reluzente. Até agora só tinha nas mãos uma pista: a possibilidade de que Wilma Montesi estivesse em contato com traficantes de entorpecentes. Foi aí que o investigador, talvez dando um pulo da cadeira como fazem os detetives nos filmes, fez-se a surpreendente pergunta que ninguém fizera antes: "Quem era Wilma Montesi?"

### CAI O MITO DA MENINA INGÊNUA

Desde os primeiros relatórios da polícia criou-se no público a impressão de que a família Montesi era um exemplo de modéstia, delicadeza e candura. Os próprios jornais contribuíram para criar essa impressão, elaborando a imagem ideal de Wilma Montesi: moça ingênua, isenta de malícia e de culpa, vítima dos monstruosos traficantes de entorpecentes. Havia, no entanto, uma contradição evidente: não se concebia que uma moça com tão sublimes atributos tivesse conexão com aquela classe de pessoas, participando, como se dizia, de uma "festa de prazer" que lhe custou a vida.

O presidente Sepe se deu conta de que a personagem estava mal construída e se dispôs a efetuar uma investigação a fundo sobre o ambiente familiar verdadeiro e a vida secreta de Wilma Montesi.

## O ídolo caído

"A mãe de Wilma", escreveu o instrutor depois de terminar a investigação, "não gozava de boa reputação na vizinhança e imprimira à sua filha, desde os primeiros anos da infância, uma educação pouco severa, habituando-a a não se lavar e acostumando-a a um luxo vistoso e desproporcional à sua condição econômica e social." A imagem de Wilma Montesi, a pobre menina ingênua, vítima dos traficantes de entorpecentes, começou a se desmoronar diante da investida de uma investigação fria e imparcial. A própria mãe de Wilma Montesi dava em casa o mau exemplo de uma elegância pomposa e de mau gosto. "Mostrava-se", disse o sumário, "autoritária com o marido, despótica com toda a família e até violenta com a própria mãe, pronunciando nas frequentes cenas familiares palavras vulgares e termos grosseiros."

## O mistério da carteira

Aquele comportamento influiu de tal maneira na formação de Wilma que, em disputa recente com uma vizinha, pronunciou uma série de palavrões impublicáveis, literalmente transcritos no sumário. Pouco depois de sua morte, o proprietário do armazém Di Crema, na rua Nazionale, ouviu que moças conhecidas de Wilma, mas não identificadas posteriormente, disseram, referindo-se à vítima:

— É natural. Com a vida que levava não podia ter outro fim.

A diária de Rodolfo Montesi não era superior a 1.500 liras. No entanto, nos últimos dias de vida, Wilma Montesi possuía uma carteira de couro de crocodilo, legítimo, avaliada pelos peritos em 80 mil liras. Não se pôde levantar a origem dessa carteira.

*Palavras sonoras*

Parece que esqueceram uma das primeiras coisas que a polícia comprovou: depois que seu noivo foi transferido para Potenza, a moça adquiriu o hábito de sair à rua todos os dias, à tarde. Nunca voltou para casa antes das sete e meia, assegurava-se. Um médico não identificado, que morava no último prédio da Tagliamento número 76, afirmou a um farmacêutico da rua Sebazio — e esse revelou à polícia — que em certa ocasião teve de abrir o portão para Wilma depois da meia-noite.

Durante cinco meses, Annunciata Gionni trabalhou na casa da família Montesi. A empregada contou à polícia o contrário do que a própria família afirmara: as discussões em voz alta eram frequentes na ausência de Rodolfo Montesi e numa ocasião a mãe gritara para Wilma dois adjetivos de forte valor expressivo que, um pouco atenuados, poderiam se traduzir em "prostituta e desgraçada".

*As duas irmãzinhas*

Também ficou claro que todas as manhãs, por volta das oito, depois que o pai deixava a casa, as duas irmãs saíam à rua, até as duas da tarde. A antiga empregada confirmou esse fato, mas advertiu que não dera importância porque acreditava que as duas moças estavam empregadas.

À tarde, inclusive depois de seu comprometimento com Giuliani, Wilma Montesi recebia numerosos telefonemas. Antes de atender, fechava a porta do quarto e continuava a conversa em voz baixa e cautelosa. Mas ninguém pôde precisar se se tratava sempre de um mesmo interlocutor telefônico, nem se as chamadas eram interurbanas. Nesse último caso não podiam ser de Giuliani, nos últimos meses, porque no momento da morte de Wilma Montesi não existia comunicação telefônica direta entre Roma e Potenza.

## *A atitude suspeita*

Em relação ao comportamento da família depois da morte de Wilma, o instrutor comprovou, por meio telefônico, que a mãe de Wilma tirava vantagem da publicidade dada pelos jornais à morte da filha. Ela própria cobrou várias centenas de liras por suas informações e "em certa ocasião", diz o sumário, "deplorou a escassez da recompensa e exortou os jornais a que escrevessem algum artigo mais picante". Dessa e outras investigações a seção instrutora do sumário chegou à conclusão de que Wilma Montesi levava uma "vida dupla". Habituada desde pequena a um luxo desproporcional à sua condição social, criada num ambiente familiar não propriamente caracterizado por uma severidade excessiva nos hábitos e costumes, Wilma sonhava com um futuro melhor e gozava de inteira liberdade para sair à rua, de manhã ou de tarde.

Não era portanto inverossímil que essa Wilma Montesi verdadeira — tão diferente daquela construída pelos jornais — estivesse em contato com traficantes de entorpecentes e tivesse participado de uma "festa de prazer".

## *O telefone*

O instrutor olhou então para trás e se recordou do primeiro depoimento de Wanda Montesi, posteriormente retificado: "Wilma saíra à rua sem se arrumar, simplesmente porque não tivera tempo. Certamente saíra de casa às pressas, depois de um telefonema urgente." Essa declaração permite pensar que Wanda estava segura de que sua irmã podia receber telefonemas urgentes e sair à rua sem avisar ninguém e até tinha relações secretas, nunca reveladas pela família à polícia.

Rodolfo Montesi, única pessoa que poderia impor um clima de severidade em casa, não tinha tempo para cuidar de suas obrigações familiares. O trabalho absorvia quase todas as suas horas e ele apenas tinha tempo de passar em casa para almoçar.

## *O que fez o príncipe?*

Mas antes de ir em frente, um testemunho tinha de ser analisado: alguém disse ter visto o príncipe D'Assia num automóvel claro, em companhia de uma moça, na tarde de 9 de abril e no setor onde se cometeu o crime. Um advogado que se inteirou desse fato contou-o ao advogado de Ugo Montagna, que armou o grande escândalo: falou com a testemunha, que lhe confirmou o depoimento. Quando a mulher da testemunha soube que ele falara, exclamou:

— Desgraçado. Mandei você calar a boca. Essa moça era Wilma Montesi.

O príncipe D'Assia, um jovem aristocrata italiano, de 1,86 metro de altura, e magro como um graveto, foi chamado a depor. Negou que sua acompanhante fosse Wilma Montesi. Mas se negou a revelar o nome da moça, porque o príncipe D'Assia é um cavalheiro.

## *Vejamos*

No entanto, o cavalheirismo devia ser posto de lado, porque aquela classe de alegações não valia para o presidente Sepe. Revelou-se o nome de uma ilustre senhorita da alta sociedade de Roma que, chamada a depor, confirmou a versão do príncipe sobre sua viagem a Capacotta a 9 de abril. Além disso, a nota da gasolina demonstrava que naquela tarde o príncipe se munira de 20 litros de combustível para fazer a viagem.

As acusações contra o príncipe D'Assia se mostraram inconsistentes. Em compensação, havia acusações concretas que era necessário examinar: as formuladas contra Ugo Montagna e Piero Piccioni. Mas antes de ir adiante é preciso informar o leitor de algo que sem dúvida deseja saber há vários dias, mas que só agora é oportuno revelar: Wilma Montesi era virgem.

## REVELAÇÕES SOBRE PICCIONI E MONTAGNA

O instrutor do sumário do caso Montesi estabeleceu vários fatos sobre a vida de Piero Piccioni:

Tinha um apartamento de solteiro na rua Acherusio, 20, para uso exclusivo, no qual organizava festas em companhia de amigos e mulheres. Esse apartamento não estava registrado na portaria do prédio. A atriz Alida Valli admitiu ter estado várias vezes naquele local "para ouvir alguns discos".

Segundo diversas testemunhas, Piero Piccioni é um homem "de gosto refinado em amor". Revelou-se que recorria ao estímulo de entorpecentes.

Demonstrou-se que, em companhia de Montagna, era cliente do barzinho da rua do Babuino, onde, como se recorda, alguém ouviu Andrea Bisaccia dizer: "Wilma Montesi não pode ter morrido por acidente. Eu a conhecia muito bem." O estabelecimento foi fechado pela polícia, sob a alegação de que ali se encontravam "juntamente com existencialistas, pessoas dedicadas ao uso de entorpecentes ou pelo menos de moralidade duvidosa".

*"O marquês"*

Sobre a vida de Ugo Montagna, conhecido como "marquês de San Bartolomeo", homem elegante e bem relacionado, estabeleceu-se, de acordo com os termos literais do sumário:

"Nasceu em Grotte, província de Palermo, a 16 de novembro de 1910, de uma família de modestíssima condição social e econômica, não isentos alguns de seus membros de antecedentes penais e de polícia. Seu pai, Diego, foi detido a 1º de abril de 1931, 'por ordem superior', em Pistoia, e expatriado a 27 do mesmo mês. Um irmão seu foi condenado a vários anos de prisão por fraude e receptação.

"Em 1930, de seu povoado de origem, Ugo Montagna se mudou para Pistoia e posteriormente regressou a Palermo, onde foi preso pela primeira vez por falsificação de letras de câmbio. Solto, com liberdade condicional, a 23 de maio de 1936, foi desterrado para Roma, a 28 do mesmo mês."

## Casado e com filhos

"Ugo Montagna", continua o sumário, "casou-se em Roma, em 1935, com Elsa Anibaldi. Novamente preso, foi solto, por anistia, em 1937, quando cumpria pena por usurpação do título de contador público.

"Depois de um breve período de convivência com a esposa, com a qual teve um filho, separou-se dela por motivos de ciúmes e de interesses e, sobretudo, porque, dissipando todos os ganhos com mulheres de costumes fáceis e em viagens de prazer, não lhe proporcionava sequer os meios de subsistência.

"Em maio de 1941, devido às reclamações de um vizinho, a polícia recomendou-lhe que se abstivesse das festas noturnas que, com danças, cantos e tumultos, promovia em sua residência, para divertir o enorme bando de convidados de ambos os sexos." Atualmente, é multimilionário.

## Testemunhas

O mecânico Piccini, que no ano anterior se apresentara para manifestar à polícia sua certeza de que Wilma Montesi estivera com um homem, num automóvel atolado perto de Capacotta, no primeiro terço de março, foi esta vez chamado a depor formalmente. Piccini declarou o que vira: o homem era aproximadamente da sua altura, um 1,69 metro, semicalvo, elegante, sem chapéu, e falava italiano corretamente, com ligeiro sotaque românico.

Dessa vez, no entanto, revelou-se que Piccini não fora sozinho ajudar o desconhecido. Fora com um companheiro de trabalho de sobrenome De Francesco, que se mostrou de acordo com tudo, menos que o homem falasse italiano corretamente. Segundo De Francesco, o homem do automóvel tinha um leve sotaque estrangeiro. As duas testemunhas foram acareadas, Piccini se manteve firme e num reconhecimento formal identificou Piero Piccioni entre outros três indivíduos de características físicas semelhantes. Não se podia, no entanto, descartar o fato de que, naquele tempo, a fotografia de Piero Piccioni aparecera em inumeráveis ocasiões em todos os jornais.

## O homem que falou por telefone

Entre as coisas que Piccini disse no depoimento estava que o homem do automóvel manifestara urgência suspeita de telefonar. Àquela hora não é frequente que alguém fale por telefone. O investigador chamou o administrador da tabacaria da estação de Ostia, Remo Bigliozzi, para que descrevesse o homem que falou ao telefone. Até onde podia se recordar, Bigliozzi descreveu-o como homem moreno, de rosto oval, cabelo escuro, semicalvo e com uma incrível urgência de fazer a chamada. A testemunha disse que logo que viu as fotos de Piero Piccioni o identificara como o homem que telefonou em sua tabacaria, no primeiro terço de março.

Aceitar que Wilma Montesi era a moça do automóvel — e as testemunhas coincidiam na descrição — era o mesmo que pôr em dúvida a afirmação da família Montesi de que ela nunca ficara até muito tarde fora de casa. Mas a verdadeira conduta da família, perfeitamente comprovada pelo investigador, e a não esquecida circunstância de que a mãe Montesi tentou convencer a porteira a modificar seu depoimento, permitem pensar que sabia de alguma coisa, um vínculo secreto da filha que queria manter oculto a qualquer custo. Por isso não se levaram em conta suas afirmações para descartar a possibilidade de que a moça do automóvel fosse Wilma Montesi.

*Não havia curiosos?*

Por outra parte, o investigador resolveu chamar para depor algumas pessoas que não foram levadas em conta antes dos dois arquivamentos, e que seguramente teriam algo a dizer: os curiosos que foram à praia de Torvaianica, para ver o cadáver. Ninguém se lembrara deles, em especial Anna Salvi e Jale Balleli. Chamadas a depor, concordaram ter reconhecido no cadáver de Wilma Montesi a moça que às cinco e meia de 10 de abril de 1953 passara em frente de suas casas, no setor de Torvaianica, num automóvel escuro e em companhia de um homem. Coincidiram também na descrição do homem. Disseram que estiveram na praia vendo o cadáver, mas que depois souberam pela imprensa que a moça morrera dia 9, afogada nas praias de Ostia, e não voltaram a se interessar pelo caso.

*Fios soltos*

Havia ainda uma confusa quantidade de fios soltos. Havia o duvidoso depoimento de outro homem que esteve vendo o cadáver na praia. Na tarde anterior, esse homem passara com sua mulher por um automóvel preto, perto de Capacotta, e se pusera a fitar a moça que ia dentro. Sua mulher lhe disse:

— Sem-vergonha, olhando para a moça...

No dia seguinte, depois de ter estado na praia vendo o cadáver, o homem contou que se dirigiu à mulher e lhe disse:

— Sabes de uma coisa? A moça que vimos ontem à tarde amanheceu morta na praia.

A mulher, diante do investigador, não quis confirmar sua declaração. Mas o presidente Sepe não desanimou um só momento. Disposto a levar adiante seu trabalho, resolveu dar o passo seguinte. Um passo decisivo: uma acareação entre Anna María Caglio e Ugo Montagna.

## A POLÍCIA DESTRUIU AS ROUPAS DE WILMA

Anna María Caglio se apresentou com um grande domínio sobre si mesma na acareação. Confirmou todas as acusações formuladas em seu testamento. E acrescentou alguns dados novos, para ampliá-las. Disse que em função de algumas publicações sobre o automóvel preto atolado na areia no primeiro terço de março (testemunho de Piccini), vira um Alfa 1.900 na porta do apartamento de Piero Piccioni. Disse que ao ver o automóvel se lembrara das publicações na imprensa e tentara ver o número da placa, mas que Montagna descobrira seu propósito e a impedira com muita habilidade. Manteve-se firme em sua afirmação de que Piccioni e Montagna visitaram o chefe da polícia enquanto ela esperava no automóvel. A afirmação foi negada por Piccioni. Mas posteriormente se comprovou que, de fato, aquela visita se realizara.

### *Apesar do rancor*

Depois de examinadas todas as acusações de Anna María Caglio e comprovadas muitas de suas afirmações, o instrutor do sumário chegou à seguinte conclusão: "É preciso considerar merecedoras de atenção as diferentes declarações de Anna María Caglio no curso da instrução formal, assim como as anteriores ao segundo arquivamento, e as do processo Muto, em virtude da substancial uniformidade de suas afirmações, mantidas firmes com extrema vivacidade, reveladora de um convencimento radical, incluindo as dramáticas acareações com Montagna e Piccioni."

"É verdade que Caglio", continua dizendo o instrutor, "era inspirada por sentimentos de rancor contra Montagna, por ter sido abandonada por ele depois de um breve período de vida íntima, que suscitara e radicara no íntimo da moça um profundo afeto, constantemente manifestado em sua correspondência." Mas concluiu que esse sentimento podia ser a explicação de sua conduta, que não se devia considerar como infundado fruto de ciúmes ou vingança.

## Um filme ruim

Chamada a depor sobre seu telefonema de Veneza, negado por ela própria à imprensa, a atriz Alida Valli, admitiu que, com efeito, a chamada se realizara, mas que fora completamente diferente de como a descreveram as testemunhas. Disse que essa conversa tivera como motivação a leitura de alguns recortes de jornais nos quais se falava de Piccioni. Esses recortes, disse a atriz, foram enviados à sua casa pela agência L'Eco della Stampa, de Milão. Para comprová-lo, mostrou os recortes: um de *La Notte*, de 6 de maio; outro de *Milano Sera*, do mesmo dia; outro de *Il Momento Sera*, do dia 5, e outro de *L'Unità*, de Milão, do mesmo dia. No entanto, Alida Valli se esquecera de algo fundamental: o telefonema fora feito a 29 de abril — uma semana antes que aparecessem na imprensa os recortes que apresentou como álibi.

## A "tonsillitis amalfitana"

Faltava ainda examinar outra coisa: a *"tonsillitis amalfitana"* de Piccioni. Como se disse, o jovem compositor de música popular assegurou que estivera em Amalfi, com a atriz Alida Valli e regressara a Roma na tarde do dia 10 de abril. À noite, ambos deviam comparecer a uma reunião. No entanto, averiguou-se que Piccioni não fora. Mas havia uma explicação: ficara preso ao leito devido a uma amigdalite, aquela mesma tarde, e para comprová-lo apresentou a receita do doutor Di Filippo, zelosamente guardada durante um ano. E apresentou também o certificado de um exame de urina.

Passara-se tanto tempo que o doutor Di Filippo não se lembrava da data exata em que expediu a receita. Mas o investigador fez um exame minucioso nos livros do médico e descobriu que a relação de consultas dele não estava de acordo com a data da receita de Piccioni.

Em vista dessa diferença suspeita, submeteu-se a receita apresentada por Piccioni a um exame técnico e os grafólogos concordaram em que a data da receita fora alterada.

*Outra queda*

Procedeu-se então à investigação da autenticidade do certificado do exame de urina. O professor Salvattorelli, encarregado do instituto bacteriológico que presumivelmente fizera o exame, declarou que desconhecia a assinatura no certificado. Além disso, procurou em sua agenda-calendário e comprovou que nem nela nem em nenhuma das relações de exames do instituto figurava o nome de Piero Piccioni. Tentando identificar a assinatura, os especialistas em grafologia a atribuíram ao doutor Carducci, funcionário do instituto. O doutor Carducci, com efeito, reconheceu como sua a assinatura, mas não encontrou em seus livros, nem na memória, o registro de um exame de urina em nome de Piero Piccioni. O próprio Carducci formulou a hipótese de que o certificado falso fora escrito acima de sua assinatura numa folha em branco, ou depois de apagar um certificado autêntico.

*"As festas de prazer"*

Por último, o instrutor do sumário fez uma visita à casa de Capacotta onde Gioben Jo perdeu, segundo se declarou, os 13 milhões de liras. De acordo com várias testemunhas, ali se organizavam as famosas "festas de prazer". É uma casa situada a pouca distância do local onde se encontrou o cadáver da Montesi.

O investigador conseguiu estabelecer que nessa casa se reuniam Montagna e alguns de seus amigos e ocasionalmente tomavam banho de mar, nus, na praia vizinha. E estabeleceu, como escreveu no sumário, que nessa casa estiveram "seguramente mais de uma vez Montagna e Anna María Caglio; uma vez pelo menos Montagna e Gioben Jo, e em outra ocasião Montagna, um amigo seu e duas moças.

*Fantoches sem cabeça*

Na árdua tarefa de pôr ordem no baralho, o presidente examinou então uma das acusações mais graves feitas no caso Montesi: a destruição da roupa de Wilma pela polícia. Quando se desenrolava o processo Muto, realizou-se uma revista na redação de *Attualità* e se encontrou uma caderneta de apontamentos do redator Giuseppe Parlato. Dizia-se, numa das anotações, que no decurso de uma conversação o senhor Del Duca revelou que um policial lhe dissera em maio de 1953 que, no dia em que se encontrou o cadáver de Wilma Montesi, Piero Piccioni se apresentou ao chefe da polícia e lhe entregou as roupas que faltavam no cadáver. Depois de uma árdua investigação, o agente conseguiu identificar "o senhor de Duca". Chamava-se exatamente Natal del Duca.

Natal del Duca não apenas confirmou o que dissera, mas acrescentou ainda algo mais: as roupas de Wilma Montesi permaneceram escondidas durante um tempo e logo foram destruídas com o consentimento da família Montesi. Del Duca nomeou então o policial que lhe fizera a revelação. O agente foi chamado a depor. E, no final das contas, em virtude de novas testemunhas, outra acusação ficou vagando no ar: não só as roupas foram destruídas, como também as peças encontradas no cadáver foram substituídas posteriormente, com o consentimento da família, para dar a entender que Wilma não saíra arrumada como para um encontro.

*"Tu também?"*

Em vista dessa tremenda informação, o instrutor ordenou uma análise da roupa conservada com a certeza de que era a roupa encontrada no cadáver. A análise demonstrou que o conteúdo do cloreto de sódio encontrado no casaco era consideravelmente superior ao encontrado em outras peças. E se concluiu: à exceção do casaco, nenhuma das outras peças sofrera um processo de encharcamento em água marinha, a menos que tivessem sido lavadas ou submetidas a qualquer outro processo que eliminasse o cloreto de sódio. Por outro lado, demonstrou-se que eram peças gastas pelo uso, visivelmente deterioradas e em parte manchadas. O instrutor achou estranho que Wilma Montesi se houvesse trocado antes de sair de casa, para pôr uma roupa íntima deteriorada. Por isso, chamou de novo as pessoas que viram o cadáver na praia e perguntou-lhes: "Como era a roupa que o cadáver de Wilma Montesi vestia?" Todas responderam a mesma coisa. As descrições da roupa vista no cadáver não coincidiam com as características da roupa então em poder do instrutor e analisada pelos peritos.

O instrutor Sepe avançou a hipótese de que realmente o cadáver foi despido e as roupas, substituídas, em concordância com alguns membros da família Montesi. O magistrado romano Severo Polito foi convocado para responder a essa acusação. E posteriormente por outras.

### 32 INTIMADOS A DEPOR

O ex-magistrado romano Severo Polito começou sua defesa dizendo que, na verdade, nunca prestara maior atenção ao caso Montesi. O instrutor do sumário fez uma revista dos arquivos da magistratura e encontrou algumas coisas que desmentiam tal afirmação: entre elas, uma cópia do boletim de imprensa assinado por Severo Polito, datado de 5 de maio de 1953. Nesse boletim, nunca publicado pelos jornais, o magistrado dizia: "A notícia sobre o filho de uma alta personalidade política não nomeada mas claramente insinuada é desprovida de fundamento."

No mesmo dia entregou outro comunicado à imprensa, no qual afirmava: "Nenhuma investigação realizada depois do achado do cadáver tem suficiente validade para modificar o resultado das primeiras investigações e constatações feitas pela justiça." Foi a época em que se defendeu a todo custo a hipótese de que Wilma Montesi morrera acidentalmente quando tomava um banho de pés.

*Mais provas*

Além disso, havia outra prova de que Severo Polito se interessara pelo caso pessoalmente. Comprovou-se que no dia 15 de abril dirigiu ao chefe da polícia um requerimento em que confirmava mais uma vez a hipótese do banho de pés. Nesse requerimento dava por assentado que a moça saíra de casa às cinco em ponto e fora vista no trem, onde "se comportou como uma pessoa tranquila e perfeitamente normal". Ali mesmo explicava o desaparecimento de algumas peças de roupa: "A moça deve ter se despido para dar alguns passos dentro da água até que lhe chegasse à altura dos joelhos, como costumava fazer no passado." O instrutor demonstrou que esse requerimento tinha três afirmações falsas: "no passado" Wilma não tirava peças íntimas para lavar os pés, fazendo-o com roupa de banho. Não entrava no mar até que a água chegasse aos joelhos: limitava-se a lavar as pernas na praia. E por último: não saiu de casa às cinco em ponto.

*Em Milão?*

Nessa etapa da instrução, o jornalista Valerio Valeriani, do *Il Giornale d'Italia*, foi convocado para garantir a autenticidade de uma entrevista de Severo Polito, publicada em seu jornal. Nessa entrevista, o magistrado afirmava:

a) Depois do achado do cadáver assumiu pessoalmente a direção da investigação.
b) O resultado dessa investigação confirmara a hipótese de acidente, baseada em elementos sólidos.
c) A Montesi sofria de eczema nos calcanhares, motivo pelo qual decidira submergir os pés na água marinha.
d) As acusações contra Piero Piccioni eram inaceitáveis, porque ele comprovou que no dia em que ocorreram os fatos se encontrava em Milão.

## "Não conheço esse homem"

Interrogado sobre suas relações com Ugo Montagna, o ex-magistrado Polito declarou que o conhecera depois da morte de Wilma Montesi. No entanto, diversas testemunhas revelaram que aquela era uma amizade antiga. Além disso, o ex-magistrado não sabia de uma coisa: em certa época em que tinha as chamadas telefônicas grampeadas, Montagna manteve com ele uma conversação que não era por certo o indício de amizade recente. Essa chamada foi feita a 3 de julho de 1953, exatamente depois que Montagna foi instado pela primeira vez a depor. No decurso da conversa, Severo Polito disse a Montagna, segundo consta textualmente do sumário:

— Você é um cidadão livre e pode fazer o que desejar. Já viu que o próprio Pompei excluiu duas coisas: a questão dos entorpecentes e a do apartamento. Você verá que...

Então Montagna, talvez mais astuto do que o magistrado, disse-lhe:

— Está bem, está bem. Podemos nos encontrar essa noite às vinte e três? Ou não, façamos melhor assim: nos encontramos às vinte e uma e jantaremos juntos.

E Severo Polito respondeu:

— Magnífico.

## Acabou-se

O instrutor revelou também que no caderno requisitado pela polícia, no qual Wilma Montesi transcreveu a carta enviada ao noivo no dia 8 de abril, faltavam algumas folhas, evidentemente arrancadas depois da requisição. Não foi possível estabelecer, no entanto, quem arrancou aquelas folhas, nem quando ou com que objetivo.

Severo Polito não pôde dar nenhuma explicação para suas declarações relacionadas com a permanência de Piccioni em Milão. Piccioni não estivera em Milão, e o que é pior: nunca tentara aliviar a pressão contra ele dizendo que se encontrava em Milão.

"A tais atos originais", diz o sumário, "seguiram-se muitos outros: omissões graves, falsas comprovações de circunstâncias inexistentes, tergiversação de circunstâncias inexistentes, tergiversação de circunstâncias graves, equívocos voluntariamente criados, tudo dirigido a frustrar a comprovação da causa e a verdadeira modalidade da morte da Montesi e a afastar qualquer suspeita e evitar qualquer investigação relacionada com a pessoa que desde o primeiro momento foi indicada como o autor principal do delito..."

*Esse não é o fim*

No dia 11 de junho de 1955, dois anos depois que Wilma Montesi saiu de casa para nunca mais voltar, Piero Piccioni e Ugo Montagna foram chamados a julgamento. O primeiro deve responder por homicídio culposo. O segundo, por favorecimento. O magistrado Severo Polito deve responder pelas acusações anteriormente transcritas textualmente.

Mas no correr de dois anos de investigações, de obstáculos, de arquivamentos e desarquivamentos, novos nomes se somaram à lista: outras vinte pessoas foram chamadas ao tribunal, especialmente por falso testemunho.

A árdua tarefa de investigações do presidente Sepe estabeleceu claramente que Wilma Montesi ficou 24 horas fora de sua casa. O que fez durante essas 24 horas? Essa é a grande lacuna do sumário. Apesar do fato de que vinte pessoas serão julgadas por falso testemunho, nenhuma delas se dispôs a esclarecer esse mistério; ninguém falou de ter estado ou de saber que alguém esteve com Wilma Montesi durante a noite de 9 de abril, enquanto seu pai a buscava desesperadamente no Lungotevere. No dia seguinte, quando Angelo Giuliani recebeu o telegrama em que se dizia a ele que sua noiva se suicidara, Wilma

Montesi estava viva. Comeu pelo menos duas vezes antes de morrer. Mas ninguém soube dizer onde fez as refeições. Nem sequer surgiu alguém que se atrevesse a insinuar que a viu ao entardecer de 10 de abril tomando um sorvete. É possível que no próximo mês, durante as audiências, conheça-se o reverso do mistério. Mas também é possível que jamais seja conhecido.

Serie de crônicas de Roma publicadas nos dias<br>
17, 19, 20, 21, 22, 23, 24, 25, 26, 27, 28, 29 e 30<br>
de setembro de 1955, *El Espectador*, Bogotá

## ESTÃO EM CARACAS AS MULHERES QUE DESAPARECEM EM PARIS?

A senhora Jeanne Cazals, jovem e elegante mulher de um rico industrial francês, saiu às sete da noite do ateliê de seu costureiro, dentro de um glamoroso casaco de pele e com 15 milhões de francos em joias, espalhadas por todo o corpo. Mergulhou na multidão concentrada na rua do Faubourg Saint-Honoré — talvez a mais elegante e uma das mais concorridas de Paris — com o propósito de se encontrar com o marido. Nunca chegou ao encontro. A senhora Cazals desapareceu sem deixar um só vestígio, um só indício que permita fazer conjeturas sobre seu paradeiro. Desesperada, a polícia se apegou a uma confidência que ao que tudo indica a senhora Cazals fez, havia algum tempo, a um amigo íntimo:

— Caí numa engrenagem da qual me parece impossível sair.

É uma pista insólita. Os hábitos da senhora Cazals eram absolutamente regulares. Sua reputação, irrepreensível. Mas numa cidade como Paris, onde desaparecem misteriosamente 100 mil pessoas todos os anos, nenhuma possibilidade é inadmissível.

*Caracas, o mercado n° 1*

O caso da senhora Cazals pôs em destaque nos jornais um problema próximo: o tráfico de escravas. É um problema de que se fala com frequência. A polícia acredita nele. Todos os jornais que se ocuparam do assunto concordam que o principal mercado sul-americano do tráfico de escravas é a cidade de Caracas.

Mas custou muito trabalho chamar a atenção da sociedade, apesar da envergadura dos dados: nos últimos anos, 30 mil moças foram sequestradas em Paris e vendidas a numerosos cabarés e lugares públicos de todo o mundo. Os principais mercados, segundo essas informações, são a África do Norte e a América do Sul.

Pela primeira vez desde que começou a se desenterrar periodicamente a existência desse tenebroso negócio de carne humana, a opinião pública francesa manifesta uma inquietação militante. Fui esta tarde a uma reunião pública, composta em sua maioria por mães de família, que solicitam do governo francês intervenção mais enérgica no problema. A justiça francesa conhece muitos casos. Mas, desgraçadamente, sempre que os jornais tocavam no assunto, a opinião pública tinha a impressão de que se tratava de simples especulação jornalística. Agora a coisa é diferente. Na Assembleia Nacional, a deputada Francine Lefèvre pôs de lado todos os problemas políticos internacionais e internos para expor desesperadamente a questão. Não há a menor dúvida: o tráfico de escravas existe, é dirigido por organizações poderosas com agentes e clientes em todo o mundo e opera em todas as grandes capitais. Especialmente em Paris.

### *Dois mil dólares por uma francesa*

Para começar, a polícia iniciou o controle rigoroso sobre certos anúncios nos classificados de aparência inocente e tentadora: "Emprego fácil, 40 mil francos, para senhoritas de 18 anos." Uma senhorita dessa idade não resiste facilmente à tentação. Em muitos casos trata-se de um trabalho honrado. Mas as exceções são tremendas: as aspirantes são presas por contrato, levadas de avião para a África do Norte e lá vendidas como qualquer coisa. É um negócio altamente lucrativo.

A maneira como operam os agentes da organização parece um filme de ficção. No início deste ano, na Champs-Elysées, um automóvel parou às sete da noite diante das imensas vitrines iluminadas. Um homem desceu do automóvel, agarrou pelo braço uma estudante e a empurrou à força para dentro do veículo. Nunca mais se teve notícia dela.

Na realidade, os primeiros contatos são mais engenhosos do que brutais. Uma revista conta o caso de Yvonne Vincent que, numa sonolenta tarde de domingo, estava em sua casa em companhia de uma criada. Sua mãe fora ao cinema. Ao anoitecer, uma amável freira bateu à porta com uma má notícia: sua mãe sofrerá um acidente de trânsito. A religiosa se apresentou com uma falsa notícia e uma falsa intenção. Estacionado na porta da casa havia um automóvel conduzido por um cúmplice. Foi a última vez que se viu Yvonne Vincent.

Outro caso, esse anônimo, é o de uma moça que se dispôs a tomar o metrô depois de passar toda a tarde em companhia de amigos no Bosque de Vincennes. Enquanto esperava o sinal verde para atravessar a rua, uma anciã cega lhe pediu o favor de conduzi-la. Ninguém sabe o que aconteceu na calçada oposta, pois isso ocorreu a 18 de setembro, às seis e quinze da noite, e a moça não chegou à sua casa. A polícia tem motivo para pensar que essas duas moças — como a maioria das 30 mil desaparecidas nos últimos anos — estão em algum lugar do mundo, vivendo como prostitutas por vontade própria ou porque foram forçadas.

O mecanismo parece ser simples: uma vez persuadidas, as moças são levadas à África do Norte ou à América do Sul. Uma francesinha bonita, jovem e complacente pode custar até meio milhão de francos, quase 2 mil dólares. Mas quem paga a soma se sente no direito de explorar a mercadoria até multiplicar o investimento. A moça prisioneira da engrenagem tem poucas possibilidades de voltar para casa. A organização pode persegui-la até o último rincão da Terra. Algumas, no entanto, tiveram a coragem e a sorte de escapar. Uma delas foi Suzanne Celmonte, de 21 anos, que há poucos meses contou sua incrível aventura na televisão. Era cantora de um modesto cabaré de Paris. Uma noite a sorte se apresentou a ela elegantemente disfarçada de empresário. Contratou-a para um cabaré de Damasco a 2 mil francos por noite. Bastou que a moça estivesse no local para se dar conta que exigiam dela muito mais do que cantar. Sem perder o sangue-frio entrou em contato com o cônsul da França, por intermédio das autoridades, e foi repatriada. A polícia internacional partiu desse caso para desenredar um novelo que está levando para a prisão alguns pretensos produtores culturais.

*Só um exportador foi detido...*

As aparências são tão bem mantidas e os agentes da operação tão hábeis que a polícia não consegue romper o sólido aspecto de legalidade. Necessita-se de um golpe de sorte, quase uma casualidade, como a que levou para a prisão Francis Raban, um francês por trás da aparência mais honrada do mundo. Certa noite, quando se dispunha a tomar em Orly o avião que o conduziria à América do Sul em companhia de uma mulher que não era sua esposa, um detetive teve o pressentimento de examinar a fundo os documentos. Os da mulher eram falsificados.

Esse detalhe revelou a verdadeira personalidade de Francis Raban. Estava instalado em Paris como grande exportador. Periodicamente recebia suculentos cheques de dólares da Venezuela. Agora é acusado de ter exportado mulheres durante vários anos.

Os jornais que apontam Caracas como o principal mercado da América do Sul não citam muitos casos concretos. Mas uma revista popular relacionou recentemente o caso de Raban com o de uma criada sequestrada em Paris e vendida na Venezuela. Segundo essa fonte, a moça foi contratada como camareira de um bar. Mas se negou terminantemente a "ser mais amável com a clientela". Como castigo, foi conduzida à fazenda deserta de San Félix, a 800 quilômetros de Caracas. Conseguiu escapar com a ajuda de dois exploradores que estavam ali por acaso. Quantos casos como esse poderão ser encontrados agora mesmo na Venezuela?

12 de janeiro de 1957, *Elite*, Caracas

## "VISITEI A HUNGRIA"
(Fragmento)

Janos Kadar — presidente do conselho de governo da Hungria — fez uma aparição pública a 20 de agosto, diante de 6 mil camponeses que se concentraram no campo de futebol de Ujpest, a 132 quilômetros de Budapeste, para comemorar o aniversário da constituição socialista. Eu estava lá, na mesma tribuna de Kadar, com a primeira delegação de observadores ocidentais que chegou à Hungria depois dos acontecimentos de outubro.

Durante dez meses Budapeste fora uma cidade proibida. O último avião ocidental que saiu do aeroporto — a 6 de novembro de 1956 — foi um bimotor austríaco contratado pela revista *Match* para transportar o corpo de seu enviado especial Jean-Charles Pedrazzini, ferido de morte na batalha de Budapeste. A Hungria se fechou desde então e só voltou a se abrir para nós dez meses depois por influência da comissão preparatória do festival de Moscou, que conseguiu do governo húngaro o convite a Budapeste de uma delegação de 18 observadores. Havia dois arquitetos, um advogado alemão, um campeão de xadrez norueguês e apenas outro jornalista, Maurice Mayer, belga, de bigode vermelho, endiabradamente simpático, bebedor de cerveja e contador de piadas loucas, que iniciou sua carreira na Guerra Civil Espanhola e foi ferido em Liège durante a ocupação alemã. Eu não conhecia nenhum deles. Na fronteira húngara, depois que as autoridades da alfândega examinaram nossos documentos durante três horas, um intérprete nos reuniu no vagão-restaurante, fez as apresentações e pronunciou um breve discurso de boas-vindas. Depois leu o programa para os 15 dias seguintes; museus, almoços com organizações juvenis, espetáculos esportivos e uma semana de repouso no lago Balaton.

Maurice Mayer agradeceu o convite em nome de todos, mas deu a entender que a programação turística nos interessava pouco. Queríamos outra coisa: saber o que se passou na Hungria, com informações exatas e sem mistificações políticas, e fazer uma avaliação real da situação atual do país. O intérprete respondeu que o governo de Kadar faria todo o possível para nos satisfazer. Eram três da tarde de 4 de agosto. Às dez e meia da noite chegamos à deserta estação de Budapeste, onde nos esperava um grupo de homens aturdidos, enérgicos, que nos escoltou durante 15 dias e fez todo o possível para impedir que formássemos uma ideia concreta da situação.

Acabáramos de baixar as malas quando um deles — que se apresentou como intérprete — leu a lista oficial com nossos nomes e nossas nacionalidades e nos fez responder como se estivéssemos na escola. Logo nos convidou a subir no ônibus. Dois detalhes me chamaram a atenção: o número de nossos acompanhantes — 11 para uma delegação tão reduzida — e o fato de que se apresentassem como intérpretes embora a maioria só falasse húngaro. Atravessamos a cidade por ruas sombrias, desertas, entristecidas pela garoa. Um momento depois estávamos no Hotel Liberdade — um dos melhores de Budapeste — sentados a uma mesa de banquete que ocupava todo o refeitório. Alguns deles tinham dificuldade de manejar os talheres. O refeitório com espelho, grandes lustres e móveis forrados com veludo vermelho parecia feito de coisas novas mas com um gosto antiquado.

No curso da ceia, um homem descabelado com um certo desdém romântico no olhar pronunciou um discurso em húngaro traduzido simultaneamente em três idiomas. Foi uma breve recepção cordial, absolutamente convencional, seguida de uma série de instruções concretas. Recomendaram-nos não sair à rua, levar sempre o passaporte, não falar com desconhecidos, devolver a chave na portaria cada vez que saíssemos do hotel e lembrar que "Budapeste está em regime marcial e portanto é proibido tirar fotografias". Nesse momento havia mais sete intérpretes. Moviam-se sem objetivo em torno da mesa, conversavam em húngaro, em voz baixa, e eu tinha a impressão de que estavam assustados. E eu não era o único a ter essa impressão. Um momento depois, Maurice Mayer se inclinou na minha direção e me disse:

— Essas pessoas estão morrendo de medo.

Antes de nos deitarmos recolheram nossos passaportes. Cansado da viagem, sem sono e um pouco deprimido, tentei ver um pedaço da vida noturna da cidade pela janela de meu quarto. Os edifícios cinzentos e sujos da avenida Rákosi pareciam desabitados. A iluminação pública escassa, a chuva miudinha sobre a rua solitária, o bonde que passava rangendo entre centelhas azuis, tudo contribuía para criar uma atmosfera triste. Ao deitar, dei-me conta de que as paredes interiores do meu quarto mostravam ainda marcas de projéteis. Não pude dormir abalado pela ideia de que aquele quarto forrado com tapetes amarelados, com móveis antigos e um forte cheiro de desinfetante, fora uma barricada em outubro. Dessa maneira terminou minha primeira noite em Budapeste.

## *Mais filas para a loteria do que para o pão*

De manhã, a visão era menos sombria. Disposto a burlar a vigilância dos intérpretes — que não chegariam até as dez — botei as chaves no bolso e desci ao vestíbulo pelas escadas. Não usei o elevador porque se situava justamente em frente à recepção e eu não poderia passar sem ser visto pelo administrador. A porta giratória, de vidro, dava diretamente na avenida Rákosi. Não apenas o hotel, mas todos os prédios da avenida — do frontão com flores da estação até as margens do Danúbio — estavam cobertos de andaimes. Não se pode evitar a sensação produzida por uma avenida comercial cuja multidão se move entre esqueletos de madeira. Foi uma sensação fugaz, pois apenas dei dois passos fora do hotel alguém me pôs uma mão no ombro. Era um dos intérpretes. De maneira cordial, mas sem soltar-me o braço, conduziu-me de novo para o interior do hotel.

O restante da delegação desceu às dez, como estava previsto. O último foi Maurice Mayer. Entrou no refeitório com um esplêndido casaco esportivo, os braços abertos, cantando o hino internacional da juventude. Com uma efusividade exagerada, sem deixar de cantar, abraçou um a um todos os intérpretes, que corresponderam com uma alegria desconcertante. Logo se sentou ao meu lado, ajustou o guardanapo no pescoço e me fez um sinal com o joelho por baixo da mesa.

— Ocorreu-me desde ontem à noite — disse entre os dentes. — Todos esses bárbaros estão armados.

A partir desse momento soubemos a que nos devíamos ater. Nossos anjos da guarda nos acompanharam aos museus, aos monumentos históricos, às recepções oficiais, impedindo-nos zelosamente que entrássemos em contato com as pessoas da rua. Uma tarde — a quarta em Budapeste — fomos ver, na Torre dos Pescadores, a linda vista panorâmica da cidade. Ali perto há uma igreja antiga convertida em mesquita pelos invasores turcos e ainda decorada com arabescos. Alguns de nós nos separamos dos intérpretes e entramos na igreja. Era enorme e malconservada, com pequenas janelas elevadas por onde penetrava copiosamente a luz amarela do verão. Num dos bancos dianteiros, sentada em atitude absorta, uma idosa vestida de preto comia pão com salsichão. Dois intérpretes entraram na igreja um momento depois. Seguiram-nos em silêncio pelas naves, sem dizer nada, mas fizeram a mulher sair.

No quinto dia a situação se tornou insustentável. Estávamos fartos de visitar coisas velhas, monstrengos históricos, e sentir que a cidade, as pessoas que faziam fila para comprar pão, para subir nos bondes, pareciam objetos inalcançáveis por trás dos vidros dos ônibus. Tomei a decisão depois do almoço. Pedi a chave na recepção, onde avisei que estava cansado e pensava dormir toda a tarde, logo subi pelo elevador e desci imediatamente pelas escadas.

Na primeira parada tomei, sem direção, um bonde. A multidão comprimida dentro do veículo me olhou como se eu fosse um imigrante de outro planeta, mas não havia curiosidade nem assombro em seu olhar, e sim um distanciamento desconfiado. Ao meu lado, uma anciã, com seu velho chapéu de frutas artificiais, lia um romance de Jack London, em húngaro. Dirigi-me a ela em inglês, depois em francês, mas nem sequer me olhou. Desceu na parada seguinte, abrindo caminho a cotoveladas e eu fiquei com a impressão de que não era ali que devia descer. Também ela estava assustada.

O condutor me falou em húngaro. Dei-lhe a entender que ignorava o idioma e ele por sua vez me perguntou se falava alemão. Era um velho gordo com nariz de cervejeiro e óculos remendados com arame. Quando lhe disse que falava inglês me repetiu várias vezes uma frase que não pude entender. Ele parecia desesperado. No fim da linha, no momento de descer, entregou-me, ao passar, um papelzinho com uma frase escrita em inglês: "Deus salve a Hungria."

Quase um ano depois dos acontecimentos que comoveram o mundo, Budapeste continua a ser uma cidade provisória. Vi extensos setores em que as linhas de bonde não foram repostas e continuam fechadas ao trânsito. A multidão, malvestida, triste e concentrada, faz filas intermináveis para comprar artigos de primeira necessidade. Os armazéns que foram destruídos e saqueados estão ainda em reconstrução.

Apesar da extensa divulgação que os jornais ocidentais deram aos acontecimentos de Budapeste, não acreditei que os estragos fossem tão terríveis. Poucos prédios centrais ficaram com as fachadas intactas. Depois soube que a população de Budapeste se refugiou neles e lutou durante quatro dias e quatro noites contra os tanques russos. As tropas soviéticas — 80 mil homens com ordem de esmagar a revolta — empregaram a tática simples e efetiva de pôr os tanques diante dos prédios e destruir as fachadas. Mas a resistência foi heroica. As crianças saíam à rua, subiam nos tanques e lançavam dentro garrafas de gasolina em chamas. As informações oficiais indicam que nesses quatro dias houve 5 mil mortos e 20 mil feridos, mas a envergadura dos estragos permite pensar que o número de vítimas foi muito maior. A União Soviética não divulgou números de suas perdas.

O amanhecer de 5 de novembro se ergueu sobre uma cidade destruída. O país ficou literalmente paralisado durante cinco meses. A população sobreviveu graças aos trens de abastecimento enviados pela União Soviética e pelas democracias populares. Agora as filas são menos extensas, os armazéns de víveres começam a abrir as portas, mas a população de Budapeste ainda sofre as consequências da catástrofe. Nas casas lotéricas — que constituem uma fonte de renda do regime de Kadar — e nas casas de penhor — de propriedade do Estado —, as filas são maiores do que nas padarias. Um funcionário público me disse que a loteria é uma instituição inadmissível num regime socialista.

— Mas não podemos fazer outra coisa — explicava. — Isso nos resolve um problema todos os sábados.

A mesma coisa acontece com as casas de penhor. Vi na frente de uma delas uma mulher fazendo fila com um carrinho de bebê cheio de trastes de cozinha.

A desconfiança e o medo aparecem em todas as partes, tanto no governo como entre a população. Há uma quantidade de húngaros que viveram no exterior até 1948 e tanto eles como seus filhos falam todos os idiomas do mundo. Mas é difícil que falem com os estrangeiros. Eles pensam que nesta época não pode haver em Budapeste um estrangeiro que não seja convidado oficial e por isso não se atrevem a conversar com ele. Todo mundo, na rua, nos cafés, nos sossegados jardins da Ilha Margarida, desconfia do governo e de seus convidados.

O governo, por seu lado, sente que o inconformismo continua. Nos muros de Budapeste há pichações: "Contrarrevolucionário escondido: temei o poder do povo." Em outras, acusa-se Imre Nagy pela catástrofe de outubro. É uma obsessão oficial. Enquanto Imre Nagy padece um desterro forçado na Romênia, o governo de Kadar besunta as paredes, edita folhetos e organiza manifestações contra ele. Mas todas as pessoas com quem conseguimos falar — operários, funcionários públicos, estudantes e até alguns comunistas — aguardam o retorno de Nagy. Ao entardecer — depois de percorrer toda a cidade — cheguei ao Danúbio, em frente às ruínas da ponte Elizabeth, dinamitada pelos alemães. Ali estava a estátua do poeta Petőfi, separada da universidade por um largo cheio de flores. Dez meses antes — a 28 de outubro — um grupo de estudantes atravessou o largo pedindo aos gritos a expulsão das tropas soviéticas. Um deles se encarapitou na estátua com a bandeira húngara e pronunciou um discurso de duas horas. Quando desceu, a avenida estava apinhada de homens e mulheres da população de Budapeste que cantavam o hino do poeta Petőfi sob as árvores despidas pelo outono. Assim começou a sublevação.

Um quilômetro além da Ilha Margarida, no baixo Danúbio, há um denso setor proletário onde os operários de Budapeste vivem e morrem amontoados. Há uns bares de portas fechadas, quentes e enfumaçados, cuja clientela consome enormes copos de cerveja em meio a esse contínuo matraquear de metralhadora que é a conversação em língua húngara. Na tarde de 28 de outubro essa gente estava ali quando chegou a notícia de que os estudantes tinham iniciado a sublevação. Então abandonaram os copos de cerveja, subiram pela margem do Danúbio até o largo do poeta Petőfi e se incorporaram ao movimento. Fiz o trajeto desses bares ao anoitecer e comprovei que apesar do regime de força, da intervenção soviética e da aparente tranquilidade que reina no país, o germe da sublevação continua vivo. Quando eu entrava nos bares o matraquear se convertia num denso rumor. Ninguém queria falar. Mas quando as pessoas se calam — por medo ou preconceito — deve-se entrar nos banheiros para saber o que se pensa. Ali encontrei o que buscava: entre os desenhos pornográficos, já clássicos em todos os mictórios do mundo, havia inscrições com o nome de Kadar, num protesto anônimo mas extraordinariamente significativo. Essas inscrições constituem um testemunho válido sobre a situação húngara "Kadar, assassino do povo", "Kadar, cachorro policial dos russos".

15 de novembro de 1957, *Momento*, Caracas

# O ANO MAIS FAMOSO DO MUNDO

O ano internacional de 1957 não começou a 1º de janeiro. Começou dia 9, quarta-feira, às seis da tarde, em Londres. Nesse horário, o primeiro-ministro britânico, o menino-prodígio da política internacional, *Sir* Anthony Eden, o homem mais bem-vestido do mundo, abriu a porta do número 10 de Downing Street, sua residência oficial, e essa foi a última vez que a abriu na condição de primeiro-ministro. Vestindo uma capa preta com gola de pelúcia, levando na mão o chapéu das ocasiões solenes, *Sir* Anthony Eden acabava de participar de uma tempestuosa sessão do Conselho de Ministros, a última de seu mandato e a última de sua carreira política. Naquela tarde, em menos de duas horas, *Sir* Anthony Eden fez a maior quantidade de coisas definitivas que um homem de sua importância, estatura e educação pode se permitir em duas horas: rompeu com seus ministros, visitou a rainha Elizabeth pela última vez, apresentou sua renúncia, arrumou as malas, desocupou a casa e se retirou para a vida privada.

Mais do que qualquer outra pessoa, *Sir* Anthony Eden nascera com o número 10 de Downing Street gravado no coração, inscrito na linha da mão. Durante trinta anos enfeitiçou os salões europeus, as chancelarias dos continentes, e desempenhou um papel notável nos maiores negócios políticos do mundo. Construiu para si uma reputação de elegância física e moral, de rigor nos princípios, de audácia política, que escondia do grande público certas fraquezas de caráter, seus caprichos, sua desordem e essa tendência à indecisão que em certas circunstâncias podiam levá-lo a decidir rápido demais, muito a fundo, sozinho e contra todos. Três meses antes — a 2 de novembro de 1956 — *Sir* Anthony Eden, face ao convite secreto da França para tomar de assalto o Canal do Suez, mostrara-se tão indeciso que decidiu rápido demais, muito a fundo, contra o parecer da maioria de seus ministros, do arcebispo de Canterbury, da imprensa e até da população de Londres, que expressou seu desacordo na maior manifestação popular vista em Trafalgar Square no século XX. Em consequência dessa decisão solitária e precipitada, teve de decidir nessas horas melancólicas de 9 de janeiro — e desta vez com a aprovação de seus ministros, com a aprovação das grandes maiorias do Império Britânico — o ato mais transcendental de sua vida: a renúncia.

Essa mesma noite, enquanto *Sir* Anthony Eden, acompanhado pela mulher, *Lady* Clarissa, sobrinha de Winston Churchill, mudava-se, em seu longo automóvel preto, para sua residência particular nos arredores de Londres, um homem tão alto quanto ele, tão bem-vestido quanto ele, passou do número 11 ao número 10 de Downing Street. Harold Macmillan, o novo primeiro-ministro, só teve de caminhar 15 metros para assumir os delicados negócios do Império Britânico.

A notícia, que estourou como um torpedo na primeira página de todos os jornais do mundo, deve ter chegado como um boato sem sentido à apertada multidão de 4 mil pessoas que poucas horas depois se concentrou, do outro lado do Atlântico, diante do pequeno templo protestante de Los Angeles, Califórnia, para assistir à missa fúnebre de Humphrey Bogart, morto por causa de um câncer na garganta, domingo, 6 de janeiro.

— Acreditem — disse em certa ocasião Humphrey Bogart —, tenho mais admiradores maiores de 8 anos e menores de 60 do que qualquer outra pessoa neste país, e é por isso que ganho 200 mil dólares por filme.

Poucas horas antes de morrer, o gângster mais querido do cinema, o amável valentão de Hollywood, disse ao amigo de toda a vida, Frank Sinatra

— A única coisa que está bem é minha conta bancária.

O grande ator de cinema foi o terceiro dos mortos notáveis de janeiro: no mesmo mês, morreram a poetisa chilena Gabriela Mistral e o maestro italiano — um dos mais prestigiados da história da música e também um dos mais ricos — Arturo Toscanini, enquanto a população polonesa ratificava nas urnas sua confiança em Ladislaw Gomulka e os motoristas franceses faziam fila diante das bombas de gasolina. A aventura do Suez só deixou para a França uma imensa desilusão e uma grave crise de combustível. No transtorno do trânsito ocasionado pelo racionamento, uma das poucas coisas que chegaram a tempo — a 23 de janeiro — foram os 3,25 quilos de Caroline, princesa de Mônaco, filha de Rainier III e de Grace Kelly.

*Perdeu-se em fevereiro a notícia do ano*

A juventude londrina esgotou um milhão de discos de *Rock around the clock* em trinta dias — o maior recorde depois de *O terceiro homem* — na manhã em que a rainha Elizabeth embarcou no avião que a levou a Lisboa. Essa visita ao discreto e paternalista presidente de Portugal, Oliveira Salazar, parecia ter uma intenção política tão indecifrável que foi interpretada como um simples pretexto da soberana para ir ao encontro do marido, o príncipe Philip de Edimburgo, que havia quatro meses vagava num iate cheio de homens pelos últimos mares do Império Britânico. Foi uma semana de notícias indecifráveis, de prognósticos frustrados, de esperanças mortas no coração dos jornalistas, que esperaram o que sem dúvida seria o acontecimento sentimental do ano: o rompimento entre a rainha Elizabeth e o príncipe Philip. No limpo e labiríntico aeroporto de Lisboa, onde o duque de Edimburgo chegou com cinco minutos de atraso — em primeiro lugar porque não é inglês e sim grego, e em segundo lugar porque teve de fazer a barba para beijar sua mulher — não ocorreu o acontecimento esperado, e essa foi, em 1957, a grande notícia que poderia ser e não foi.

Em compensação, nesse mesmo fevereiro em que Brigitte Bardot levou o decote até um limite inverossímil no carnaval de Munique e o primeiro-

-ministro francês, Guy Mollet, atravessou o Atlântico para reconciliar seu país com os Estados Unidos depois do descalabro do Suez, Moscou soltou a primeira surpresa do que haveria de ser o ano mais atarefado, desconcertante e eficaz da União Soviética. A surpresa, apresentada pelo *Pravda* como um acontecimento de segundo plano, foi a substituição do sexto ministro das Relações Exteriores soviético, Dmitri Shepilov, pelo novo garoto precoce da diplomacia mundial, Andrei Gromyko.

Shepilov, ex-diretor do *Pravda,* fora nomeado em junho de 1956. Sua passagem pelo Ministério das Relações Exteriores estabeleceu um recorde de velocidade: os antecessores permaneceram no cargo em média oito anos. Shepilov durou oito meses. No Ocidente, que não pôde entender o complexo xadrez político do Kremlin, houve motivos para pensar que Gromyko só duraria oito dias.

Às oito e trinta e três da manhã, com névoa e frio na indecisa primavera de Washington, o vice-presidente dos Estados Unidos, Richard Nixon, embarcou para uma viagem de 17 dias pela África. Assim começou o terceiro mês, março, o mês das viagens. Com os 15 mil quilômetros em três etapas que poucos dias depois percorreu da Austrália até Nova York, o secretário de Estado dos Estados Unidos, Foster Dulles, completou um trajeto aéreo equivalente a 16 vezes a volta ao mundo, desde que ocupa o cargo: 380 mil no total. O presidente dos Estados Unidos, general Eisenhower, viajou na mesma semana, a bordo do encouraçado *Camberra,* até a idílica possessão inglesa das Bermudas, para se entrevistar com o primeiro-ministro inglês Harold Macmillan, que deu o salto do Atlântico numa noite para tentar pôr em ordem algumas das coisas que deixou pendentes seu antecessor, Eden.

A primeira-ministra de Israel, Golda Meir, entrou na corrida contra o tempo numa viagem recorde, de Tel Aviv a Washington, onde se propunha a lembrar a Foster Dulles o cumprimento das promessas americanas, "a garantia de que a Faixa de Gaza não seria ocupada de novo pelas tropas egípcias e a certeza de que os Estados Unidos não deixariam fechar outra vez o estreito do Alasca". Nessa confusão de viagens, de idas e vindas ao redor do mundo, o presidente das Filipinas, Magsaysay, embarcou num

C-47, novo e bem-cuidado, que poucas horas depois da decolagem se precipitou no chão, em chamas. Esse acidente, do qual não se sabe com certeza se se trata realmente de acidente, foi o único de um mês em que uma simples falha de motor teria virado pelo avesso — ou pelo direito — a história do mundo. Uma personalidade filipina, Néstor Mato, que viajava no mesmo avião do presidente e sobreviveu milagrosamente à catástrofe, revelou que o desastre fora provocado por uma violenta explosão a bordo do avião. Enquanto as expedições de resgate buscam inutilmente o corpo do presidente Magsaysay e nos círculos políticos do mundo ocidental se atribuía o acidente a um atentado comunista, o presidente Eisenhower, preparando as malas para viajar a Nassau, tirou o casaco diante de uma janela aberta e contraiu um resfriado. Na modorra da primavera africana, Nixon triturava, naquele momento, entre seus duros maxilares de estudante, sementes de plantas selvagens, como prova da simpatia de seu país pelos lustrosos e emplumados cidadãos de Uganda.

*Pedro Infante vai. Batista fica*

Essa intempestiva febre viajante dos políticos tinha por objetivo remendar os últimos fios soltos da aventura do Suez que, quatro meses depois, continuava a ser uma dor de cabeça para os ocidentais, embora as tropas da ONU já estivessem interpostas entre Egito e Israel e os técnicos já tivessem começado a tirar do canal os barcos afundados em novembro pelo general Nasser. Na realidade, se o vice-presidente Nixon viajou à África, se se deu ao trabalho de comer e beber todas as coisas estranhas que lhe ofereciam os monarcas primitivos do continente negro, não perdeu em compensação a oportunidade de tomar no Marrocos um chá de menta que lhe ofereceu Mulay Hassan, o príncipe de filme em tecnicolor que constitui um dos três esteios do mundo árabe. Harold Macmillan, por seu lado, tentou convencer o presidente que não confiasse inteiramente à ONU os problemas do Oriente. O presidente ouviu-o com bastante atenção, apesar de seu resfriado e apesar de — por motivos que o protocolo nunca pôde explicar — estar com os ouvidos tapados por algodões durante a conferência.

Perto do lugar da entrevista, em Cuba, onde o presidente Batista começava a perder o sono por causa dos problemas de ordem pública na província de Oriente, o baile do ano, a música que contaminou em menos de três meses a juventude de todo o mundo, de Paris a Tóquio, de Londres a Buenos Aires, sofreu seu primeiro tropeço: o *rock and roll* foi proibido na televisão de Havana. "Trata-se", dizia a proibição, "de um baile imoral e degradante, cuja música está contribuindo para a adoção de movimentos extraordinários que ofendem a moral e os bons costumes." Numa curiosa coincidência, na mesma semana, numa festa em Palm Beach, a atriz sueca Anita Ekberg e seu marido Anthony Steel se bateram fisicamente com o escultor cubano Joseph Dovronyi, porque ele apresentou a escultura de uma mulher nua para a qual, segundo se diz, tomou como modelo a atriz sueca. Em nome da moral e dos bons costumes, ela atacou o escultor a golpes de salto de sapato. Outra atriz sueca, Ingrid Bergman, figurou na mesma semana na atualidade mundial quando lhe concederam o Oscar por sua atuação em *Anastácia*. O fato foi interpretado como uma reconciliação de Ingrid Bergman com o público dos Estados Unidos que, durante oito anos, a manteve na geladeira por causa de seu casamento com o diretor italiano Roberto Rossellini.

O explorador Richard Byrd, viajante do Polo Sul, morreu poucos dias antes do político francês Édouard Herriot. A França apenas teve tempo de guardar 24 horas de luto, atarefada como estava com a guerra da Argélia e os preparativos da recepção à rainha Elizabeth da Inglaterra.

Um jovem advogado cubano que, em certa ocasião, no México, gastou seus últimos 20 dólares para editar um discurso, desembarcou em Cuba com um grupo de opositores do presidente Batista. O advogado se chama Fidel Castro e conhece a estratégia melhor que os manuais. O presidente Batista, que tem dificuldade de explicar por que suas forças armadas não puderam expulsar Fidel Castro da ilha, faz discursos exaltados para dizer que "não há novidade no *front*", mas o fato é que a inquietação continuava em abril. Os inimigos do governo apareciam por todos os lados: na

Calzada de Puentes Grandes, número 3.215 — Havana — onde as forças de segurança descobriram um depósito de armas modernas no início do mês; no Oriente do país, onde há sérios indícios de que a população civil protege e ajuda os homens de Fidel Castro, e também em Miami, na Cidade do México, nos pontos-chaves do sublevado cinturão do Caribe. Mas a opinião pública desse minúsculo e agitado rincão da Terra, que não se mostrou em nenhum momento indiferente às confusões políticas, esqueceu-se dos problemas de Cuba para se comover com a morte de Pedro Infante, o cantor mexicano, vítima de um acidente aéreo.

*Termina o Escândalo do século. Resultado: zero*

A 11 mil quilômetros do local onde se espatifou o avião em que viajava o ídolo popular, um drama longo e complexo assumia aspectos de comédia: o caso Montesi — julgado em Veneza, com uma equipe completa de acusados e testemunhas, juízes e advogados, jornalistas e simples curiosos que se dirigiam em gôndolas às audiências — dissolveu-se em suposições sem sentido. O crime de Wilma Montesi, a modesta rapariga da rua Tagliamento, considerado o escândalo do século, ficou impune, ao que parece, para sempre.

Enquanto isso, os habitantes de Paris, desafiando os últimos ventos gelados da primavera, saíram às ruas para saudar, num ímpeto de fervor monárquico, a rainha Elizabeth da Inglaterra, que atravessou o Canal da Mancha em seu Viscount particular para dizer ao presidente Coty, em francês, que os dois países estavam mais unidos e mais perto do que nunca depois do fracasso solidário do Suez. Os franceses, que amam a rainha da Inglaterra tanto quanto o presidente Coty, apesar de se dizer o contrário, havia muito tempo não se davam o incômodo de permanecer quatro horas atrás de um cordão policial para saudar um visitante. Fizeram-no desta vez e seus gritos de boas-vindas dissimularam durante três dias a tremenda crise econômica da França, que o primeiro-ministro, Guy Mollet, tentava remendar desesperadamente no momento em que a rainha da Inglaterra, em Orly, desceu de um avião dentro do qual esqueceu a sombrinha.

Secretamente, sem que ninguém se atrevesse a insinuar, um temor circulava pelas ruas de Paris quando o automóvel descoberto da soberana britânica atravessou a Champs-Elysées: era o temor de que os rebeldes da Argélia, infiltrados em todos os lugares, e que em seu país se batem com os paraquedistas e em Paris brincam de esconder com os policiais, lancem uma bomba durante a passagem do automóvel real. Seria o episódio mais espetacular de uma guerra anônima, quase uma guerra clandestina, que dura três anos, e que em 1957 não teve tampouco a solução que todo o mundo espera com impaciência.

### Colombianos de pijama derrubam Rojas

Os habitantes de Bogotá, muitos deles em pijama, saíram à rua, a 10 de maio, às quatro da madrugada, para comemorar a queda do general Gustavo Rojas Pinilla, que estava no poder desde 13 de junho de 1953. Desde 7 de maio — três dias antes — o país estava praticamente paralisado em protesto pela manobra presidencial de reunir a Assembleia Nacional Constituinte para se reeleger por um novo período. Os bancos, o comércio, a indústria fecharam as portas durante 72 horas, numa prova de resistência passiva apoiada por todas as forças do país. Quando a 10 de maio, às quatro da madrugada, a capital da Colômbia se derramou nas ruas para celebrar a queda de Rojas Pinilla, ele se encontrava no palácio de San Carlos, reunido com os colaboradores mais fiéis, e seguramente teve de perguntar a um deles o que estava acontecendo na cidade. Na verdade, Rojas Pinilla, que voou para a Espanha com 216 malas, só renunciou quatro horas depois: às oito da manhã. Naquela mesma manhã, outro governo veio abaixo: o de Guy Mollet, na França, que durara 15 meses e fora o mais longo de todos os governos franceses desde o de Poincaré. Ainda que Mollet tenha manobrado para cair "por causa da economia", os observadores da política francesa sabiam que a causa verdadeira era outra: a guerra da Argélia, que exauriu as finanças do país e foi a causa verdadeira das duas crises de 1957.

Em Roma, o clube James Dean, formado por adolescentes que correm a 120 quilômetros por hora em automóvel sem freio, em homenagem ao ator morto no ano passado num acidente automobilístico, continuou a se reunir em segredo, depois que a polícia interveio em maio para pôr fim às suas atividades, a pedido dos pais de família. Nenhum deles sofreu o menor acidente, enquanto a romancista Françoise Sagan — a quem desgosta profundamente que a chamem de "a James Dean da literatura francesa" — se esborrachou em seu automóvel, nas vizinhanças de Paris. Durante uma semana a escritora de 22 anos que escandalizou há quarenta meses os bons burgueses da França com seu primeiro romance, *Bom dia, tristeza*, esteve entre a vida e a morte. Quando deixou o hospital, um mês depois, seu novo livro estava na gráfica: *Dentro de um mês, dentro de um ano*. Foi um recorde de vendas: a primeira edição se esgotou antes de cair o novo gabinete francês, presidido por Bourges Maunoury. As coisas aconteceram tão rapidamente nessas duas semanas que muitos dos admiradores de James Dean decidiram entrar na barbearia e passar, sem etapas, à moda das cabeças carecas, imposta por Yul Brynner.

## *Uma proposta, a melhor piada de Mao*

Uma mulher, de aspecto insignificante, a senhora Liu Chi-Jean, apresentou-se uma manhã de junho à porta da embaixada dos Estados Unidos em Formosa, com um cartaz escrito em inglês e em chinês, qualificando de assassino o sargento americano Robert Reynolds e chamando a população da ilha a se manifestar contra a decisão do tribunal que o declarou inocente. Poucas semanas antes, a mulher desse sargento Robert Reynolds, a quem a senhora Liu Chi-Jean qualificava de assassino, tomava um banho de chuveiro em sua residência de Taipé. De repente, prorrompeu em gritos de protesto porque, segundo disse, um homem a estava olhando por uma fresta da janela. O marido da senhora Reynolds, que lia o jornal na sala, saiu para o pátio com seu revólver, com o objetivo, segundo disse na audiência, de "manter à distância o indivíduo até a chegada da polícia". Na manhã seguinte um cadáver amanheceu no jardim, crivado pelas balas do revólver do sargento Reynolds. O cadáver era do marido da senhora Liu Chi-Jean. Um tribunal constituído por três sargentos e três coronéis julgou o sargento americano e deu seu veredicto: legítima defesa.

As manifestações provocadas por esse fato, que a população de Formosa considerou uma simples comédia judicial, foram o primeiro incidente grave entre a China nacionalista e os Estados Unidos, desde que Chiang Kai-shek, presidente da república chinesa, foi expulso do continente pelos comunistas e se instalou em Formosa, com a aprovação e o apoio financeiro e político de Washington. O protesto da senhora Liu Chi-Jean desencadeou em Formosa uma tempestade de protestos antiamericanos que o primeiro-ministro da China comunista, Chu En-Lai, soube valorizar com exatidão. Convencido de que as coisas não iam bem entre Formosa e os Estados Unidos, os governantes da China comunista fizeram uma proposta a Chiang Kai-shek: que permanecesse em Formosa, com seus exércitos, sua população e seus 92 automóveis particulares, mas na condição de administrador da ilha por conta do governo de Mao Tsé-Tung. Chiang Kai-shek, que deve ter considerado a proposta como piada de mau gosto, nem sequer se deu o trabalho de responder. Mao Tsé-Tung encolheu os ombros.

— De qualquer maneira — disse — o tempo se encarregará de resolver o problema de Formosa: as tropas de Chiang Kai-shek estão envelhecendo. Em dez anos terão em média 45 anos. Dentro de vinte, a média será de 55. A China comunista tem paciência e prefere esperar que os exércitos da China nacionalista morram de velhos em Formosa.

*Kruschev, astro da TV americana*

Os telespectadores dos Estados Unidos acabavam de ver na telinha o noticiário sobre os acontecimentos de Formosa, quando uma cabeça completamente careca fez sua aparição e começou a dizer em russo uma sucessão de coisas ininteligíveis, que um momento depois um locutor ia traduzindo em inglês. Essa vedete desconhecida na televisão dos Estados Unidos era o homem que mais deu o que falar em 1957 — o personagem do ano: Nikita Kruschev, secretário do Partido Comunista da União Soviética. O fato de que Nikita Kruschev pudesse se mostrar em todos os lares dos Estados Unidos não foi nem ao menos uma manobra do serviço de espionagem soviético. Deveu-se, em um ano de gestões diplomáticas, à Columbia Broadcasting Corporation, e o filme foi feito no Kremlin, no próprio gabinete de Kruschev, que se prestou a tudo o que lhe exigiram os jornalistas americanos, menos a se deixar maquiar.

— Não é necessário — declarou um porta-voz soviético. — O senhor Kruschev faz a barba todos os dias e usa talco.

Dentro dos lares americanos, a voz de Kruschev iniciou a ofensiva do desarmamento, o primeiro passo verdadeiro de uma campanha que se prolongou durante todo o ano e sem dúvida foi a essência da atividade diplomática e política da União Soviética em 1957.

A partir da entrevista de Kruschev, a atenção mundial teve forçosamente de se voltar para o hemisfério socialista. Nos preparativos da celebração do quadragésimo aniversário da revolução, o enigmático Kruschev — que praticamente não deixou passar um dia sem fazer ouvir sua voz no Ocidente — desenvolveu uma atividade colossal, tanto em relação aos problemas interiores como na política externa. Num único dia, depois de uma tormentosa reunião do comitê central do Partido Comunista soviético, quatro das mais altas personalidades da União Soviética foram postas fora de combate: Molotov, Malenkov, Chepilov e Kaganovich. Poucos dias depois, no momento em que o primeiro-ministro da Tunísia, Bourguiba, punha por sua vez fora de combate um monarca decrépito e ancilosado e proclamava a república mais jovem do mundo, os representantes das quatro potências discutiam em Londres as bases do desarmamento mundial. Stassen, representante dos Estados Unidos, teve de abandonar as sessões para participar com urgência da cerimônia de casamento do filho. Estava tomando o primeiro uísque da festa quando soube que a conferência de desarmamento não chegara a parte nenhuma, mas Kruschev soltara uma notícia do mais grosso calibre: a União Soviética dispunha da "arma absoluta", um foguete dirigido de longa distância que podia alcançar qualquer objetivo no planeta. O Ocidente, em suspense pelo iminente nascimento do primeiro filho de Gina Lollobrigida, não deu muito crédito à notícia. Mas era autêntica. A partir daí, a superioridade de ataque da União Soviética foi aceita como fato indiscutível. O Ocidente tentou engolir esse trago amargo com o consolo de que Gina Lollobrigida teve uma filha com a saúde perfeita: 2,8 quilos.

## *A asiática: o mundo com 39 graus de febre*

O pequeno e pele-vermelha John Hale, professor da Malaysia University, de Cingapura, debruçou-se sobre seu microscópio, apesar do calor esmagador de 40 graus, a 4 de maio, para examinar uma amostra de micróbios que chegara essa semana de Hong Kong. Cinco minutos depois, sobressaltado, o professor chamou por telefone a companhia aérea Boac e lhe disseram que em 15 minutos ia sair um avião para Londres. O professor Hale enviou por esse avião, com urgência, um cilindro de cristal cuidadosamente protegido, ao doutor Christopher Andrews, diretor do centro mundial da gripe, em Londres. O cilindro continha as amostras de um micróbio raríssimo que o assustado pesquisador de Cingapura acabara de identificar e que, apesar de suas precauções, ia provocar a doença do ano: a gripe asiática. Quando o avião da Boac aterrissou em Londres, vários marinheiros de um barco que 48 horas antes saíra de Cingapura começaram a espirrar. Uma hora depois sentiam os ossos doloridos. Cinco horas depois, febre de 40 graus. Um deles morreu. Os outros, hospitalizados em Formosa, contaminaram os médicos, as enfermeiras e os demais pacientes. Quando o instituto mundial da gripe, em Londres, emitiu o alarme, a gripe asiática já estava chegando à Europa. Quatro meses depois, na noite em que estreou em Londres o último filme de Charlie Chaplin, *Um rei em Nova York*, acabara de dar a volta ao mundo.

O presidente Eisenhower estava muito ocupado nesses dias para pensar no perigo dos micróbios. Tivera de estudar os problemas explosivos do Oriente, pensar nas soluções de compromisso que lhe permitissem estar em bons termos com o mundo árabe sem descontentar seus aliados da Europa, tentar decifrar os indecifráveis pensamentos do indecifrável Kruschev e apenas lhe sobravam três dias para jogar golfe no tépido verão da Nova Inglaterra, em sua residência de férias da baía de Narragansett. Mal acabara de descer de seu avião particular, o *Columbine III*, seu secretário Hagerty veio dizer-lhe que em Little Rock, estado do Arkansas, onde o governador Faubus opunha à integração escolar — alunos negros nas escolas dos brancos — a situação se apresentava com a mais dramática gravidade. O problema começara uma semana antes: contrariando decisão da Suprema Corte dos Estados Unidos, o governador Faubus colocou a guarda nacional de Arkansas na porta da Central High School, com o pretexto de que a presença de alunos negros provocaria distúrbios entre a população. A população racista, evidentemente uma minoria insignificante, concentrou-se na porta do estabelecimento e deu a entender, com gritos apaixonados e em alguns momentos com a ação física, que o governador Faubus tinha razão. O presidente Eisenhower, inimigo da força, tentou por todos os meios dissuadir o governador rebelde. Mas ele, apesar da entrevista com o presidente, persistiu em sua posição. Comentários sobre a fraqueza do general Eisenhower deram a volta ao mundo a uma velocidade maior do que a gripe asiática. O mundo socialista explorou a situação. "Falta um Truman na Casa Branca", comentou-se nos Estados Unidos, especialmente no Norte, onde ainda não haviam esquecido a lembrança da energia, o dinamismo e o espírito de decisão do ex-presidente. Pressionado pela gravidade da circunstância, vendo sua autoridade em perigo, o presidente Eisenhower decidiu, quarta-feira, 24 de setembro, ao meio-dia e meia, enviar a Little Rock mil paraquedistas de elite que fizeram cumprir a disposição da Suprema Corte. Às três e quinze da tarde do mesmo dia, o problema estava resolvido: protegidos pelos soldados enviados com urgência de Washington, os 15 estudantes negros se sentaram com os brancos na Central High School e não aconteceu absolutamente nada.

## *Sputnik:* o mundo aprende astronáutica

Sophia Loren se vestiu de noiva, em Hollywood, para rodar a cena de um filme, a 21 de setembro, quando um tribunal do México — a 5 mil quilômetros de distância — a declarou casada por procuração com o produtor italiano Carlo Ponti, que naquele instante se encontrava em Los Angeles falando de negócios por telefone com um empresário de Nova York. O casamento, que tinha algo de futurista, um pouco de lenda interplanetária, não despertou na Itália o interesse esperado. Tampouco nos Estados Unidos, onde a atriz italiana não conseguiu despertar maiores interesses no público dos estádios de beisebol. Os fanáticos de Nova York abriam caminho a empurrões para conseguir um lugar nas escadarias para a partida mais esperada da grande temporada, a 4 de outubro, quando o mundo já se esquecera de discutir a legitimidade do casamento de Sophia Loren. Naquele mesmo instante, em algum lugar da União Soviética, um cientista anônimo apertou um botão: o primeiro satélite artificial da Terra, o *Sputnik I* (que em russo significa "companheiro"), foi posto a girar ao redor do globo terrestre. A esfera, construída com um material ainda desconhecido, mas capaz de resistir à elevadíssima temperatura provocada pela velocidade de lançamento, pesando 83,4 quilos, com 58 centímetros de diâmetro, quatro antenas e duas emissoras de rádio, foi colocada em sua órbita a 900 mil metros de altura e a uma velocidade de 28,8 mil quilômetros horários, por um míssil dirigido com uma precisão inimaginável e impelido por uma força insuspeitada. Em função da espetacular publicidade dada ao acontecimento, um dos mais importantes da história da humanidade, do ponto de vista científico, os leitores de todos os jornais do mundo fizeram em quatro dias um curso intensivo e completo de astronáutica. A única coisa que ainda não se conhece em relação ao *Sputnik I,* além do material com que foi construído, é o combustível utilizado no lançamento e a hora exata em que se pôs em sua órbita. Os soviéticos tinham um motivo para guardar esse segredo: a partir da hora do lançamento, os cientistas dos Estados Unidos poderiam calcular o lugar exato de onde foi lançado.

— É um traste sem importância — declarou um militar americano quando soube que a Terra tinha um satélite de fabricação soviética. Mas esse "traste sem importância", cuja transcendência científica é incalculável, era ao mesmo tempo a demonstração de que Kruschev não mentira quando disse que seu país dispunha de um míssil capaz de alcançar qualquer ponto do planeta. Se os russos puderam lançar o *Sputnik* é porque, na verdade, dispunham do supermíssil com que Kruschev ameaçou o Ocidente dois meses antes.

## *A última canastra de Christian Dior*

Um homem encontrara a maneira de fazer seu curso jornalístico de astronáutica sem desconsiderar suas múltiplas ocupações: o estilista Christian Dior, que, em seu gigantesco estabelecimento da avenida Montaigne, em Paris, trabalhava 15 horas por dia antes de sair em suas férias anuais. A 18 de outubro, Christian Dior deu por terminados seus afazeres e se dirigiu de automóvel para o balneário italiano de Montecatini, em companhia de uma moça de 17 anos, Maria Colle, e da senhora Raymendo Zanecker, sua colaboradora mais íntima. O objeto mais precioso de sua bagagem de sete malas era uma malinha com medicamentos de urgência, a que o estilista que mais dinheiro ganhou em 1957 devia recorrer em caso de urgência. No dia 23, às dez e trinta e cinco da noite depois de jogar canastra com um grupo de amigos no hotel de La Pace, Christian Dior se sentiu cansado e se retirou para seu apartamento. Uma hora mais tarde, despertada por um mau pressentimento, a senhora Zanecker bateu três vezes à porta, com a malinha dos medicamentos. Era tarde demais. Um médico francês que estava hospedado no mesmo hotel, de pijama, às onze e vinte e três, atestou que Christian, um homem que há 11 anos não sabia fazer nada e agora era o estilista mais conhecido e mais rico do mundo, morrera de um colapso.

Em Moscou, onde os responsáveis pela moda resolveram havia seis meses fazer todo o possível para que o povo soviético — que se veste muito mal — se vestisse melhor, esperava-se a visita de Christian Dior para o início do próximo ano. A notícia de sua morte chegou num momento em que o povo soviético se preparava para celebrar o quadragésimo aniversário da revolução. O mundo ocidental, por sua vez, preparava-se para uma revelação espetacular. Sabia que os soviéticos, ao lançar o primeiro *Sputnik*, só haviam feito um ensaio, uma amostra grátis do misterioso e colossal acontecimento que guardavam para o dia 4 de novembro. Na expectativa, como para manter desperta a atenção mundial, os soviéticos concederam um repouso indefinido ao marechal Zhukov, ministro da Defesa, conquistador de Berlim e amigo pessoal do presidente Eisenhower.

— Acabo de ver Zhukov — disse essa noite Kruschev, morrendo de rir, na recepção oferecida pela embaixada da Turquia em Moscou. — Estamos procurando para ele um cargo que esteja à altura de sua capacidade.

Setenta e duas horas depois, ao embalo dos hinos marciais com que a União Soviética celebrava a véspera do aniversário da revolução, o segundo *Sputnik* — tão grande e pesado quanto um automóvel — deu a primeira volta ao redor da Terra.

*Ike perde o* Vanguard, *mas não o humor*

Os Estados Unidos, que já tinham tido tempo de assimilar a comoção provocada na opinião pública pelo primeiro satélite, apararam dessa vez o golpe com um acontecimento magistral: em caráter quase oficial, mas sem que ninguém respondesse por sua autenticidade, publicou-se a versão de que a 4 de novembro, ao meio-dia, um projétil soviético chegaria à Lua. Essa manobra de propaganda conseguiu que a 4 de novembro, enquanto o primeiro ser vivo — a cadelinha Laika — dava a volta à Terra a cada 96 minutos, o Ocidente se sentisse um pouco desiludido: teve-se a impressão de que não ocorrera absolutamente nada.

A 5 de novembro, em seu gabinete cor-de-rosa da Casa Branca, o presidente Eisenhower, austeramente vestido de cinza, recebeu os sábios dos Estados Unidos. Nessa entrevista, que durou exatamente uma hora e 43 minutos, o homem que fabricou o primeiro míssil de longo alcance, Wernher von Braun, alemão nacionalizado americano, falou a maior parte do tempo. Em 1932 — quando tinha apenas 18 anos — Von Braun foi designado por Hitler para desenhar um foguete elementar, antepassado do famoso *V-2* e venerável avô do *Sputnik*. Esse homem entusiasta, calvo e de ventre arredondado que tem em comum com o presidente Eisenhower o gosto por romances policiais, convenceu o primeiro mandatário de que os Estados Unidos têm um sistema de defesa e ataque muito mais avançado do que o da União Soviética, concretamente no domínio dos mísseis de longo alcance. Mas o presidente não ficou muito tranquilo. Poucas semanas depois — quando Ingrid Bergman e Roberto Rossellini romperam de comum acordo seus inseguros vínculos matrimoniais — o presidente sofreu um colapso ao regressar do aeroporto de Washington, onde recebeu o rei do Marrocos. Em Paris, um grupo de detetives do FBI estudava cada centímetro quadrado do eclético Palais de Chaillot para se assegurar de que ninguém poderia disparar em Eisenhower por trás das numerosas e pálidas estátuas, no decurso da iminente conferência da OTAN. Quando se divulgou a notícia da doença do presidente, os detetives regressaram a Washington, certos de ter perdido o tempo. Rodeado pelos melhores médicos dos Estados Unidos, disposto a extrair forças da fraqueza para participar de qualquer maneira a conferência da OTAN, Eisenhower sofreu um novo golpe. Um golpe que desta vez não atingiu seu cérebro, e sim o coração, e contra o coração mesmo da nação americana: o minúsculo satélite dos Estados Unidos, uma flor hermafrodita, de metal refratário cuja fotografia já fora publicada em todos os jornais do mundo, rodou melancolicamente sobre os secos pedregulhos de Cabo Canaveral depois que o enorme e custoso dispositivo de lançamento do foguete *Vanguard* se despedaçou numa aparatosa ruína de fumaça e desilusão. Poucos dias mais tarde, com sua extraordinária capacidade de absorver os golpes, com seu amplo sorriso de bom jogador e seus compridos e seguros passos de Johnny Walker, o presidente Eisenhower desembarcou em Paris para inaugurar o último acontecimento internacional do ano: a conferência da OTAN.

3 de janeiro de 1958, *Momento*, Caracas

## SÓ 12 HORAS PARA SALVÁ-LO

Fora uma péssima tarde de sábado. Estava começando a fazer calor em Caracas. A avenida de Los Ilustres, em geral descongestionada, estava impossível por causa das buzinas dos automóveis, do ronco das motocicletas, do reflexo do pavimento sob o ardente sol de fevereiro e da multidão de mulheres com crianças e cachorros que buscavam, sem encontrar, o ar fresco na tarde. Uma delas, que saiu de casa às três e meia da tarde com o propósito de fazer um curto passeio, regressou contrariada um momento depois. Esperava dar à luz na próxima semana. Por causa de seu estado, do ruído e do calor, doía-lhe a cabeça. O filho maior, de 18 meses, que passeava com ela, continuava a chorar porque um cachorro brincalhão, pequeno e excessivamente arrojado, dera-lhe uma mordida superficial na face direita. Ao anoitecer fizeram-lhe um curativo de mercúrio cromo. O menino comeu normalmente e foi para a cama bem-humorado.

Em seu aprazível *penthouse* do edifício Emma, a senhora Ana de Guillén soube naquela mesma noite que seu cachorro mordera uma criança na avenida de Los Ilustres. Conhecia bem Tony, o animal que ela mesma criara e adestrara, e sabia que era afetuoso e inofensivo. Não deu importância ao incidente. Segunda-feira, quando o marido regressou do trabalho, o cachorro foi-lhe ao encontro. Com uma agressividade insólita, em vez de mover o rabo, rasgou-lhe a calça. Durante a semana, alguém lhe avisou que Tony tentara morder um vizinho na escada. A senhora Guillén atribuiu o comportamento do cachorro ao calor. Trancou-o no quarto de dormir, durante o dia, para evitar atritos com os vizinhos. Sexta-feira, sem a menor provocação, o cachorro tentou mordê-la. Antes do anoitecer, fechou-o na cozinha, enquanto pensava numa solução melhor. O animal, arranhando a porta, chorou toda a noite. Mas quando a empregada doméstica entrou na cozinha, na manhã seguinte, encontrou-o brando e pacífico, com os dentes à mostra e cheios de espuma. Estava morto.

*Seis horas da manhã. Um cachorro morto na cozinha*

O dia 1º de março foi um dia comum para a maioria dos habitantes de Caracas. Mas para um grupo de pessoas que nem sequer se conheciam entre si, acham que o sábado é um dia igual aos outros e acordaram naquela manhã com o propósito de cumprir uma jornada normal, em Caracas, Chicago, Maracaibo, Nova York, e até a 4 mil metros de altura, num avião de carga que atravessava o Caribe rumo a Miami, aquele dia seria um dos mais agitados, angustiantes e intensos. O casal Guillén, posto diante da realidade pela descoberta da doméstica, vestiu-se às pressas e saiu à rua sem tomar o café da manhã. O marido foi até a guarita da esquina, procurou apressadamente o catálogo telefônico e chamou o Instituto de Higiene, na Cidade Universitária, onde, segundo ouviu dizer, examinava-se o cérebro dos cachorros mortos por causas desconhecidas, para determinar se contraíram raiva. Ainda era cedo. Um zelador de voz sonolenta disse-lhe que ninguém chegaria antes das sete e meia.

A senhora Guillén devia percorrer um longo e complicado caminho antes de chegar a seu destino. Em primeiro lugar precisava lembrar onde começavam a circular os bons e laboriosos vizinhos que nada tinham a ver com sua angústia, que no sábado da semana passada lhe haviam dito que seu cachorro mordera uma criança. Antes das oito da manhã, numa guarita, encontrou uma criada portuguesa que acreditava ter ouvido, de uma vizinha, a história do cachorro. Era uma pista falsa. Porém mais tarde teve a informação aproximada de que o menino mordido morava perto da igreja de San Pedro, nos Chaguaramos. Às nove uma caminhonete da Unidad Sanitaria levou o cadáver do cachorro para examiná-lo. Às dez horas, depois de ter percorrido um a um os edifícios mais próximos da igreja de San Pedro, a senhora Guillén encontrou outro indício. Os pedreiros italianos de um edifício em construção, na avenida Ciudad Universitária, tinham ouvido falar disso durante a semana. A família do menino morava a 100 metros do lugar que a angustiada senhora Guillén explorara centímetro a centímetro durante toda a manhã: edifício Macuto, apartamento número oito. Na porta havia o cartão de uma professora de piano. Devia apertar a campainha, à direita da porta, e perguntar à criada galega pelo senhor Reverón.

Carmelo Martín Reverón saíra naquele sábado, como todos os dias (à exceção dos domingos) às sete e trinta e cinco da manhã. Em seu Chevrolet azul-claro, que fica estacionado diante da porta do edifício, dirigira-se à rua Velázquez. Ali se localizava a fábrica de laticínios onde trabalha havia quatro anos. Reverón nasceu nas Ilhas Canárias há 32 anos e surpreende desde o primeiro momento por sua espontaneidade e pelas boas maneiras. Não havia motivo para nenhuma inquietação naquela manhã de sábado. Tinha uma posição segura e a estima dos companheiros de trabalho. Casara-se havia dois anos. Seu filho maior, Roberto, cumprira 18 meses de boa saúde. Na última quarta-feira experimentara nova satisfação: a mulher dera à luz uma menina.

Em sua qualidade de representante científico, Reverón passa a maior parte do dia na rua, visitando a clientela. Chega ao laboratório às oito da manhã, despacha os assuntos mais urgentes e só volta no outro dia, à mesma hora. Naquele sábado, por ser sábado, voltou ao laboratório excepcionalmente às onze da manhã. Cinco minutos depois o chamaram por telefone.

Uma voz que ele nunca escutara, mas que era a voz de uma mulher angustiada, transformou aquele dia aprazível, com quatro palavras, no sábado mais desesperador de sua vida. Era a senhora Guillén. O cérebro do cachorro fora examinado e o resultado não deixava dúvida: positivo. O menino fora mordido sete dias antes. Isso queria dizer que nesse instante o vírus da raiva fizera progressos em seu organismo. Tivera tempo de incubar. Com mais razão no caso de seu filho, pois a mordida fora no lugar mais perigoso da cara.

Reverón recordou como pesadelo os movimentos que executou a partir do instante em que pendurou o telefone. Às onze e trinta e cinco, o doutor Rodríguez Fuentes, do Centro Sanitário, examinou o menino, aplicou-lhe uma vacina antirrábica. Mas não manifestou muitas esperanças. A vacina antirrábica fabricada na Venezuela e que só deu bons resultados começa a atuar sete dias depois de aplicada. Existia o perigo de que, nas 24 horas seguintes, o menino sucumbisse à raiva, uma doença tão antiga como o gênero humano, mas contra a qual a ciência ainda não descobriu o remédio. O único recurso é a aplicação de morfina para aliviar as terríveis dores, enquanto a morte chega.

O doutor Rodríguez foi explícito: a vacina podia ser inútil. Restava o recurso de encontrar, antes de 24 horas, 3 mil unidades de Iperimune, um soro antirrábico fabricado nos Estados Unidos. À diferença da vacina, o soro antirrábico começa a atuar a partir do momento da primeira aplicação. Três mil unidades não ocupam mais espaço nem pesam mais do que um maço de cigarros. Não teriam de custar mais de 30 bolívares. Mas a maioria das farmácias de Caracas consultadas deu a mesma resposta: "Não tem." Alguns médicos sequer haviam ouvido falar do produto, apesar de ter aparecido pela primeira vez nos catálogos da empresa que o produz em 1947. Reverón tinha 12 horas de prazo para salvar seu filho. A medicina salvadora estava a 5 mil quilômetros de distância, nos Estados Unidos, onde os escritórios se preparavam para fechar até segunda-feira.

### *Víctor Saume dá o SOS*

O desembaraçado Víctor Saume interrompeu o *Show das Doze*, na rádio Caracas-televisão, para transmitir uma mensagem urgente:

— Pede-se à pessoa que tiver ampolas de soro antirrábico Iperimune ligar com urgência para o programa. Trata-se de salvar a vida de uma criança de 18 meses.

No mesmo instante, o irmão de Carmelo Reverón transmitiu um cabograma ao seu amigo Justo Gómez, em Maracaibo, achando que uma das companhias petrolíferas poderia dispor da droga. Outro irmão se lembrou de um amigo que vive em Nova York — *Mister* Robert Hester e lhe enviou um cabograma urgente, em inglês, ao meio-dia e três, hora de Caracas. *Mister* Robert Hester se dispunha a abandonar a lúgubre atmosfera do inverno nova-iorquino para passar o *weekend* no subúrbio, convidado por uma família amiga. Estava fechando o escritório quando um empregado da All American Cable lhe leu por telefone o cabograma que nesse instante chegara de Caracas. A diferença de meia hora entre as duas cidades favoreceu a corrida contra o tempo.

Um telespectador de La Guaira, que almoçava diante da televisão, saltou da cadeira e se pôs em contato com um médico conhecido. Dois minutos depois pediu uma ligação para a rádio Caracas, e aquela mensagem provocou, nos cinco minutos seguintes, quatro telefonemas urgentes. Carmelo Reverón, que não tem telefone em casa, mudara-se com o filho para o número 37 da rua Lecuna, Country Club, onde mora um de seus irmãos. Ali recebeu, ao meio-dia e trinta e dois, a mensagem de La Guaira: da Unidad Sanitaria daquela cidade informavam que tinham Iperimune. Uma patrulha do trânsito, que se apresentou espontaneamente, dirigiu-se para lá em 12 minutos, costurando o trânsito desordenado do meio-dia, avançando sinais, a 100 quilômetros por hora. Foram 12 minutos perdidos. Uma modesta enfermeira, entorpecida diante do ventilador, informou que se tratava de um erro involuntário.

— Iperimune não temos — disse. — Mas temos grande quantidade de vacina antirrábica.

Essa foi a única resposta concreta provocada pela mensagem da televisão. Era inacreditável que, num país como a Venezuela, não houvesse soro antirrábico. Um caso como o do menino Reverón, cujas horas estavam contadas, podia ocorrer a qualquer momento. Estatísticas demonstram que todos os anos se registram casos de pessoas que morrem em consequência de mordidas de cachorros raivosos. De 1950 a 1952, mais de 5 mil cachorros morderam 8 mil habitantes de Caracas. Dos 2 mil animais postos em observação, quinhentos estavam contaminados pelas mordidas.

Nos últimos meses, as autoridades responsáveis pela saúde pública, inquietas pela frequência dos casos de raiva, intensificaram as campanhas de vacinação. Oficialmente, estão fazendo quinhentos tratamentos por mês. O doutor Briceño Rossi, diretor do Instituto de Higiene e autoridade internacional na matéria, manda submeter a uma rigorosa observação de 14 dias os cachorros suspeitos. Dez por cento estão contaminados. Na Europa e nos Estados Unidos os cachorros, como os automóveis, precisam de uma licença. São vacinados contra a raiva e pendura-se em seus pescoços uma placa de alumínio na qual está gravada a data em que caduca a imunidade. Em Caracas, apesar dos esforços do doutor Briceño Rossi, não existe regulamentação nesse sentido. Os vira-latas brigam na rua e se contaminam com um vírus que em seguida transmitem aos seres humanos. Era incrível que nessas circunstâncias não se encontrasse soro antirrábico nas farmácias e que Reverón tivesse de recorrer à solidariedade de pessoas que nem conhecia, que nem conhece ainda, para salvar seu filho.

*"Segunda-feira será tarde demais"*

Justo Gómez, de Maracaibo, recebeu o cabograma ao mesmo tempo que *Mister* Hester, em Nova York. Só um membro da família Reverón almoçou tranquilo naquele dia: o menino. Até aquele momento gozava de saúde aparentemente perfeita. Na clínica, sua mãe não tinha a menor suspeita do que estava ocorrendo. Mas se inquietou, na hora das visitas, porque o marido não chegou. Uma hora depois, um de seus cunhados, aparentando uma tranquilidade que não tinha, foi dizer-lhe que Carmelo Reverón chegaria mais tarde.

Seis chamadas telefônicas puseram Justo Gómez, em Maracaibo, na pista da droga. Uma empresa petrolífera, que havia um mês teve necessidade de trazer Iperimune dos Estados Unidos para um de seus funcionários, tinha mil unidades. Era uma dose insuficiente. Administrava-se o soro de acordo com o peso da pessoa e a gravidade do caso. Para uma criança de 18 quilos, bastam mil unidades, 24 horas depois da mordida. Mas o menino Reverón, que pesa 15,8 quilos, fora mordido sete dias antes, e não na perna, e sim no rosto. O médico acreditava ser preciso aplicar 3 mil unidades. Em circunstâncias normais, essa é a dose para um adulto de 54 quilos. Mas não era o momento de recusar mil unidades, cedidas gratuitamente pela empresa petrolífera, e sim fazê-las chegar a Caracas. À uma e quarenta e cinco da tarde, Justo Gómez informou por telefone que se deslocava para o aeroporto de Grano de Oro, Maracaibo, para enviar a ampola. Um dos irmãos de Reverón se informou sobre os aviões que chegariam na parte da tarde a Maracaibo. Justo Gómez, a 80 quilômetros por hora, foi ao aeroporto, procurou alguma pessoa conhecida que fosse a Caracas, mas não a encontrou. Como havia lugar no avião e não se podia perder um minuto, comprou uma passagem no aeroporto e transportou-a pessoalmente.

Em Nova York, Hester não fechou o escritório. Cancelou o *weekend*, pediu uma ligação telefônica com a primeira autoridade sobre o assunto dos Estados Unidos, em Chicago, e juntou toda informação necessária sobre o Iperimune. Nem ali era fácil conseguir o soro. Nos Estados Unidos, devido ao controle das autoridades sobre os cachorros, a raiva está em vias de extinção completa. Há muitos anos não se registra um caso de raiva em seres humanos. No último ano, só se registraram vinte casos de animais raivosos em todo o território, precisamente em dois dos estados da periferia, na fronteira mexicana: Texas e Arizona. Por ser uma droga que não se vende, as farmácias não a estocam. Pode ser encontrada nos laboratórios que produzem o soro. Mas os laboratórios haviam fechado ao meio-dia. De Chicago, numa nova ligação telefônica, disseram a Hester onde podia encontrar Iperimune em Nova York. Conseguiu as 3 mil unidades, mas o avião direto para Caracas saíra 15 minutos antes. O próximo voo regular — Delta 751 — sairia na noite de domingo e só chegaria a Maiquetía na segunda-feira. Mesmo assim Hester enviou as vacinas aos cuidados do piloto e mandou um cabograma urgente a Reverón, com todos os detalhes, incluindo o número do telefone da Delta em Caracas — 558488 — para que se pusesse em contato com seus agentes e recebesse a droga em Maiquetía, ao amanhecer da segunda-feira. Mas então podia ser tarde demais.

Carmelo Reverón perdera duas horas preciosas quando entrou, arquejante, no escritório da Pan American, na avenida Urdaneta. Atendeu-o o funcionário do turno no serviço de passagens, Carlos Llorente. Eram duas e trinta e cinco. Quando soube do que se tratava, Llorente tomou o caso como coisa pessoal e assumiu o firme propósito de trazer o soro, de Miami ou Nova York, em menos de 12 horas. Consultou os itinerários. Expôs o caso ao gerente de tráfego da companhia, *Mister* Roger Jarman, que fazia a sesta em sua residência e pensava viajar às quatro para La Guaira. Também Jarman assumiu o problema como coisa pessoal, consultou por telefone o médico da PAA em Caracas, o doutor Herbig — avenida Caurimare, Colinas de Bello Monte — e numa conversa de três minutos em inglês aprendeu tudo o que se pode saber sobre o Iperimune. O doutor Herbig, um típico médico europeu que se comunica em alemão com suas secretárias, estava precisamente preocupado com o problema da raiva em Caracas antes de conhecer o caso do menino Reverón. No mês anterior atendera dois casos de pessoas mordidas por animais. Havia 15 dias, um cachorro morrera na porta de seu consultório. O doutor Herbig examinou-o, por pura curiosidade científica, e não teve a menor dúvida de que morrera de raiva.

Jarman se comunicou por telefone com Carlos Llorente e lhe disse:

— Faça tudo o que puder para que o soro seja enviado.

Essa era a ordem que Llorente esperava. Por um canal especial, reservado aos aviões em perigo, transmitiu, às duas e cinquenta, um cabo para Miami, Nova York e Maiquetía. Llorente transmitiu-o com perfeito conhecimento dos itinerários. Todas as noites, exceto aos domingos, sai de Miami para Caracas um avião de carga que chega a Maiquetía às quatro e cinquenta da madrugada do dia seguinte. É o voo 207, que chega a Caracas no dia seguinte, às seis e meia. Tanto em Miami como em Nova York dispunham de seis horas para encontrar o soro. Maiquetía foi informada, para estar a postos durante a operação. Todos os funcionários da Pan American receberam ordem de permanecer em alerta às mensagens que chegassem à tarde de Nova York e Miami. Um avião de carga, que voava para os Estados Unidos, captou a mensagem a 4 mil metros de altura e a retransmitiu a todos os aeroportos do Caribe. Completamente seguro de si mesmo, Carlos Llorente, que estaria de turno até as quatro da tarde, enviou a Reverón, para sua casa, uma única instrução:

— Ligue às dez e meia para o telefone 718750. É o telefone de minha residência.

Em Miami, R. H. Steward, o empregado de turno da seção de passagens, recebeu quase instantaneamente a mensagem de Caracas, pelo teletipo do escritório. Ligou para a casa do doutor Martín Mangels, diretor médico da divisão latino-americana da companhia, mas teve de fazer outras duas chamadas antes de localizá-lo. O doutor Mangels assumiu o caso. Em Nova York, dez minutos depois de receber a mensagem, encontraram uma ampola de mil unidades, mas às oito e trinta e cinco perderam a esperança de encontrar o resto. O doutor Mangels, em Miami, quase esgotados os últimos recursos, dirigiu-se ao hospital Jackson Memorial, que se comunicou imediatamente com todos os hospitais da região. Às sete da noite, o doutor Mangels, esperando em casa, não recebera ainda nenhuma resposta do hospital Jackson. O voo 339 saía dentro de duas horas e meia. O aeroporto se localizava a vinte minutos.

*Último minuto: um grau e meio a mais de febre*

Carlos Llorente, um venezuelano de 28 anos, solteiro, passou o turno a Rafael Carrillo, às quatro, com instruções precisas sobre o que devia fazer caso chegassem as mensagens dos Estados Unidos. Levou seu automóvel, modelo 55, verde e preto, para ser lavado, pensando que àquela hora, em Nova York e em Miami, todo um sistema estava em movimento para salvar o menino Reverón. No posto onde lavavam seu automóvel telefonou para Carrillo, que lhe disse que ainda não chegara nenhuma notícia. Llorente começou a ficar preocupado. Foi para casa, na avenida Floresta, La Florida, onde mora com os pais, e comeu sem apetite, pensando que dentro de poucas horas Reverón telefonaria e ele não teria nenhuma resposta. Mas às oito e trinta e cinco, Carrillo o chamou do escritório para ler um telegrama que acabara de chegar de Nova York: no voo 207, que chegaria a Maiquetía domingo às seis e meia da manhã, vinham mil unidades de Iperimune. A essa hora, um irmão de Reverón tinha recebido Justo Gómez, que desceu do avião de Maracaibo aos pulos, com as primeiras mil unidades que foram injetadas no menino naquela mesma tarde. Faltavam mil unidades, além das mil que com absoluta segurança vinham de Nova York. Como Reverón não deixara telefone, Llorente não o pôs a par dos acontecimentos, mas saiu um pouco mais tranquilo, às nove, para uma diligência pessoal. Deixou à mãe, por escrito, uma ordem: "O senhor Reverón ligará às dez e meia. Deve chamar imediatamente o senhor Carrillo, no escritório da PAA."

Antes de sair, ele próprio chamou Carrillo e recomendou que, se possível, não ocupasse a linha central depois das dez e quinze, para que Reverón não encontrasse o telefone ocupado. Mas a essa hora Reverón sentia que o mundo caía sobre sua cabeça. O menino, depois da aplicação da primeira dose de soro, não quis comer. À noite não manifestou a mesma vivacidade de costume. Quando foram deitá-lo, estava com um pouco de febre. Em alguns casos, pouco frequentes, o soro antirrábico oferece certos perigos. O doutor Briceño Rossi, do Instituto de Higiene, não se decidia a fabricá-lo enquanto não estivesse absolutamente convencido de que a pessoa injetada não corresse nenhum perigo. A vacina normal não oferece nenhum perigo: para os animais, é um vírus vivo em embrião de frango que dá imunidade de três anos numa só dose. Para os humanos é fabricada a partir do cérebro de cordeiro. Reverón sabia. Quando percebeu que o menino tinha febre, considerou perdida a esperança. Mas o médico o tranquilizou. Disse que podia ser uma reação natural.

Disposto a não se deixar vencer pelas circunstâncias, Reverón ligou para a casa de Llorente às dez e vinte e cinco. Não teria chamado se soubesse que a essa hora não havia sido enviada nenhuma resposta de

Miami. Mas o hospital Jackson comunicou às oito e meia ao doutor Mangels que foram conseguidas 5 mil unidades, depois de uma gestão relâmpago, num povoado vizinho. O doutor Mangels apanhou as ampolas pessoalmente e se dirigiu com elas, a toda a velocidade, para o aeroporto, onde um DC-6-B se preparava para iniciar o voo noturno. No dia seguinte não havia avião para Caracas. Se não chegasse a tempo, o doutor Mangels teria de esperar até segunda-feira à noite. Então seria tarde demais. O capitão Gillis, veterano da Coreia e pai de dois filhos recebeu pessoalmente as ampolas e as instruções, escritas pelo punho do doutor Mangels. Apertaram-se as mãos. O avião decolou às nove e meia, no momento em que o menino Reverón, em Caracas, tinha um grau e meio de febre acima do normal. O doutor Mangels viu, do terraço gelado do aeroporto, a perfeita decolagem do avião. Em seguida, subiu de dois em dois os degraus até a torre de controle, e ditou uma mensagem a ser transmitida a Caracas pelo canal especial. Na avenida Urdaneta, num escritório solitário, submerso pelos reflexos coloridos dos avisos em neon, Carrillo olhou para o relógio: dez e vinte. Não teve tempo de se desesperar. Quase em seguida o teletipo começou a dar saltos espasmódicos e Carrillo leu, letra por letra, decifrando mentalmente o código interno da companhia, a mensagem do doutor Mangels: "Estamos enviando pelo capitão Gillis voo 339 cinco ampolas soro sob número guia 26-16-596787 stop obtido Jackson Memorial Hospital stop se necessitam mais soro terão de pedir com urgência laboratórios Lederle em Atlanta, Geórgia." Carrillo arrancou a fita, correu para o telefone e discou 718750, número da residência de Llorente, mas o telefone estava ocupado. Era Carmelo Reverón que falava com a mãe de Llorente. Carrillo pendurou o telefone. Um minuto depois, Reverón estava marcando o número de Carrillo, num posto de La Florida. A comunicação foi instantânea.

— Alô — disse Carrillo.

Com a calma que precede a fadiga nervosa, Reverón fez uma pergunta que não se lembra textualmente. Carrillo leu a mensagem, palavra por palavra. O avião chegaria às quatro e cinquenta da madrugada. O tempo estava perfeito. Não havia nenhum atraso. Houve um breve silêncio.

— Não tenho palavras para lhe agradecer — murmurou Reverón, no outro extremo da linha.

Carrillo não encontrou nada para dizer. Quando bateu o telefone sentiu que os joelhos não suportavam o peso do corpo. Sentia-se agitado por uma emoção desordenada, como se fosse a vida do próprio filho a que acabara de salvar. Em compensação, a mãe do menino dormia calmamente: não sabia nada do drama que sua família vivera nesse dia. Ainda não sabe.

14 de março de 1958, *Momento*, Caracas

## 6 DE JUNHO DE 1958:
## CARACAS SEM ÁGUA

*Se um aguaceiro cair amanhã, esta reportagem conta uma mentira.*
*Mas se não chover antes de junho, leia-a...*

Depois de escutar o boletim radiofônico das sete da manhã, Samuel Burkart, um engenheiro alemão que morava sozinho num *penthouse* da avenida Caracas, em San Bernardino, foi ao armazém da esquina comprar uma garrafa de água mineral para se barbear. Era o dia 6 de junho de 1958. Ao contrário do que sempre ocorria desde que Samuel Burkart chegou a Caracas, dez anos antes, aquela manhã de segunda-feira parecia mortalmente tranquila. Da vizinha avenida Urdaneta não chegava o ruído dos automóveis nem a descarga das motocicletas. Caracas parecia uma cidade fantasma. O calor abrasador dos últimos dias cedera um pouco, mas no alto do céu, de um azul denso, não se movia uma única nuvem. Nos jardins das casas de campo, nas ilhas da Praça da Estrella, os arbustos estavam mortos. As árvores das avenidas, normalmente cobertas por flores vermelhas e amarelas nessa época do ano, estendiam em direção do céu seus ramos nus.

Samuel Burkart teve de fazer fila no armazém para ser atendido pelos comerciantes portugueses que falavam com a assustada clientela sobre o mesmo assunto, o único assunto dos últimos quarenta dias e que naquela manhã estourava no rádio e nos jornais como uma explosão dramática: a água acabara em Caracas. Na noite anterior se anunciara a dramática restrição imposta pelo INOS sobre os últimos 100 mil metros cúbicos armazenados na represa de La Mariposa. A partir dessa manhã, em consequência do verão mais intenso que Caracas padeceu em 79 anos, fora suspenso o fornecimento de água. As últimas reservas se destinavam aos serviços essenciais. O governo tomava havia 24 horas medidas de extrema urgência para evitar que a população perecesse vítima da sede. Para garantir a ordem pública foram adotadas medidas de emergência que as brigadas cívicas, constituídas por estudantes e profissionais, se encarregariam de fazer cumprir. As edições dos jornais, reduzidas a quatro páginas, eram destinadas a divulgar as instruções oficiais à população sobre a maneira como devia proceder para superar a crise e evitar o pânico.

Burkart não percebera uma coisa: seus vizinhos tiveram de preparar o café com água mineral e esgotaram em uma hora o estoque do armazém. Prevendo o que poderia ocorrer nos próximos dias, decidiu se abastecer com sucos de frutas e gasosa. Mas o português lhe anunciou que a venda de sucos de frutas e gasosa estava racionada por ordem das autoridades. Cada cliente tinha direito à cota-limite de uma lata de suco de frutas e uma gasosa por dia, até nova ordem. Burkart comprou uma lata de suco de laranja e se decidiu por uma garrafa de limonada para se barbear. Mas só quando começou a se barbear descobriu que a limonada coagula o sabonete e não produz espuma. De maneira que declarou definitivamente o estado de emergência e se barbeou com suco de pêssego.

*Primeiro anúncio do cataclismo: uma senhora rega o jardim*

Com seu cérebro alemão, perfeitamente quadriculado, e sua experiência da guerra, Samuel Burkart sabia calcular com antecedência o alcance de uma notícia. Foi o que fizera três meses antes, exatamente a 28 de março, quando leu num jornal a seguinte informação: "Na Mariposa só há água para mais quarenta dias."

A capacidade normal da represa de La Mariposa, que abastece Caracas de água, é de 9,5 milhões de metros cúbicos. Naquela data, apesar das reiteradas recomendações do INOS para que se economizasse água, as reservas estavam reduzidas a 5,2 milhões de metros cúbicos. Um meteorologista declarou à imprensa, numa entrevista não oficial, que não choveria antes de junho. Poucas semanas depois o fornecimento de água se reduziu a uma cota que era já inquietadora, apesar de a população não lhe dar a devida importância: 130 mil metros cúbicos diários.

Ao se dirigir para o trabalho, Samuel Burkart saudou uma vizinha que se sentava no jardim desde as oito da manhã, para regar o gramado. Em certa ocasião falou para ela da necessidade de economizar água. Ela, metida num roupão de seda com flores vermelhas, encolheu os ombros.

— São mentiras dos jornais para meter medo — replicou. — Enquanto houver água eu regarei minhas flores.

O alemão pensou que devia avisar a polícia, como teria feito em seu país, mas não se atreveu, porque achava que a mentalidade dos venezuelanos era completamente diferente da sua. Chamara-lhe a atenção o fato de as moedas da Venezuela serem as únicas que não têm o valor gravado e pensava que aquilo podia obedecer a uma lógica inacessível a um alemão. Convenceu-se disso quando percebeu que algumas fontes públicas, ainda que não as mais importantes, continuavam funcionando quando os jornais anunciaram, em abril, que as reservas de água caíam ao ritmo de 150 mil metros cúbicos a cada 24 horas. Uma semana depois se anunciou que estavam provocando chuva artificial nas nascentes do Tuy — a fonte vital de Caracas — e isso ocasionara certo otimismo entre as autoridades. Mas no fim de abril ainda não chovera. Os bairros pobres ficaram sem água. Nos bairros residenciais se restringiu a água a uma hora por dia. Em seu escritório, como não tinha nada a fazer, Samuel Burkart usou uma régua de cálculo para descobrir que se as coisas seguissem como até então haveria água até 22 de maio. Enganou-se, talvez por um erro dos dados publicados nos jornais. No fim de maio a água continuava limitada, mas algumas donas de casa insistiam em regar suas plantas. Em um jardim, escondido entre os arbustos, viu uma fonte minúscula, aberta durante a hora em que se fornecia a água. No mesmo edifício em que morava, vivia uma senhora que se vangloriava de não abrir mão de seu banho diário em nenhum momento. Todas as manhãs recolhia água em todos os recipientes disponíveis. Agora, de súbito, apesar de ter sido anunciada com a devida antecedência, a notícia explodiu em toda a largura dos jornais. As reservas de La Mariposa só davam para 24 horas. Burkart, que tinha o hábito da barba diária, não pôde sequer lavar os dentes. Dirigiu-se para o escritório pensando que talvez em nenhum momento da guerra, nem quando participou da retirada do Afrika Korps, em pleno deserto, sentira-se de tal maneira ameaçado pela sede.

*Nas ruas, os ratos morrem de sede. O governo pede calma*

Pela primeira vez em dez anos, Burkart se dirigiu a pé a seu escritório, situado a poucos passos do Ministério das Comunicações. Não se atreveu a usar o automóvel pelo temor de que esquentasse. Nem todos os habitantes de Caracas foram tão precavidos. Na primeira bomba de gasolina que encontrou havia uma fila de automóveis e um grupo de motoristas discutia com o proprietário. Haviam enchido os tanques com gasolina esperançosos de que fornecessem água como em tempos normais. Mas não havia nada a fazer. Simplesmente não havia água para os automóveis. A avenida Urdaneta estava irreconhecível: não mais de dez veículos às nove da manhã. No centro da rua havia alguns automóveis com os motores superaquecidos abandonados pelos proprietários. Os bares e restaurantes não abriram as portas. Penduraram cartazes nas cortinas de aço: "Fechado por falta de água." Essa manhã se anunciou que os ônibus fariam um serviço regular nas horas de congestionamento. Nas paradas, as filas se estendiam por várias quadras, desde as sete da manhã. O restante da avenida tinha um aspecto normal, mas nos edifícios não se trabalhava: todo mundo estava nas janelas. Burkart perguntou a um colega de escritório, venezuelano, o que faziam todas aquelas pessoas nas janelas, e ele respondeu:

— Estão vendo a falta de água.

Ao meio-dia, o calor se abateu sobre Caracas. Só então começou a inquietude. Durante toda a manhã caminhões do INOS, com capacidade para 20 mil litros, distribuíram água nos bairros residenciais. Com a colaboração dos caminhões-tanques das empresas petrolíferas, havia trezentos veículos para transportar água até a capital. Cada um deles, segundo cálculos oficiais, podia fazer sete viagens por dia. Mas um inconveniente se interpôs aos projetos: as vias de acesso ficaram engarrafadas desde as dez da manhã. A população sedenta, especialmente nos bairros pobres, precipitou-se sobre os carros-pipas e a força pública teve de intervir para restabelecer a ordem. Os habitantes dos morros, desesperados, convictos de que os caminhões de abastecimento não podiam chegar até suas casas, desceram em busca de água. As caminhonetes das brigadas universitárias, dotadas de alto-falantes, conseguiram evitar o pânico. Ao meio-dia e meia, o presidente da Junta de Governo, pela Rádio Nacional, única emissora cujos programas não eram controlados, pediu serenidade à população, num discurso de quatro minutos. Depois, em intervenções breves, falaram os dirigentes políticos, um presidente da Frente Universitária e o presidente da Junta Patriótica. Burkart, que presenciara a revolução popular contra Pérez Jiménez, cinco meses antes, tinha experiência: o povo de Caracas é notavelmente disciplinado. Sobretudo é sensível às campanhas coordenadas de rádio, jornais, televisão e folhetos. Não tinha a menor dúvida de que esse povo saberia se comportar também naquela emergência. Por isso, a única coisa que o preocupava naquele momento era sua sede. Desceu pela escada do velho edifício em que se situava seu escritório e no patamar encontrou um rato morto. Não deu importância ao fato. Mas à tarde, quando saiu para a varanda de sua casa para tomar ar fresco depois de consumir um litro de água distribuído pelo caminhão-tanque que passou às duas horas, percebeu um tumulto na Praça da Estrella. Os curiosos assistiam a um espetáculo terrível: de todas as casas saíam animais enlouquecidos pela sede. Gatos, cachorros, ratos iam para a rua em busca de um alívio para as gargantas ressequidas. À noite, às dez, foi imposto o toque de recolher. No silêncio da noite ardente só se escutava o ruído dos caminhões da limpeza prestando hora extra: primeiro nas ruas e depois dentro das casas, recolhiam os cadáveres dos animais mortos de sede.

*Fugindo para Los Teques, uma multidão morre de insolação*

Quarenta e oito horas depois que a estiagem atingiu o ponto culminante, a cidade ficou completamente paralisada. O governo dos Estados Unidos enviou, a partir do Panamá, uma esquadrilha de aviões carregados com barris de água. A Força Aérea venezuelana e empresas comerciais que prestam serviço ao país substituíram suas atividades normais por um serviço extraordinário de transporte de água. Os aeroportos de Maiquetía e La Carlota foram fechados ao tráfego internacional e destinados exclusivamente a essa operação de emergência. Mas quando se conseguiu organizar a distribuição urbana, trinta por cento da água transportada se haviam evaporado por causa do calor intenso. Em Las Mercedes e em Sabana Grande a polícia interceptou, na noite de 7 de junho, vários caminhões piratas que chegaram a vender clandestinamente o litro de água por até 20 bolívares. Em San Agustín del Sur o povo se apoderou de outros dois caminhões piratas e repartiu seu conteúdo, numa ordem exemplar, entre a população infantil. Graças à disciplina e o sentido de solidariedade do povo, na noite de 8 de junho não se registrara nenhuma vítima da sede. Mas, desde o entardecer, um cheiro penetrante invadiu as ruas da cidade. Ao anoitecer, o cheiro se tornara insuportável. Samuel Burkart foi até a esquina com sua garrafa vazia, às oito da noite, e ficou meia hora numa fila bem-organizada para receber seu litro de água de um caminhão-tanque conduzido por *boy scouts*. Observou um detalhe: os vizinhos, que até então levavam as coisas um pouco levianamente e procuravam transformar a crise numa espécie de carnaval, começavam a se alarmar seriamente. Em especial por causa dos boatos. A partir do meio-dia, juntamente com o mau cheiro, uma onda de boatos alarmistas se espalhou por toda a região. Dizia-se que por causa da terrível estiagem os morros vizinhos, os parques de Caracas, começavam a pegar fogo. Nada se poderia fazer quando o fogo se propagasse. Os bombeiros não possuíam meios de combatê-lo. No dia seguinte, de acordo com anúncio da Rádio Nacional, os jornais não circulariam. Como as emissoras de rádio suspenderam suas emissões e só se escutavam três boletins diários da Rádio Nacional, a cidade ficou, de certa maneira, à mercê dos boatos. Transmitiam-se por telefone e na maioria dos casos eram mensagens anônimas.

Burkart ouvira dizer à tarde que famílias inteiras estavam abandonando Caracas. Como não havia transporte, o êxodo se fazia a pé, em especial até Maracay. Um boato assegurava que à tarde, na velha estrada para Los Teques, uma multidão apavorada que tentava fugir de Caracas sucumbira à insolação. Os cadáveres expostos ao ar livre, dizia-se, eram a origem do mau cheiro. Burkart achava exagerada aquela explicação, mas observou que pelo menos em seu bairro havia um princípio de pânico.

Uma caminhonete da Frente Estudantil se deteve junto ao caminhão-cisterna. Os curiosos se precipitaram na sua direção, ansiosos por confirmar os boatos. Um estudante subiu à capota e se ofereceu para responder, por turnos, a todas as perguntas. Segundo ele, a notícia da multidão morta na estrada de Los Teques era absolutamente falsa. Além disso, era um absurdo pensar que essa seria a origem do mau cheiro. Cadáveres não podiam se decompor a esse grau em quatro ou cinco horas. Assegurou-se que os bosques e parques estavam sendo patrulhados para evitar incêndios, a ordem pública era normal, a população estava colaborando de forma heroica e dentro de poucas horas chegaria a Caracas, vinda de todo o país, uma quantidade de água suficiente para garantir a higiene. Pediu-se que essas notícias fossem transmitidas por telefone, com a ressalva de que os boatos alarmistas eram semeados por partidários do perezjimenismo.

*No silêncio total, falta um minuto para a hora zero*

Samuel Burkart regressou para casa com seu litro de água às seis e quarenta e cinco, com o propósito de escutar o boletim da Rádio Nacional, às sete. Encontrou no caminho a vizinha que, em abril, ainda regava as flores de seu jardim. Ela estava indignada com o INOS, por não ter previsto aquela situação. Burkart pensou que a irresponsabilidade da vizinha não tinha limite.

— A culpa é de gente como a senhora — disse, encolerizado. — O INOS pediu a tempo para se economizar água. A senhora não fez caso. Agora estamos sofrendo as consequências.

O boletim da Rádio Nacional se limitou a repetir as informações fornecidas pelos estudantes. Burkart compreendeu que a situação estava chegando ao ponto crítico. Apesar de as autoridades tentarem evitar a desmoralização, era evidente que o estado de coisas não era tão tranquilizador como elas mostravam. Ignorava-se um aspecto importante: a economia. A cidade estava totalmente paralisada. O abastecimento fora reduzido e nas próximas horas faltariam alimentos. Surpreendida pela crise, a população não dispunha de dinheiro vivo. Os armazéns, as empresas, os bancos estavam fechados. As lojas dos bairros começavam a fechar as portas por falta de sortimento: os estoques se esgotaram. Quando Burkart desligou o rádio, compreendeu que Caracas estava chegando à sua hora zero.

No silêncio mortal das nove da noite, o calor subiu a um grau insuportável. Burkart abriu portas e janelas, mas se sentiu asfixiado pela secura da atmosfera e pelo cheiro, cada vez mais penetrante. Calculou minuciosamente seu litro de água e reservou 5 centímetros cúbicos para se barbear no dia seguinte. Para ele, esse é o problema mais importante: a barba diária. A sede produzida pelos alimentos secos começava a fazer estragos em seu organismo. Dispensara, por recomendação da Rádio Nacional, os alimentos salgados. Mas estava certo de que no dia seguinte seu organismo começaria a apresentar sintomas de fraqueza. Tirou toda a roupa, tomou um gole de água e se deitou de bruços na cama ardente, sentindo nos ouvidos a profunda palpitação do silêncio. Às vezes, remota, a sirene de uma ambulância rasgava o torpor do toque de recolher. Burkart fechou os olhos e sonhou que estava no porto de Hamburgo, num barco preto, com uma guarnição branca pintada na amurada, com tinta luminosa. Enquanto o barco atracava, ouviu, longínqua, a algazarra do cais. Então despertou sobressaltado. Sentiu, em todos os andares do prédio, um tropel humano que se precipitava para a rua. Uma rajada, de água tépida e pura, penetrava pela janela. Necessitou de vários segundos para se dar conta do que se passava: chovia a cântaros.

11 de abril de 1958, *Momento*, Caracas

## DESVENTURAS DE UM ESCRITOR DE LIVROS

Escrever livros é um ofício suicida. Nenhum outro exige tanto tempo, tanto trabalho, tanta dedicação em relação aos benefícios imediatos. Não creio que sejam muitos os leitores que ao terminar a leitura de um livro se perguntem quantas horas de angústias e de infortúnios domésticos custaram ao autor dessas duzentas páginas e quanto recebeu por seu trabalho. Para dizer tudo de uma vez, convém que se saiba que o escritor ganha apenas dez por cento do que o comprador paga pelo livro na livraria. Portanto, o leitor que comprou um livro de 20 pesos só contribuiu com 2 pesos para a subsistência do escritor. O resto ficou com os editores, que correm o risco de editá-lo, e os distribuidores e os livreiros. Isso parecerá ainda mais injusto quando se pensa que os melhores escritores são os que costumam escrever menos e fumar mais, é portanto normal que necessitem pelo menos dois anos e 29.200 cigarros para escrever um livro de duzentas páginas. O que vale dizer em boa aritmética que gastam naquilo que fumam uma quantidade superior a que vão receber pelo livro. Não sem razão me dizia um amigo escritor: "Todos os editores, distribuidores e livreiros são ricos e todos os escritores são pobres."

O problema é mais crítico nos países subdesenvolvidos, onde o comércio de livros é menos intenso, mas não é exclusividade deles. Nos Estados Unidos, que é o paraíso dos escritores de sucesso, para cada autor que se torna rico da noite para o dia com a loteria das edições de bolso, há centenas de escritores aceitáveis condenados a viver o resto dos seus dias sob a égide dos dez por cento. O último caso espetacular de enriquecimento nos Estados Unidos é o do romancista Truman Capote com seu livro *A sangue frio*, que nas primeiras semanas lhe proporcionou meio milhão de dólares de direitos autorais e uma quantia semelhante pela adaptação para o cinema. Em compensação, Albert Camus, que continuará nas livrarias quando ninguém mais se recorde do estupendo Truman Capote, vivia de escrever roteiros cinematográficos com pseudônimo, para poder continuar a escrever seus livros. O Prêmio Nobel — que recebeu poucos anos antes de morrer — foi apenas um desafogo momentâneo para seus infortúnios domésticos: proporcionou-lhe mais ou menos 40 mil dólares, o que nos tempos de hoje dá para comprar uma casa com jardim para as crianças. Melhor, mesmo que involuntário, foi o negócio feito por Jean-Paul Sartre ao recusar o Nobel, pois com sua atitude ganhou uma justa e merecida fama de independente, o que aumentou a procura pelos seus livros.

Muitos escritores sentem saudade do antigo mecenas, rico e generoso senhor que subsidiava os artistas para que trabalhassem à vontade. Embora com outra cara, os mecenas existem. Há grandes consórcios financeiros que, às vezes para pagar menos impostos, outras vezes para desfazer a imagem de tubarões que fizeram junto à opinião pública, e não muitas vezes para tranquilizar suas consciências, destinam somas consideráveis para patrocinar o trabalho dos artistas. Mas nós escritores gostamos de fazer o que nos dá na telha, e suspeitamos, talvez sem fundamento, que o patrocinador compromete a independência de pensamento e expressão, e dá origem a compromissos indesejáveis. No meu caso, prefiro escrever sem qualquer subsídio, não só porque padeço de um estupendo delírio de perseguição mas porque quando começo a escrever ignoro por completo ao lado de quem estarei ao terminar. Seria injusto que no fim da empreitada estivesse contra a ideologia do patrocinador, coisa muito provável em virtude do inconciliável espírito contestador dos escritores, assim como seria completamente imoral que por casualidade estivesse de acordo.

O sistema de patrocínio, típico da vocação paternalista do capitalismo, parece ser uma réplica da oferta socialista de considerar o escritor um trabalhador a serviço do Estado. Em princípio, a solução socialista é correta, porque liberta o escritor da exploração dos intermediários. Mas na prática até agora, e quem sabe por quanto tempo, o sistema criou riscos mais graves do que as injustiças que pretendeu corrigir. O recente caso de dois péssimos escritores soviéticos condenados a trabalhos forçados na Sibéria, não por escrever mal mas por divergirem do patrocinador, demonstra até que ponto pode ser perigoso o ofício de escrever sob um regime sem a necessária maturidade para admitir a verdade eterna de que nós, escritores, somos uns facínoras a quem os espartilhos doutrinários, e até as disposições legais, apertam mais do que os sapatos. Pessoalmente, acredito que o escritor, como tal, não tem outra obrigação revolucionária senão a de escrever bem. Seu inconformismo, sob qualquer regime, é uma condição essencial que não tem remédio, porque um escritor acomodado provavelmente é um bandido, e com certeza é um mau escritor.

Depois dessa triste constatação, parece elementar perguntar por que nós escritores escrevemos. A resposta inevitavelmente é tanto mais melodramática quanto mais sincera. Alguém é escritor simplesmente como se é judeu ou negro. O sucesso é animador, o apoio dos leitores é estimulante, mas esses são ganhos secundários, porque um bom escritor continuará escrevendo de qualquer maneira ainda que com as solas dos sapatos furadas, e ainda que seus livros não sejam vendidos. É uma espécie de deformação que bem explica a barbaridade social de que tantos homens e mulheres se suicidaram pela fome, para fazer algo que enfim, e falando completamente a sério, não serve para nada.

Julho de 1966, *El Espectador*, Bogotá

## NÃO ME OCORRE NENHUM TÍTULO

Antes da Revolução nunca tive curiosidade de conhecer Cuba. Os latino-americanos da minha geração concebíamos Havana como um escandaloso bordel de gringos onde a pornografia alcançara sua mais alta categoria de espetáculo público muito antes de ficar na moda no resto do mundo cristão: por um dólar era possível ver uma mulher e um homem de carne e osso fazendo amor de verdade numa cama de teatro. Aquele paraíso da festança exalava uma música diabólica, uma linguagem secreta da vida boêmia, um modo de caminhar e vestir, toda uma cultura da depravação que exercia uma influência de regozijo na vida cotidiana do âmbito do Caribe. No entanto, os mais bem-informados sabiam que Cuba fora a colônia mais culta da Espanha, a única culta de verdade, e a tradição das tertúlias literárias e dos jogos florais permanecia incorruptível enquanto os marinheiros gringos urinavam nas estátuas dos heróis e os pistoleiros dos presidentes da república assaltavam os tribunais à mão armada para roubar os processos. Ao lado de *La Semana Cómica*, uma revista ambígua que os homens casados liam no banheiro às escondidas de suas mulheres, publicavam-se as revistas de arte e literatura mais sofisticadas da América Latina. As novelas radiofônicas em episódios que se prolongavam durante anos intermináveis e mantinham afogado em choro o continente foram engendradas juntamente com o incêndio de girassóis de delírio de Amalia Peláez e os hexâmetros de mercúrio hermético de José Lezama

Lima. Aqueles contrastes brutais contribuíam mais para confundir do que para compreender a realidade de um país quase mítico cuja infeliz guerra de independência ainda não terminara e cuja idade política, em 1955, era ainda um enigma imprevisível.

Foi naquele ano, em Paris, que ouvi pela primeira vez o nome de Fidel Castro. Ouvi-o do poeta Nicolás Guillén, que padecia um desterro sem esperança no Grand Hotel Saint Michel, o menos sórdido de uma rua de hotéis baratos onde um bando de latino-americanos e argelinos esperávamos a passagem de volta comendo queijo rançoso e couves-flores fervidas. O quarto de Nicolás Guillén, como quase todos os do Quartier Latin, eram quatro paredes cobertas com papel de parede desbotado, duas poltronas de tecido puído, uma pia e um bidê portátil e uma cama de solteiro para duas pessoas na qual foram felizes e se suicidaram dois amantes lúgubres do Senegal. Não obstante, a vinte anos de distância, não consigo evocar a imagem do poeta naquele aposento da realidade, e em compensação me recordo dele em uma circunstância na qual nunca o vi: abanando-se numa cadeira de balanço de vime, na hora da sesta, no terraço de um desses casarões de engenho de açúcar da esplêndida pintura cubana do século XIX. Em todo o caso, e ainda nos tempos mais cruéis do inverno, Nicolás Guillén conservava em Paris o costume bem cubano de acordar (sem galo) com os primeiros galos e de ler os jornais junto ao fogo do café, acalentado pelo vento daninho dos trapiches e pelo ponteio de violões dos amanheceres barulhentos de Camagüey. Depois abria a janela de sua sacada, também como em Camagüey, e acordava a rua inteira gritando as últimas notícias da América Latina, traduzidas do francês para o jargão cubano.

A situação do continente naquela época se expressava muito bem na foto oficial da conferência de chefes de Estado que se reuniram no ano anterior no Panamá: mal se vislumbrava um civil esquálido no meio de um aparato de fardas e medalhas de guerra. O general Dwight Eisenhower, que na presidência dos Estados Unidos costumava disfarçar o cheiro de pólvora de seu coração com os ternos mais caros da Bond Street, pusera para aquela foto histórica suas insígnias de guerreiro em repouso. De modo que, uma manhã, Nicolás Guillén abriu a janela e gritou uma única notícia:

— O homem caiu!

Foi uma comoção na rua adormecida, porque cada um de nós acreditou que o homem caído era o seu. Os argentinos pensaram que era Juan Domingo Perón, os paraguaios acharam que era Alfredo Stroessner, os peruanos pensaram que era Manuel Odría, os colombianos acharam que era Gustavo Rojas Pinilla, os nicaraguenses acharam que era Anastasio Somoza, os venezuelanos acharam que era Marcos Pérez Jiménez, os guatemaltecos acharam que era Castillo Armas, os dominicanos pensaram que era Rafael Leónidas Trujillo, e os cubanos acharam que era Fulgencio Batista. Era Perón, na realidade. Mais tarde, conversando sobre isso, Nicolás Guillén nos pintou um panorama desolador da situação em Cuba.

— A única coisa que vejo no futuro — concluiu — é um rapaz que está se movendo muito para os lados do México. — Fez uma pausa de vidente oriental e concluiu: — Chama-se Fidel Castro.

Três anos depois, em Caracas, parecia impossível que aquele nome tivesse aberto caminho em tão pouco tempo até o primeiro plano da atenção continental. Mas então ninguém teria pensado que na Sierra Maestra se gestava a primeira revolução socialista da América Latina. Em compensação, estávamos convencidos de que ela começava a se gestar na Venezuela, onde uma imensa conspiração popular desbaratara em 24 horas o tremendo aparelho repressivo do general Marcos Pérez Jiménez.

Vista de fora, era uma ação inverossímil, pela simplicidade de sua formulação e pela rapidez e eficácia devastadora de seus resultados. A única palavra de ordem distribuída à população foi que às 12 horas do dia 23 de janeiro de 1958 se tocasse a buzina dos automóveis, que se deixasse o trabalho e se saísse à rua para derrubar a ditadura. Mesmo na redação de uma revista bem-informada, onde muitos jornalistas estavam comprometidos com a conspiração, aquela parecia uma palavra de ordem infantil. No entanto, na hora combinada, explodiu um imenso clamor de buzinas de comum acordo, provocou-se um engarrafamento descomunal numa cidade onde já então os engarrafamentos eram lendários, e numerosos grupos de universitários e trabalhadores se lançaram às ruas para enfrentar com pedras e garrafas as tropas do regime. Das colinas vizinhas, atapetadas de cabanas coloridas que pareciam presépios de Natal, desceu uma arrasadora multidão de pobres que converteu a cidade inteira num campo de batalha. Ao anoitecer, em meio a tiroteios dispersos e a sirenes de ambulâncias, circulou um boato de alívio pela redação dos jornais: a família de Pérez Jiménez, escondida em tanques de guerra, asilara-se numa embaixada. Pouco antes do amanhecer se fez um silêncio repentino no céu, e logo explodiu um grito de multidões descontroladas e tocaram os sinos das igrejas e as sirenes das fábricas e as buzinas dos automóveis, e de todas as janelas saiu um jorro de canções *criollas* que se prolongou quase sem pausas durante dois anos de falsas ilusões. Pérez Jiménez fugira de seu trono de rapina com os cúmplices mais chegados, e voava num avião militar para Santo Domingo. O avião estivera desde o meio-dia com os motores aquecidos no aeroporto de La Carlota, a poucos quilômetros do palácio presidencial de Miraflores, mas não ocorreu a ninguém aproximar uma escada quando chegou o ditador fugitivo perseguido de perto por uma patrulha de táxis que não o alcançou por poucos minutos. Pérez Jiménez, que parecia um bebê crescido com óculos de tartaruga, foi içado a duras penas com uma corda até a cabine do avião, e na custosa manobra esqueceu em terra sua mala. Era uma mala ordinária, de couro preto, onde levava o dinheiro que separara para as despesas de bolso: 13 milhões de dólares em notas.

A partir de então e durante todo o ano de 1958, a Venezuela foi o país mais livre do mundo. Parecia uma revolução de verdade: cada vez que o governo vislumbrava um perigo, apelava para o povo por canais diretos, e o povo se lançava à rua contra qualquer tentativa de regressão. As decisões oficiais mais delicadas eram de domínio público. Não havia assunto de Estado de certa monta que não fosse resolvido com a participação dos partidos políticos, com os comunistas à frente, e pelo menos nos primeiros meses os partidos estavam conscientes de que sua força se fundamentava na pressão da rua. Se aquela não foi a primeira revolução socialista da América Latina isso se deveu às artes dos manipuladores de dados, mas de modo algum porque as condições sociais não fossem as mais propícias.

Entre o governo da Venezuela e a Sierra Maestra se estabeleceu uma cumplicidade sem dissimulação. Os homens do Movimento 26 de Julho sediados em Caracas faziam proselitismo político em todos os meios de difusão, organizaram coletas maciças e enviaram auxílio para a guerrilha com a complacência oficial. Os universitários venezuelanos, que tiveram uma participação aguerrida na batalha contra a ditadura, mandaram pelo correio aos universitários de Havana uma calcinha de mulher. Os universitários cubanos dissimularam muito bem a impertinência daquela encomenda triunfalista, e em menos de um ano, quando triunfou a Revolução em Cuba, devolveram-na aos remetentes sem comentário. A imprensa da Venezuela, mais pela pressão das próprias condições internas do que pela vontade dos donos, era a imprensa oficial da Sierra Maestra. Dava a impressão de que Cuba não era outro país, mas um pedaço da Venezuela livre ainda por libertar-se.

O ano novo de 1959 foi um dos poucos celebrados na Venezuela sem ditadura, em toda a sua história. Mercedes e eu, que nos casáramos naqueles meses de alegria, regressamos ao nosso apartamento do bairro de San Bernardino com as primeiras luzes do amanhecer, e encontramos o elevador com defeito. Subimos os seis andares a pé com paradas para descanso a cada novo lance de escadas, e apenas entramos no apartamento, fomos sobressaltados pela sensação absurda de que se repetia um instante que já vivêramos no ano anterior: um grito de multidões descontroladas subira de súbito nas ruas adormecidas, e tocaram os sinos das igrejas e as sirenes das fábricas e as buzinas dos automóveis, e por todas as janelas saiu um jorro de *arpas* e *cuatros*\* e vozes acesas de *joropos*\*\* de glória das vitórias populares. Era como se o tempo tivesse retrocedido e Marcos Pérez Jiménez, derrubado pela segunda vez. Como não tínhamos telefone nem rádio, descemos rapidamente a escada perguntando assustados que

---

\* Instrumento musical. (*N. da E.*)
\*\* Ritmo popular do Caribe. (*N. da E.*)

tipo de álcool delirante nos deram na festa, e alguém que passou correndo no fulgor da madrugada acabou de nos atordoar com a última coincidência incrível: Fulgencio Batista fugira de seu trono de rapina com os cúmplices mais chegados e voava num avião militar para Santo Domingo.

Duas semanas mais tarde cheguei a Havana pela primeira vez. A ocasião se apresentou mais rapidamente do que eu esperava, mas nas circunstâncias menos esperadas. A 18 de janeiro, quando arrumava a mesa para voltar para casa, um homem do Movimento 26 de Julho apareceu ofegante na revista à procura de jornalistas que quisessem ir a Cuba naquela mesma noite. Um avião cubano fora enviado com aquele propósito. Plinio Apuleyo Mendoza e eu, os partidários mais ardorosos da Revolução cubana, fomos os primeiros escolhidos. Tivemos apenas tempo de passar em casa para pegar uma sacola de viagem, e eu estava tão acostumado a acreditar que Venezuela e Cuba eram o mesmo país, que não me lembrei de pegar o passaporte. Não fez falta: o agente venezuelano da alfândega, mais cubanista do que um cubano, pediu-me qualquer documento de identificação e o único papel que encontrei nos bolsos foi um recibo de lavanderia. Às gargalhadas, o agente o carimbou no dorso e me desejou uma boa viagem.

Um sério inconveniente se apresentou no final, quando o piloto descobriu que havia mais jornalistas do que assentos no avião, e que o peso das equipes e dos equipamentos estava acima do limite aceitável. Ninguém queria ficar, certamente, nem ninguém queria sacrificar nada do que levava, e o próprio funcionário do aeroporto estava decidido a despachar o avião sobrecarregado. O piloto era um homem maduro e sério, de bigode grisalho, com o uniforme de tecido azul e adornos dourados da antiga Força Aérea Cubana, e durante quase duas horas resistiu impassível a toda espécie de raciocínio. Por último, um de nós encontrou o argumento mortal:

— Não seja covarde, capitão. O *Granma* também estava com excesso de peso.

O piloto olhou-o, e depois olhou a todos nós com uma raiva surda.

— A diferença — disse — é que nenhum de nós é Fidel Castro.

Mas estava ferido de morte. Estendeu o braço por cima do balcão, arrancou a folha do talonário de autorizações de voo e amassou-a na mão.

— Está bem — disse. — Vamos assim, mas não deixo prova de que o avião saiu com excesso de peso.

Pôs a bola de papel no bolso e fez sinal para que o seguíssemos.

Enquanto caminhávamos em direção ao avião, apanhado entre meu medo congênito de voar e meu desejo de conhecer Cuba, perguntei ao piloto com um rescaldo de voz:

— Capitão, o senhor acredita que chegaremos?

— Pode ser que sim — respondeu. — Com a ajuda da Virgem da Caridade do Cobre.

Era um bimotor destrambelhado. Entre nós circulou a lenda de que fora sequestrado e levado à Sierra Maestra por um piloto desertor da aviação de Batista e ficou abandonado ao sol e ao sereno até aquela noite de minha desgraça em que o mandaram buscar jornalistas suicidas na Venezuela. A cabine era estreita e mal ventilada, os assentos estavam esfarrapados e havia um cheiro insuportável de urina azeda. Cada qual se acomodou como pôde, até sentado no chão do estreito corredor entre as malas de viagem e os equipamentos de cinema e televisão. Eu sentia falta de ar, abandonado contra uma janelinha na parte de trás, mas me confortava a serenidade de meus companheiros. Alguém, entre os mais tranquilos, sussurrou-me ao ouvido com os dentes apertados:

— Feliz de você que não tem medo de avião.

Então cheguei ao extremo do horror, pois compreendi que todos estavam tão assustados quanto eu, mas também disfarçavam como eu com uma cara tão destemida como a minha.

No fundo do medo de avião há um espaço vazio, uma espécie de olho do furacão onde se consegue uma inconsciência fatalista, e é a única coisa que nos permite voar sem morrer. Em meus intermináveis e insones voos noturnos só consigo esse estado de graça quando vejo aparecer na janela essa estrelinha órfã que acompanha os aviões através dos oceanos solitários. Procurei-a em vão naquela trágica noite do Caribe, dentro do bimotor sem alma que atravessava enormes nuvens pedregosas, ventos cruzados, abismos de relâmpagos, voando às apalpadelas apenas com o esforço de nossos corações assustados. Ao amanhecer fomos surpreendidos por uma rajada de chuvas ferozes, o avião se voltou de lado com um rangido interminável de veleiro desgovernado e aterrissou tremendo de calafrios e com os motores banhados de lágrimas num aeroporto de emergência de Camagüey. Logo que a chuva cessou brotou um dia primaveril, o ar se tornou vítreo, e voamos a última etapa quase na superfície dos canaviais perfumados e das lagunas marinhas com peixes raiados e flores de alucinação no fundo. Antes do meio-dia aterrissamos entre as mansões babilônicas dos ricos mais ricos de Havana: no aeroporto de Campo Columbia, logo batizado com o nome de Ciudad Libertad, antiga fortaleza batistiana onde poucos dias antes Camilo Cienfuegos acampara com sua coluna de camponeses atônitos. A primeira impressão foi quase cômica, pois fomos recebidos pelos membros da antiga aviação militar que, na última hora, haviam se bandeado para a Revolução e estavam concentrados em seus quartéis, enquanto a barba crescia o suficiente para parecerem revolucionários antigos.

Para aqueles de nós que vivêramos em Caracas todo o ano anterior, não era novidade a atmosfera febril e a desordem criadora de Havana no início de 1959. Mas havia uma diferença: na Venezuela uma insurreição urbana promovida por uma aliança de partidos antagônicos, e com apoio de um amplo setor das forças armadas, derrubara uma camarilha despótica, enquanto que em Cuba fora uma avalancha rural que derrotara, numa guerra longa e difícil, as forças armadas pagas para exercer as funções de um exército de ocupação. Era uma diferença de fundo que talvez tenha contribuído para definir o futuro divergente dos dois países e que naquele esplêndido meio-dia de janeiro se notava à primeira vista.

Para dar aos sócios gringos uma prova de domínio e poder e de sua confiança no futuro, Batista fez de Havana uma cidade irreal. As patrulhas de camponeses recém-calçados, cheirando mal, com escopetas arcaicas e uniformes de guerra grandes demais para sua idade andavam como sonâmbulas por entre os arranha-céus vertiginosos e as máquinas maravilhosas, e as gringas quase em pelo que chegavam pelo barco costeiro de Nova Orleans atraídas pela lenda dos barbudos. Na entrada principal do Hotel Habana Hilton, que fora inaugurado por esses dias, havia um gigante louro com um uniforme de alamares e um capacete com um penacho de marechal inventado. Falava uma gíria cubana cruzada com inglês de Miami e cumpria sem o menor escrúpulo seu triste emprego de porteiro. Suspendeu no ar pela lapela um dos jornalistas de nossa delegação, que era um venezuelano negro, e o atirou no meio da rua. Foi necessária a intervenção dos jornalistas cubanos ante a gerência do hotel para que se permitisse, sem distinção de classe, a entrada livre dos convidados que chegavam do mundo inteiro. Nessa primeira noite, um grupo de sedentos rapazes do exército rebelde entrou na primeira porta encontrada, que era a do bar do Hotel Habana Rivera. Eles só queriam um copo de água, mas o encarregado do bar, com os melhores modos de que foi capaz, botou-os na rua. Os jornalistas, com um gesto que então pareceu demagógico, fizeram-nos entrar de novo e fizemos com que se sentassem a nossas mesas. Mais tarde, o jornalista cubano Mario Kuchilán, que se inteirou do incidente, comunicou-nos sua vergonha e raiva:

— Isso só toma jeito com uma revolução de verdade. Juro que vamos fazê-la.

Janeiro de 1977,
*Revista de Casa de las Américas*, La Habana

## O GOLPE SANDINISTA. CRÔNICA DO ASSALTO À "CASA DE LOS CHANCHOS"

O plano parecia uma loucura demasiadamente simples. Tratava-se de tomar o Palácio Nacional de Manágua em pleno dia e com apenas 25 homens, manter como reféns os membros da Câmara dos Deputados, e obter como resgate a libertação de todos os presos políticos. O Palácio Nacional, um velho e desagradável prédio de dois andares com extravagâncias monumentais, ocupa um quarteirão inteiro, com numerosas janelas em seus lados e uma fachada em colunas de Partenon bananeiro até a desolada Praça da República. Além do Senado no primeiro andar e da Câmara dos Deputados no segundo, ali funcionam a Casa Civil e a Secretaria da Receita Federal, de maneira que é o mais público e o mais populoso de todos os edifícios oficiais de Manágua. Por isso há sempre um policial armado em cada porta, mais dois nas escadas do segundo andar, e numerosos seguranças de ministros e parlamentares por todas as partes. No horário comercial, entre funcionários e público, há sempre nos subterrâneos, gabinetes e corredores não menos de 3 mil pessoas. No entanto, a liderança da Frente Sandinista de Libertação Nacional (FSLN) não considerou que o assalto àquele mercado burocrático fosse na realidade uma loucura demasiadamente simples, mas, pelo contrário, um despropósito magistral. Na realidade, o plano fora proposto desde 1970 pelo veterano militante Edén Pastora, mas só foi posto em prática neste agosto quente, quando ficou evidente que os Estados Unidos resolveram ajudar Somoza a ficar em seu trono de sangue até 1981.

— Não se enganem aqueles que especulam com minha saúde — dissera o ditador depois de sua recente viagem a Washington. — Outros estão piores — acrescentou, com uma arrogância própria de seu caráter.

Três empréstimos, de 40, 50 e 60 milhões de dólares, foram anunciados pouco depois. Por último, o presidente Carter, de seu próprio punho, fez transbordar a taça, com uma carta pessoal de felicitações a Somoza por uma suposta melhoria na política de direitos humanos na Nicarágua. A liderança nacional da FSLN, estimulada pela ascensão notável da participação popular, considerou então que era urgente uma resposta categórica e ordenou a execução do plano congelado e tantas vezes adiado durante oito anos. Como se tratava de sequestrar os parlamentares do regime, pôs-se na ação o nome de Operación Chanchera. Isso é: o assalto à casa dos porcos (*chanchos*).

*Zero, um e dois*

A responsabilidade pela operação recaiu sobre três militantes bem experimentados. O primeiro era o homem que a concebera e haveria de comandá-la, e cujo nome real parece um nome artístico na própria pátria de Rubén Darío: Edén Pastora. É um homem de 42 anos, com vinte de militância bem intensa, e uma capacidade de comando que não consegue dissimular com seu estupendo bom humor. Filho de um lar conservador, fez o segundo grau com os jesuítas e em seguida fez três anos de medicina na Universidade de Guadalajara, no México. Três anos em cinco, porque várias vezes interrompeu os estudos para voltar à guerrilha de seu país, e só quando o derrotavam voltava à escola de medicina. Sua lembrança mais antiga, aos 7 anos, foi a morte do pai, assassinado pela Guarda Nacional de Anastasio Somoza García. Por ser o comandante da operação, de acordo com uma norma tradicional da FSLN, seria distinguido dos demais com o nome de Zero.

Em segundo lugar foi designado Hugo Torres Jiménez, veterano guerrilheiro de 30 anos, com uma formação política tão eficiente quanto sua formação militar. Participara do célebre sequestro de uma festa de parentes de Somoza em 1974, condenaram-no, "na ausência do réu", a trinta anos de prisão, e desde então vivia em Manágua na clandestinidade absoluta. Seu nome, como na operação anterior, foi o número Um.

O número Dois, única mulher do comando, é Dora María Téllez, de 22 anos, moça muito bonita, tímida e concentrada, com uma inteligência e uma sensatez que lhe teriam servido para qualquer coisa grande na vida. Também ela estudou três anos de medicina em León.

— Mas desisti por frustração — diz. — Era muito triste curar crianças desnutridas com tanto cuidado, para que três meses depois voltassem ao hospital em pior estado de desnutrição.

Proveniente da frente norte "Carlos Fonseca Amador", vivia na clandestinidade desde janeiro de 1976.

*Sem melena nem barba*

Outros 23 rapazes completavam o comando. A direção da FSLN escolheu-os com muito rigor entre os mais determinados e calejados em ações de guerra em todos os comitês regionais da Nicarágua, mas o mais surpreendente neles é a juventude. Omitindo Pastora, a idade média do comando era de 20 anos. Três de seus integrantes têm 18.

Os 26 integrantes do comando se reuniram pela primeira vez numa casa segura de Manágua apenas três dias antes da data prevista para a ação. Salvo os três primeiros números, nenhum deles se conhecia, nem tinha a menor ideia da natureza da operação. Só foram avisados de que se tratava de um ato ousado e com enorme risco para suas vidas, e todos aceitaram.

O único que estivera alguma vez dentro do Palácio Nacional era o comandante Zero, que, quando criança, acompanhou a mãe para pagar os impostos. Dora María, a número Dois, tinha uma certa ideia do Salão

Azul onde se reúne a Câmara dos Deputados, porque o vira uma vez na televisão. O restante do grupo não conhecia o Palácio Nacional, nem por fora, e a maioria nunca estivera sequer em Manágua. Mas os três dirigentes tinham um plano perfeito, desenhado com rigor científico por um médico da FSLN, e várias semanas antes da ação já conheciam os pormenores do edifício como se tivessem vivido ali metade da vida.

O dia escolhido para a ação foi a terça-feira, 22 de agosto, porque a discussão do orçamento nacional era certeza de um quórum numeroso. Às nove e meia da manhã, quando os serviços de segurança confirmaram que haveria reunião da Câmara dos Deputados, os 23 rapazes foram informados de todos os segredos do plano, e cada um recebeu uma missão precisa. Divididos em seis pelotões de quatro, mediante um sistema complexo mas eficaz, a cada um correspondia um número que permitia saber qual era seu pelotão e sua posição dentro dele.

O ardil da ação consistia em se fazer passar por uma patrulha da Escola de Treinamento Básico de infantaria da Guarda Nacional. Por isso, vestiram-se todos de verde-oliva, com uniformes feitos por costureiras clandestinas em locais distintos, e puseram botas militares compradas no sábado anterior em lojas diferentes. Cada um recebeu uma bolsa de campanha com o lenço vermelho e preto da FSLN, dois lenços de bolso caso sofressem ferimentos, uma lanterna, máscaras e óculos contra gases, bolsas plásticas para armazenar água de beber em caso de urgência e uma bolsa de bicarbonato para enfrentar o gás lacrimogêneo. Na dotação geral do comando havia além disso dez cordas de náilon de 1,5 metro para amarrar reféns e três correntes com cadeados para fechar por dentro todas as portas do Palácio Nacional. Não levaram equipamentos médicos porque sabiam que no Salão Azul havia serviço médico e medicamentos para primeiros socorros. Por último, dividiram as armas que de nenhuma maneira podiam ser diferentes das usadas pela Guarda Nacional, porque quase todas foram capturadas em combate. O arsenal completo tinha duas submetralhadoras Uzi, um G3, um M3, um M2, vinte fuzis Garand, uma pistola Browning e cinquenta granadas. Cada um dispunha de trezentos tiros.

A única resistência apresentada por todos surgiu na hora de cortar o cabelo e a barba cultivada com tanto cuidado nas frentes de guerra. No entanto, nenhum integrante da Guarda Nacional pode manter cabelos compridos, nem barba, e apenas os oficiais podem usar bigode. Não havia remédio senão cortar, e de qualquer maneira, porque a FSLN não conseguiu à última hora um barbeiro de confiança. Barbearam-se uns aos outros. Uma companheira decidida tosquiou em duas tesouradas a formosa cabeleira de combate de Dora María, para que não se percebesse que era uma mulher com boina preta.

Às onze e cinquenta da manhã, com o atraso habitual, a Câmara dos Deputados iniciou a sessão no Salão Azul. Só dois partidos participam dela: o Partido Liberal, que é o partido oficial de Somoza, e o Partido Conservador, que faz o jogo da oposição leal. Da grande porta de vidro da entrada principal se vê a bancada liberal à direita e a bancada conservadora à esquerda, e, ao fundo, sobre um estrado, a longa mesa da presidência. Por trás de cada bancada há uma galeria para os correligionários de cada partido e uma tribuna para os jornalistas, mas a galeria dos conservadores está fechada há muito tempo, enquanto a dos liberais está aberta e sempre muito concorrida pelos cabos eleitorais. Aquela terça-feira estava mais concorrida do que de hábito e havia além disso uns vinte jornalistas na tribuna da imprensa. Estavam presentes 67 deputados, e dois deles valiam seu peso em ouro para a FSLN: Luis Pallais Debayle, primo-irmão de Anastasio Somoza, e José Somoza Abrego, filho do general José Somoza, que é meio-irmão do ditador.

*Aí vem o chefe!*

O debate sobre o orçamento começara ao meio-dia e meia quando duas caminhonetes Ford pintadas de verde militar, com toldos de lona verde e bancos de madeira na parte posterior, detiveram-se ao mesmo tempo em frente às duas portas laterais do Palácio Nacional. Em cada uma das portas, como estava previsto, havia um policial armado de escopeta, e ambos estavam bastante acostumados à sua rotina para se dar conta de que o verde das caminhonetes era mais brilhante do que o da Guarda Nacional. Rapidamente, com ordens militares categóricas, de cada uma das caminhonetes desceram três pelotões de soldados.

O primeiro a sair foi o comandante Zero, diante da porta oriental, seguido por três pelotões. O último era comandado pela número Dois: Dora María. Logo que pisou em terra, Zero gritou com sua voz imponente e carregada de autoridade:

— Saiam da frente. Aí vem o chefe!

O policial se pôs logo de lado e Zero deixou um de seus homens montando guarda ao lado dele. Seguido por seus homens subiu a extensa escada até o segundo andar, com os mesmos gritos bárbaros da Guarda Nacional quando Somoza se aproxima, e chegou até onde estavam outros dois policiais com revólveres e cassetetes. Zero desarmou um deles e a Dois desarmou o outro com o mesmo grito paralisante:

— Aí vem o chefe!

Ali ficaram postados outros dois guerrilheiros. Dessas alturas, a multidão dos corredores já ouvira os gritos, vira os guardas armados, e tratara de escapar. Em Manágua, é quase um reflexo social: quando chega Somoza, todo mundo foge.

Zero tinha a missão específica de entrar no Salão Azul e manter sob controle os deputados, sabendo que todos os liberais e muitos dos conservadores estavam armados. A Dois tinha a missão de cobrir essa operação diante da grande porta de vidro, de onde se descortinava embaixo a entrada principal do edifício. Previam encontrar dois policiais armados com revólveres, um em cada lado da porta de vidro. Abaixo, na entrada principal, que era uma grade de ferro forjado, havia dois homens armados com escopeta e submetralhadora. Um deles era o capitão da Guarda Nacional.

Zero e a Dois, seguidos por seus homens, abriram caminho por entre a multidão espavorida até a porta do Salão Azul, onde tiveram a surpresa de encontrar um policial com escopeta.

— Aí vem o chefe! — tornou a gritar Zero, e lhe arrebatou a arma.

O Quatro desarmou o outro, mas os agentes foram os primeiros a compreender que aquilo era um embuste, e fugiram pelas escadas até a rua. Então, os dois guardas da entrada dispararam contra os homens da Dois, e eles responderam com uma carga de fogo cerrado. O capitão da Guarda Nacional morreu no ato, e o outro guarda ficou ferido. A entrada principal, por um momento, ficou desguarnecida, mas a Dois deixou vários homens estendidos para protegê-la.

## *Todo mundo no chão*

Ao ouvir os primeiros tiros, como estava previsto, os sandinistas que estavam de guarda nas portas laterais afugentaram os policiais desarmados, fecharam as portas por dentro com correntes e cadeados, e foram dar reforço a seus companheiros por entre uma multidão que corria sem direção, acossada pelo pânico.

A Dois, enquanto isso, passou pela frente do Salão Azul e chegou até o extremo do corredor, onde ficava o bar dos deputados. Quando empurrou a porta com a carabina M1, pronta para disparar, só viu homens estendidos e amontoados sobre o tapete azul. Eram deputados dispersos que haviam se atirado no chão ao ouvir os primeiros disparos. Seus guarda-costas, acreditando que de fato se tratava da Guarda Nacional, renderam-se sem resistência.

Zero empurrou com o cano da G3 a ampla porta de vidro fosco do Salão Azul, e se deparou com a Câmara dos Deputados paralisada: sessenta e dois homens lívidos olhando para a porta com uma expressão de estupor. Temendo ser reconhecido, porque alguns deles foram seus condiscípulos na escola dos jesuítas, Zero soltou uma rajada de chumbo contra o teto e gritou:

— A Guarda! Todo mundo no chão!

Todos os deputados se atiraram ao chão por trás de suas cadeiras, menos Pallais Debayle, que estava falando por telefone na mesa da presidência e ficou petrificado. Mais tarde, eles mesmos explicariam o motivo de seu terror: pensaram que a Guarda Nacional dera um golpe contra Somoza e viera fuzilá-los.

Na ala oriental do edifício, o número Um ouviu os primeiros disparos quando seus homens já haviam neutralizado os dois policiais do segundo andar, e ele se dirigia para o fundo do corredor, onde ficava a Casa Civil. Ao contrário dos homens de Zero, os do número Um entraram em formação marcial, e iam ficando no caminho para cumprir as missões determinadas. O terceiro pelotão, comandado pelo número Três, empurrou a porta da Casa Civil, no momento em que ressoou no edifício a rajada de chumbo de Zero. Na antessala do gabinete se encontraram com um capitão e um tenente da Guarda Nacional, guarda-costas do ministro, que ao ouvir os disparos se aprontavam para sair. O pelotão de Três não lhes deu tempo de disparar. Em seguida, empurraram a porta do fundo e se encontraram num gabinete acolchoado e refrigerado, e viram atrás da escrivaninha um homem de uns 52 anos, alto e cadavérico, que levantou as mãos sem ninguém pedir. Era o agrônomo José Antonio Mora, ministro da Casa Civil e sucessor de Somoza por designação do Congresso. Rendeu-se sem saber para quem, ainda que tivesse na cintura uma pistola Browning e quatro carregadores cheios nos bolsos. Enquanto isso, Um chegara até a porta posterior do Salão Azul, saltando por cima dos homens e das mulheres estirados no chão. O mesmo acontecia com Dois, que entrou nesse momento pela porta de vidro levando com as mãos para cima os deputados que encontrara no bar. Só ao cabo de um instante se deram conta de que o salão lhes pareceu deserto, porque os deputados estavam estirados no chão atrás das cadeiras.

Do lado de fora, nesse instante, ouviu-se um breve tiroteio. Zero voltou a sair do salão e viu uma patrulha da Guarda Nacional, sob o comando de um capitão, que disparava da porta principal do edifício contra os guerrilheiros postados diante do Salão Azul. Zero disparou uma granada de fragmentação e pôs fim ao ataque. Um silêncio sem fundo se impôs no interior do enorme edifício fechado por grossas correntes de aço, onde não menos de 2.500 pessoas, peito no chão, faziam-se perguntas sobre seu destino. Toda a operação, como estava previsto, durou exatos três minutos.

*Entram os bispos*

Anastasio Somoza Debayle, o quarto da dinastia que oprimiu a Nicarágua por mais de quarenta anos, soube da notícia no momento em que se sentava para almoçar no subterrâneo refrigerado de sua fortaleza pessoal. Sua reação imediata foi ordenar que se disparasse sem distinção contra o Palácio Nacional.

Assim se fez. Mas as patrulhas da guarda Nacional não conseguiram se aproximar porque os sandinistas, como estava previsto, replicavam com um fogo intenso das janelas dos quatro lados. Durante 15 minutos, um helicóptero passou lançando rajadas de metralhadora contra as janelas, e conseguiu ferir na perna um guerrilheiro: o número Sessenta e Dois.

Vinte minutos depois de ter ordenado o cerco, Somoza recebeu a primeira ligação direta do interior do Palácio Nacional. Era seu primo Pallais Debayle, que transmitiu a primeira mensagem da FSLN: ou suspendiam o tiroteio ou eles começavam a executar reféns, um a cada duas horas, até que concordassem em discutir as condições. Somoza ordenou então a suspensão do cerco.

Pouco depois, outra ligação de Pallais Debayle informou a Somoza que a FSLN propunha como negociadores três bispos nicaraguenses: monsenhor Miguel Obando Bravo, arcebispo de Manágua, que já fora negociador por ocasião do assalto à festa de somozistas em 1974; monsenhor Manuel Salazar y Espinosa, bispo de León; e monsenhor Leovigildo López Fitoría, bispo de Granada. Os três, por acaso, encontravam-se em Manágua numa reunião especial. Somoza aceitou.

Mais tarde, também a pedido dos sandinistas, uniram-se aos bispos os embaixadores da Costa Rica e do Panamá. Os sandinistas, por sua vez, delegaram a dura missão das negociações à tenacidade e ao bom senso da número Dois. Sua primeira missão, cumprida às duas e quarenta e cinco da tarde, foi entregar aos bispos um documento com as condições: libertação imediata dos presos políticos cuja lista ia em anexo, divulgação em todos os meios de comunicação dos relatórios de guerra e de uma extensa declaração política, deslocamento dos guardas para 300 metros além do Palácio Nacional, aceitação imediata das reivindicações dos trabalhadores em greve do sindicato dos hospitais, 10 milhões de dólares e garantia para que o comando e os presos libertados viajassem para o Panamá. As conversações começaram na própria terça-feira, continuaram por toda a noite e chegaram ao ponto mais tenso quarta-feira, às seis da tarde. Nesse meio-tempo, os negociadores estiveram cinco vezes no Palácio Nacional, uma delas às três da madrugada de quarta-feira; na realidade não parecia se vislumbrar um acordo nas primeiras 24 horas.

A exigência de ler pelo rádio todos os relatórios de guerra e um longo comunicado político que a FSLN preparara antecipadamente era inaceitável para Somoza. Outra reivindicação era impossível: a libertação de todos os presos políticos da lista. Na realidade, a lista incluía intencionalmente o nome de vinte presos sandinistas que sem dúvida haviam morrido nas prisões, vítimas de torturas e execuções sumárias, mas que o governo se negava a reconhecer.

## *O atrevimento de Somoza*

Somoza enviou ao Palácio Nacional três respostas redigidas de forma impecável em máquina elétrica, mas todas sem assinatura e num estilo informal repleto de ambiguidades. Nunca fez uma contraproposta e tratava de evitar as condições dos guerrilheiros. Desde a primeira mensagem ficou evidente que tentava ganhar tempo, convencido de que 25 adolescentes não seriam capazes de manter sob controle por muito tempo mais de 2 mil pessoas acossadas pela ansiedade, pela fome e pelo sono. Por isso, sua primeira resposta, às nove da noite de terça-feira, foi um olímpico atrevimento de pedir 24 horas para pensar.

Na segunda mensagem, no entanto, às oito e meia da manhã de quarta-feira, trocou o atrevimento por ameaças, mas começava a aceitar condições. O motivo parecia claro: os negociadores percorreram o Palácio Nacional às três da madrugada e comprovaram que Somoza se equivocara em seus cálculos. Os guerrilheiros libertaram por iniciativa própria as poucas mulheres grávidas e as crianças, entregaram por intermédio da Cruz Vermelha os militares mortos e feridos, e o ambiente no interior era ordenado e tranquilo. No primeiro andar, em cujos escritórios se encontravam os empregados subalternos, muitos dormiam em paz em cadeiras e escrivaninhas, e outros se dedicavam a passatempos inventados. Não havia o menor sinal de hostilidade, antes pelo contrário, contra os rapazes uniformizados que a cada quatro horas faziam uma ronda pelo recinto. Mais ainda: em algumas repartições públicas haviam preparado café para eles, e muitos dos reféns lhes haviam expressado simpatia e solidariedade, até por escrito, e pediram para permanecer ali como reféns voluntários.

No Salão Azul, onde se concentraram os reféns mais preciosos, os negociadores observaram que o ambiente era tão sereno quanto no primeiro andar. Nenhum dos deputados ofereceu a menor resistência, eles foram desarmados sem dificuldade, e à medida que as horas passavam notava-se neles um rancor crescente contra Somoza pela demora nas negociações. Os guerrilheiros, por sua vez, mostravam-se seguros e bem-educados, mas também determinados. Sua resposta às ambiguidades do segundo documento foi categórica: se dentro de quatro horas não houvesse respostas definitivas, começariam a executar reféns.

Somoza deve ter compreendido então a frivolidade de seus cálculos, e alimentou o temor de uma insurreição popular, cujos sintomas começavam a se vislumbrar em diferentes lugares do país. Por isso, à uma e meia da tarde de quarta-feira, em sua terceira mensagem, aceitou a mais amarga das condições: a leitura do documento político da FSLN em todas as emissoras do país. Às seis da tarde, depois de duas horas e meia, a transmissão terminara.

## Quarenta e cinco horas sem dormir

Ainda que não se chegasse a nenhum acordo, a verdade parece ser que Somoza estava disposto a capitular desde o meio-dia de quarta-feira. De fato, a essa hora os presos de Manágua receberam ordem de preparar as malas para viajar. A maioria estava inteirada da ação pelos próprios guardas que, em boa parte, em diferentes prisões, expressaram suas simpatias secretas. No interior do país, os presos políticos já estavam sendo levados a Manágua bem antes que se vislumbrasse um acordo.

Nessa mesma hora, o serviço de segurança do Panamá informou ao general Omar Torrijos que um funcionário nicaraguense de nível médio queria saber se ele estaria disposto a enviar um avião para os guerrilheiros e os presos libertados. Torrijos concordou. Minutos depois recebeu um telefonema do presidente da Venezuela, Carlos Andrés Pérez, que estava ao corrente das negociações e consideravelmente preocupado com o destino dos sandinistas, e queria coordenar, com o colega do Panamá, a operação de transporte. À tarde, o governo panamenho alugou um Electra comercial da companhia Copa, e a Venezuela, um Hércules enorme. Os dois aviões esperaram no aeroporto do Panamá, prontos para decolar, o final das negociações.

Chegaram ao auge, na realidade, às quatro da tarde de quarta-feira, e à última hora Somoza tentou impor aos guerrilheiros um prazo de três horas para abandonar o país, mas eles se negaram, por motivos óbvios, a sair à noite. Os 10 milhões de dólares foram reduzidos a 500 mil, mas a FSLN decidiu não discutir mais, primeiro porque o dinheiro era de qualquer maneira uma condição secundária, mas em especial porque os integrantes do comando começavam a dar perigosos sinais de cansaço depois de dois dias sem dormir, submetidos a uma pressão intensa. Os primeiros sintomas graves foram notados pelo comandante Zero em si mesmo, quando descobriu que não conseguia localizar o Palácio Nacional dentro da cidade de Manágua. Pouco depois o número Um lhe confessou que fora vítima de uma alucinação: pensou ouvir trens irreais passando pela Praça da República. Por último, Zero observou que a número Dois começara a cabecear e que num pestanejar instantâneo esteve a ponto de soltar a carabina. Então compreendeu que era urgente acabar com aquele drama que durou, minuto a minuto, 45 horas.

## *Despedida e alegria*

Quinta-feira, às nove e meia da manhã, 26 sandinistas, cinco negociadores e quatro reféns abandonaram o Palácio Nacional rumo ao aeroporto. Os reféns eram os mais importantes: Luis Pallais Debayle, José Somoza, José Antonio Mora e o deputado Eduardo Chamorro. A essa hora, sessenta presos políticos de todo o país estavam a bordo dos dois aviões vindos do Panamá, onde haveriam de pedir asilo poucas horas depois. Só faltavam, certamente, os vinte que nunca mais poderiam ser resgatados.

Os sandinistas impuseram como condição final que não houvesse militares à vista e nenhuma espécie de tráfego na estrada que levara ao aeroporto. Não se cumpriu nenhuma das condições, porque o governo pôs a Guarda Nacional nas ruas para impedir qualquer manifestação de simpatia popular. Foi uma tentativa vã. Um aplauso dissimulado acompanhou a passagem do ônibus escolar, as pessoas saíam à rua para celebrar a vitória, e uma longa fila de automóveis e motocicletas cada vez mais numerosa e entusiasta o seguiu até o aeroporto. O deputado Eduardo Chamorro se mostrou assombrado com aquela explosão de alegria popular. O comandante Um, que viajava a seu lado, disse-lhe com o bom humor do alívio:

— Veja você: esta é a única coisa que não se pode comprar com dinheiro.

Setembro de 1978, *Alternativa*, Bogotá

## OS CUBANOS DIANTE DO BLOQUEIO

Naquela noite, a primeira do bloqueio, havia em Cuba uns 482.560 automóveis, 343.300 refrigeradores, 549.700 receptores de rádio, 303.500 televisores, 352.900 ferros elétricos, 286.400 ventiladores, 41.800 máquinas de lavar roupa, 3.510.000 relógios de pulso, 63 locomotivas e 12 navios mercantes. Tudo isso, com exceção dos relógios de pulso que eram suíços, fora fabricado nos Estados Unidos.
 Ao que tudo indica, haveria de passar-se certo tempo até que os cubanos se dessem conta do que significavam em suas vidas aqueles números mortais. Do ponto de vista da produção, Cuba percebeu de imediato que não era um país à parte, mas sim uma península comercial dos Estados Unidos. As indústrias do açúcar e do tabaco dependiam por completo dos consórcios ianques, e tudo o que se consumia na ilha era fabricado pelos Estados Unidos, fosse em seu território ou mesmo dentro de Cuba. Havana e duas ou três cidades do interior davam a impressão da felicidade da abundância, mas na realidade nada havia que não fosse alheio, das escovas de dentes aos hotéis envidraçados de vinte andares do Malecón. Cuba importava dos Estados Unidos quase 30 mil artigos úteis e inúteis para a vida cotidiana. Os melhores clientes daquele mercado de ilusões eram os próprios turistas que chegavam no *ferry boat* de West Palm Beach e pelo Sea Train de Nova Orleans, pois eles também preferiam comprar sem impostos os artigos importados de sua própria terra. As papaias na-

tivas, descobertas por Cristóvão Colombo em sua primeira viagem, eram vendidas nas lojas refrigeradas com a etiqueta amarela dos plantadores das Bahamas. Os ovos artificiais que as donas de casa desprezavam por sua gema fraca e o sabor de farmácia tinham impresso na casca o selo de fábrica dos granjeiros da Carolina do Norte, mas alguns comerciantes espertos os lavavam com dissolvente e os besuntavam com caca de galinha para vendê-los mais caros, como se fossem nativos.

Não havia setor de consumo que não fosse dependente dos Estados Unidos. As poucas fábricas de artigos simples instaladas em Cuba para utilizar a mão de obra barata eram montadas com maquinaria de segunda mão já obsoleta em seu país de origem. Os técnicos mais bem qualificados eram americanos, e a maioria dos escassos técnicos cubanos se deixara seduzir pelas ofertas fabulosas de seus patrões estrangeiros e fora com eles para os Estados Unidos. Também não havia peças de reposição, pois a indústria ilusória de Cuba repousava sobre o pressuposto de que as reposições estavam só a 150 quilômetros, e bastava um telefonema para que a peça mais difícil chegasse no próximo avião livre de impostos e de burocracias aduaneiras.

Apesar de semelhante estado de dependência, os habitantes das cidades continuavam gastando desmedidamente quando o bloqueio econômico já era uma realidade brutal. Alguns cubanos dispostos a morrer pela Revolução — e alguns sem dúvida morreram de verdade por ela — continuavam a consumir com um alvoroço infantil. Mais ainda: as primeiras medidas da Revolução aumentaram de imediato o poder de compra das classes mais pobres, que não tinham então outra noção da felicidade do que o simples prazer de consumir. Muitos sonhos adiados durante metade da vida e até durante vidas inteiras eram realizados instantaneamente. Só que as coisas esgotadas no comércio não eram repostas de imediato, e algumas não seriam repostas em muitos anos, de maneira que as lojas deslumbrantes do mês anterior ficavam irremediavelmente no osso puro.

Cuba foi naqueles anos iniciais o reino do improviso e da desordem. Na falta de uma nova moral — que ainda tardaria muito tempo para se formar na consciência da população — o machismo caribenho encontrara uma razão de ser naquele estado geral de emergência. O sentimento nacional estava tão alvoroçado com aquela ventania incontrolável de novidade e autonomia, e ao mesmo tempo as ameaças da reação ferida eram tão verdadeiras e iminentes, que muita gente confundia uma coisa com outra e parecia pensar que até a escassez de leite poderia se resolver a tiro. A impressão de farra fenomenal que suscitava a Cuba daquela época entre os visitantes estrangeiros tinha um fundamento verídico na realidade e no espírito dos cubanos, mas era uma embriaguez inocente à beira do desastre. Eu havia, com efeito, regressado a Havana pela segunda vez no início de 1961, na minha condição de correspondente errante da Prensa Latina, e a primeira coisa que me chamou a atenção foi que aquele aspecto visível do país mudara pouco, mas em compensação a tensão social começava a ficar insustentável. Voei de Santiago a Havana numa esplêndida tarde de março, observando pela janela os campos milagrosos daquela pátria sem rios, as aldeias empoeiradas, as enseadas ocultas, e durante todo o trajeto percebi sinais de guerra. Grandes cruzes vermelhas dentro de círculos brancos foram pintadas nos tetos dos hospitais para pô-los a salvo de possíveis bombardeios. Também nas escolas, nas igrejas e nos asilos se puseram sinais semelhantes. Nos aeroportos civis de Santiago e Camagüey havia canhões antiaéreos da Segunda Guerra Mundial dissimulados com lonas de caminhões de carga, e as costas eram patrulhadas por lanchas rápidas que haviam sido de lazer e agora eram destinadas a impedir desembarques. Por todas as partes se viam estragos de sabotagens recentes: canaviais calcinados por bombas incendiárias lançadas de aviões saídos de Miami, ruínas de fábricas dinamitadas pela resistência interna, acampamentos militares improvisados em regiões difíceis onde os primeiros grupos hostis à Revolução começavam a operar com armamentos modernos e excelentes recursos logísticos. No aeroporto de Havana, onde era evidente que se faziam esforços para que não se notasse o ambiente de guerra, havia um letreiro gigantesco de um extremo ao outro da cornija do edifício principal: "Cuba, território livre da América." Em lugar dos soldados barbudos de antes, a vigilância estava a cargo de milicianos bem jovens com uniforme verde-oliva, entre eles algumas mulheres, e suas armas eram ainda as dos velhos arsenais da ditadura. Até então não havia outras. O primeiro armamento moderno que a Revolução conseguiu comprar, apesar das pressões dos Estados Unidos, chegara da Bélgica a 4 de março, a bordo do navio francês *Le Coubre*, que foi para os ares no cais de Havana com 700 toneladas de armas e munições nos porões por causa de uma explosão proposital. O atentado produziu 75 mortos e duzentos feridos entre os trabalhadores do porto, mas não foi reivindicado por ninguém e o governo cubano o atribuiu à CIA. Foi no enterro das vítimas que Fidel Castro proclamou a palavra de ordem que se converteria na principal palavra de ordem da nova Cuba: "Pátria ou morte". Eu a vira escrita pela primeira vez nas ruas de Santiago, a vira pintada com brocha nos enormes letreiros de propaganda de empresas de aviação e pastas dentifrícias americanas na estrada poeirenta do aeroporto de Camagüey, e tornei a encontrá-la repetida sem trégua nos pequenos cartões improvisados nas vitrines das lojas para turistas do aeroporto de Havana, nas antessalas e nos balcões, e pintada com alvaiade nos espelhos das barbearias, e com batom nos para-brisas dos táxis. Conseguira-se tal grau de saturação social que não havia lugar nem momento em que não estivesse escrita aquela palavra de ordem de raiva, das caldeiras dos trapiches ao pé dos documentos oficiais, e a imprensa, o rádio e a televisão a repetiram sem piedade durante dias inteiros e meses intermináveis, até que se incorporou à própria essência da vida cubana.

Em Havana, a festa estava em seu apogeu. Havia mulheres esplêndidas que cantavam nos balcões, pássaros luzidios no mar, música por toda parte, mas no fundo da alegria se sentia o conflito criador de um modo de viver já condenado para sempre, que lutava para se sobrepor a outro modo de viver diferente, ainda ingênuo, mas inspirado e demolidor. A cidade continuava sendo um santuário de prazer, com máquinas de loteria até nas farmácias, e automóveis prateados grandes demais para as esquinas coloniais, mas o aspecto e o comportamento das pessoas estavam mudando de modo brutal. Todos os estratos do subsolo social flutuavam, e uma erupção de lava humana, densa e fumegante, derramava-se sem controle pelas sinuosidades da cidade libertada e contaminava com uma vertigem multitudinária até suas últimas fendas. O mais notável era a naturalidade com que os pobres se sentavam nas cadeiras dos ricos nos lugares públicos. Invadiram os vestíbulos dos hotéis de luxo, comiam com os dedos nos terraços dos cafés de El Vedado, e se bronzeavam ao sol nas piscinas de águas luminosas dos antigos clubes exclusivos de Siboney. O porteiro louro do Hotel Habana Hilton, que estava sendo chamado de Habana Libre, fora substituído por milicianos serviçais que passavam o dia convencendo os camponeses que podiam entrar sem temor, ensinando-lhes que havia uma porta de entrada e outra de saída, e que não corriam nenhum risco de tuberculose mesmo se entrassem suando no vestíbulo refrigerado. Um malandro legítimo de Luyanó, retinto e esbelto, com uma camisa de borboletas pintadas e sapatos de couro envernizado com saltos de dançarino andaluz, tentou entrar ao contrário pela porta de vidro giratória do Hotel Riviera justamente quando tentava sair a esposa suculenta e espalhafatosa de um diplomata europeu. Numa rajada de pânico instantâneo, o marido que a seguia tentou forçar a porta num sentido enquanto os milicianos sobressaltados tentaram forçá-la do lado de fora no sentido contrário. A branca e o negro ficaram presos por uma fração de segundo na armadilha de vidro, comprimidos no espaço previsto para uma única pessoa, até que a porta voltou a girar e a mulher correu confusa e ruborizada, sem sequer esperar o marido, e se meteu na limusine que a aguardava com a porta aberta e arrancou imediatamente. O negro, sem saber muito bem o que se passara, ficou confuso e trêmulo.

— Vejam só! — suspirou. — Cheirava a flores!

Eram tropeços frequentes. E compreensíveis porque o poder de compra da população urbana e rural aumentara de modo considerável em um ano. As tarifas de luz, telefone, transporte e serviços públicos se reduziram a níveis humanitários. Os preços dos hotéis, dos restaurantes e dos transportes caíram drasticamente, e se organizavam excursões especiais do campo para a cidade e da cidade para o campo, que em muitos casos eram gratuitas. Por outro lado, o desemprego diminuía a passos largos, os salários subiam, e a reforma urbana aliviou a angústia mensal dos aluguéis, e a educação e o material escolar nada custavam. Os 111 quilômetros de areia branca das praias de Varadero, que antes tinham um só dono e cujo desfrute era reservado aos ricos muito ricos, foram abertos incondicionalmente a todo mundo, até mesmo para os ricos. Os cubanos, como em geral as pessoas do Caribe, sempre acreditaram que o dinheiro só servia para ser gasto, e pela primeira vez na história de seu país o estavam comprovando na prática.

Creio que poucos estávamos conscientes da maneira discreta porém irreparável com que a escassez ia entrando em nossas vidas. Mesmo depois do desembarque na Playa Girón os cassinos continuavam abertos, e algumas putinhas sem turistas rondavam as imediações à espera de que um vencedor afortunado da roleta lhes salvasse a noite. Era evidente que à medida que as condições mudavam, aquelas andorinhas solitárias se tornavam lúgubres e cada vez mais baratas. Mas de qualquer maneira as noites de Havana e Guantánamo continuavam longas e insones, e a música das festas de aluguel se prolongavam até a madrugada. Esses vestígios da velha vida mantinham uma ilusão de normalidade e abundância que nem as explosões noturnas, nem os rumores constantes de agressões infames, nem a iminência real da guerra conseguiam extinguir, mas que há muito tempo deixaram de ser verdade. Às vezes não havia carne nos restaurantes depois da meia-noite, mas não nos importávamos porque talvez houvesse frango. Às vezes não havia banana, mas talvez houvesse batata-doce. Os músicos dos clubes vizinhos, e os rufiões que aguardavam os ganhos da noite diante de um copo de cerveja, pareciam tão distraídos como nós diante da erosão incontrolável da vida cotidiana.

No centro comercial apareceram as primeiras filas e um mercado negro incipiente mas muito ativo começava a controlar os artigos industrializados. Não se pensava a sério que isso acontecesse porque faltavam coisas, e sim o contrário, porque sobrava dinheiro. Por essa época, alguém necessitou de uma aspirina depois do cinema, e não a encontramos em três farmácias. Acabamos por encontrá-la na quarta, e o farmacêutico nos explicou sem alarme que a aspirina escasseara havia três meses. A verdade é que não apenas a aspirina, mas outras coisas essenciais, estavam escassas havia algum tempo, mas ninguém parecia pensar que acabariam por completo. Quase um ano depois de os Estados Unidos decretarem o embargo total do comércio com Cuba, a vida continuava sem mudanças notáveis, não tanto na realidade como no espírito das pessoas.

Tomei consciência do bloqueio de maneira brutal, mas também um pouco lírica, como quase tudo na vida. Depois de uma noite de trabalho no escritório da Prensa Latina fui sozinho e meio entorpecido em busca de algo para comer. Amanhecia. O mar tinha um humor tranquilo e uma brecha alaranjada o separava do céu no horizonte. Caminhei pelo centro da avenida deserta, contra o vento de salitre do Malecón, buscando algum lugar aberto para comer sob as arcadas de pedras carcomidas e gotejantes da cidade velha. Por fim encontrei uma taberna com a cortina metálica fechada mas sem cadeado, e tentei levantá-la para entrar, porque dentro havia luz e um homem limpava os copos no balcão. Quando entrei, senti em minhas costas o ruído inconfundível de um fuzil sendo montado, e uma voz de mulher muito doce mas firme:

— Quieto, companheiro. Levante as mãos.

Era uma aparição na bruma do amanhecer. Tinha o rosto muito bonito, com o cabelo amarrado na nuca estilo rabo de cavalo, e a camisa militar ensopada pelo vento do mar. Estava assustada, sem dúvida, mas tinha os saltos separados e bem postos no chão, e segurava o fuzil como um soldado.

— Tenho fome — eu disse.

Talvez tenha dito com muita convicção porque só então compreendeu que eu não entrara na taberna à força, e sua desconfiança se converteu em lástima.

— É muito tarde — disse ela.

— Ao contrário — respondi. — O problema é que é cedo demais. Quero tomar o meu café da manhã.

Então fez sinais para dentro pelo vidro e convenceu o homem a me servir algo, embora faltassem duas horas para abrir. Pedi ovos fritos com presunto, café com leite, pão com manteiga e um suco feito na hora de qualquer fruta. O homem me disse com uma precisão suspeita que não havia ovos nem presunto há uma semana, que o leite acabara havia três dias e que ele quando muito podia me servir uma xícara de café preto e pão sem manteiga, e talvez um pouco de macarrão requentado da noite anterior. Surpreso, perguntei o que estava acontecendo com as coisas de comer, e minha surpresa era tão inocente que foi ele quem se sentiu surpreendido:

— Não está acontecendo nada — respondeu ele. — Nada além de que este país foi para o caralho.

Não era inimigo da Revolução como imaginei no início. Pelo contrário, era o remanescente de uma família de 11 pessoas que fugira em bando para Miami. Decidira ficar, e de fato ficou para sempre, e seu ofício permitia decifrar o futuro com elementos mais reais do que os de um jornalista tresnoitado. Calculava que em três meses teria de fechar a taberna por falta de comida, mas não se importava porque já tinha planos bem definidos para o próprio futuro.

Foi um prognóstico certeiro. A 12 de março de 1962, quando já haviam transcorrido 322 dias do início do bloqueio, impôs-se o racionamento drástico de alimentos. Fixou-se para cada adulto uma ração mensal de 1,5 quilo de carne, meio quilo de peixe, meio quilo de frango, 3 de arroz, 1 de banha, 750 gramas de feijão, 110 gramas de manteiga e cinco ovos. Era uma ração calculada para que cada cubano consumisse uma cota normal de calorias diárias. Havia rações especiais para as crianças, de acordo com a idade, e todos os menores de 14 anos tinham direito a um litro de leite por dia. Mais tarde começaram a faltar cravos-da-índia, detergentes, lâmpadas e muitos outros artigos de primeira necessidade, e o problema das autoridades não era regulamentá-los, e sim consegui-los. O mais admirável era comprovar até que ponto aquela escassez imposta pelo inimigo ia depurando a moral social. No mesmo ano em que se estabeleceu o racionamento ocorreu a chamada Crise de Outubro, que o historiador inglês Hugh Thomas qualificou de a mais grave da história da humanidade, e a imensa maioria do povo cubano se manteve em estado de alerta durante um mês, imóvel em seus locais de combate até que o perigo pareceu conjurado, disposta e enfrentar a bomba atômica com escopetas. Em meio àquela mobilização maciça, que bastaria para arruinar qualquer economia bem assentada, a produção industrial alcançou cifras insólitas, acabou com a falta de assiduidade nas fábricas e se superaram obstáculos que em circunstâncias menos dramáticas teriam sido fatais. Uma telefonista de Nova York disse nessa ocasião a uma colega cubana que nos Estados Unidos estavam muito assustados com o que poderia acontecer.

— Em compensação aqui estamos tranquilos — respondeu a cubana. — Afinal, a bomba atômica não dói.

O país produzia então sapatos suficientes para que cada habitante pudesse comprar um par por ano, e a distribuição foi canalizada pelos colégios e centros de trabalho. Só em agosto de 1963, quando já todas as lojas estavam fechadas porque não havia materialmente nada para vender, regulamentou-se a distribuição da roupa. Começaram por ser racionados nove artigos, entre eles as calças de homem, a roupa íntima para ambos os sexos e certos produtos têxteis, mas antes de um ano foram aumentados para 15.

Aquele Natal foi o primeiro da Revolução celebrado sem leitão e torresmo, e em que os brinquedos foram racionados. Graças precisamente ao racionamento foi também o primeiro Natal na história de Cuba em que todas as crianças, sem distinção, ganharam pelo menos um brinquedo. Apesar da intensa ajuda soviética e da ajuda da China comunista, que não era menos generosa naquele tempo, e apesar da assistência de numerosos técnicos socialistas e da América Latina, o bloqueio era então uma realidade iniludível que iria contaminar até as fendas mais recônditas da vida cotidiana e acelerar os novos rumos irreversíveis da história de Cuba. As comunicações com o resto do mundo se reduziram ao mínimo essencial. Os cinco voos diários para Miami e os dois semanais da Cubana de Aviación para Nova York foram interrompidos desde a Crise de Outubro. As poucas linhas da América Latina que tinham voos para Cuba foram sendo canceladas à medida que seus países rompiam as relações diplomáticas e comerciais, e só permaneceu um voo semanal do México que durante muitos anos serviu de cordão umbilical com o resto da América, ainda que também como canal de infiltração dos serviços de subversão e espionagem dos Estados Unidos. A Cubana de Aviación, com sua frota reduzida aos épicos Bristol Britannia, que eram os únicos aviões cuja manutenção podia ser assegurada mediante acordos especiais com os fabricantes ingleses, sustentou um voo quase acrobático através da rota polar até Praga. Uma correspondência de Caracas, a menos de mil quilômetros da costa cubana, tinha de dar a volta por meio mundo para chegar a Havana. A comunicação telefônica com o resto do mundo tinha de se fazer por Miami ou Nova York, sob controle do serviço secreto dos Estados Unidos, por intermédio de um pré-histórico cabo submarino que em uma ocasião foi rompido por um navio cubano que saiu da baía de Havana arrastando a âncora que se esquecera de levantar. A única fonte de energia eram os 5 milhões de toneladas de petróleo que os petroleiros soviéticos transportavam cada ano dos portos do Báltico, a 12 mil quilômetros de distância, e com a frequência de um navio a cada 53 horas. O *Oxford*, um navio da CIA equipado com toda classe de elementos de espionagem, patrulhou as águas territoriais cubanas durante vários anos para se assegurar de que nenhum país capitalista, salvo os poucos que se atreveram, contrariasse a vontade dos Estados Unidos. Era além disso uma provocação calculada à vista de todo o mundo. Do Malecón de Havana ou dos bairros altos de Santiago se via à noite a silhueta luminosa daquela nave de provocação ancorada dentro das águas territoriais.

Talvez poucos cubanos soubessem que do outro lado do Mar do Caribe, três séculos antes, os habitantes de Cartagena das Índias padeceram drama semelhante. Os melhores 120 navios da armada inglesa, sob o comando do almirante Vernon, sitiaram a cidade com 30 mil combatentes selecionados, muitos deles recrutados nas colônias americanas que mais tarde seriam os Estados Unidos. Um irmão de George Washington, futuro libertador dessas colônias, estava no estado-maior das tropas de assalto. Cartagena das Índias, que era famosa no mundo de então por suas fortificações militares e pela espantosa quantidade de ratazanas de seus esgotos, resistiu ao cerco com uma ferocidade invencível, embora seus habitantes tivessem de se alimentar com o que podiam, das cascas das árvores ao couro dos tamboretes. Ao cabo de vários meses, aniquilados pela bravura dos sitiados, e destruídos pela febre amarela, a disenteria e o calor, os ingleses se retiraram derrotados. Os habitantes da cidade, em compensação, estavam inteiros e saudáveis, mas haviam comido até a última ratazana.

Muitos cubanos certamente conheciam esse drama. Mas seu escasso sentido histórico os impedia de pensar que pudesse se repetir. Ninguém imaginaria no incerto ano-novo de 1964 que ainda faltavam os tempos piores daquele bloqueio férreo e desalmado, e que se chegaria ao extremo de não haver água para beber em muitos lares e em quase todos os estabelecimentos públicos.

Novembro-dezembro de 1978,<br>
*Alternativa*, Bogotá

## O FANTASMA DO PRÊMIO NOBEL

Todos os anos, por esses dias, um fantasma inquieta os grandes escritores: o Prêmio Nobel de Literatura. Jorge Luis Borges, que é um dos maiores e também um dos mais assíduos candidatos, protestou certa vez numa entrevista pelos dois meses de ansiedade que os profetas o submetem. É inevitável: Borges é o escritor dos mais altos méritos artísticos em língua castelhana, e não se pode pretender que o excluam, só por piedade, dos prognósticos anuais. O desagradável é que o resultado final não depende do direito próprio dos candidatos, sequer da justiça dos deuses, e sim da vontade insondável dos membros da Academia Sueca.

Não me recordo de um prognóstico certo. Os premiados, em geral, parecem ser os primeiros surpreendidos. Quando o dramaturgo irlandês Samuel Beckett recebeu por telefone a notícia de sua premiação, em 1969, exclamou consternado:

— Meu Deus, que desastre!

Pablo Neruda, em 1971, soube três dias antes da publicação da notícia, por uma mensagem confidencial da Academia Sueca. Mas na noite seguinte convidou um grupo de amigos para jantar em Paris, onde então era o embaixador do Chile, e nenhum de nós soube do motivo da festa até que os jornais da tarde publicaram a notícia.

— É que nunca acredito em nada até que a veja por escrito — nos explicou depois Neruda com seu riso invencível. Poucos dias mais tarde, enquanto comíamos num ruidoso restaurante do Boulevard Montparnasse, lembrou que ainda não escrevera o discurso para a cerimônia de entrega, que aconteceria 48 horas depois em Estocolmo. Então virou ao contrário a folha de papel do cardápio, e sem uma única pausa, sem se preocupar com o barulho humano, com a mesma naturalidade com que respirava e a mesma tinta verde, implacável, com que rascunhava seus versos, escreveu ali mesmo o belo discurso de sua sagração.

A versão mais corrente entre escritores e críticos é que os acadêmicos suecos chegam a um acordo em maio, quando a neve começa a derreter, e estudam a obra dos poucos finalistas durante o calor do verão. Em outubro, ainda bronzeados pelo sol do Sul, emitem seu veredicto. Outra versão pretende que Jorge Luis Borges já era o escolhido em maio de 1976, mas não passou na votação final de novembro. Na realidade, o premiado daquele ano foi o magnífico e deprimente Saul Bellow, eleito à última hora, embora os outros premiados nas diferentes matérias também tenham sido norte-americanos.

O certo é que a 22 de setembro daquele ano — um mês antes da votação — Borges fizera algo que nada tinha a ver com sua literatura magistral: visitou, em audiência solene, o general Augusto Pinochet.

— Não sou digno da honra de ser recebido pelo senhor, presidente — disse em seu infeliz discurso. — Na Argentina, no Chile e no Uruguai estão sendo salvas a liberdade e a ordem — prosseguiu, sem que ninguém lhe perguntasse. E concluiu impassível: — Isso acontece num continente anarquizado e solapado pelo comunismo.

Era fácil pensar que tantas barbaridades sucessivas só eram possíveis para zombar de Pinochet. Mas os suecos não entendem o senso de humor portenho. Desde então o nome de Borges desapareceu dos prognósticos. Agora, depois de uma penitência injusta, voltou a aparecer, e nada nos agradaria tanto a nós que somos ao mesmo tempo seus leitores insaciáveis e seus adversários políticos do que sabê-lo por fim libertado de sua ansiedade anual.

Seus dois rivais mais perigosos são dois romancistas de língua inglesa. O primeiro, que figurara discretamente nos anos anteriores, foi agora objeto de uma promoção espetacular da revista *Newsweek*, que o destacou em sua capa de 18 de agosto como o grande mestre do romance; com muita razão. Seu nome completo é nada menos do que Vidiadhar Surajprasad Naipaul, tem 47 anos, nasceu aqui ao lado, na Ilha de Trinidad, de pai indiano e mãe caribenha, e é considerado por alguns críticos bem severos o maior escritor atual da língua inglesa. O outro candidato é Graham Greene, cinco anos mais moço do que Borges, com tantos méritos e também com tantos anos de atraso como ele para receber esse laurel senil.

No outono de 1972, em Londres, Naipaul não parecia muito consciente de ser um escritor do Caribe. Recordei-lhe isso numa reunião de amigos e ele se desconcertou um pouco; refletiu um instante, e um sorriso novo iluminou seu rosto taciturno:

— *Good claim* — disse-me ele.

Graham Greene, em compensação, que nasceu em Berkhamsted, sequer vacilou quando um jornalista lhe perguntou se tinha consciência de ser um romancista latino-americano.

— Certamente — respondeu. — E me alegro muito porque na América Latina estão os melhores escritores atuais, como Jorge Luis Borges.

Há alguns anos, falando de várias coisas, expressei a Graham Greene minha perplexidade e meu desgosto que não tivessem dado a um autor como ele, com uma obra tão vasta e original, o Prêmio Nobel.

— Nunca me darão — disse-me com absoluta seriedade — porque não me consideram um escritor sério.

A Academia Sueca, encarregada de conceder o Prêmio Nobel de Literatura, e só ele, foi fundada em 1786, sem outra pretensão do que se parecer com a Academia Francesa.\* Na época, certamente ninguém imaginaria que com o tempo chegaria a adquirir o maior poder de consagração do mundo. É composta por 18 membros vitalícios de idade venerável, selecionados pela própria academia entre as figuras mais destacadas das

---

\* Os outros quatro prêmios são: Física e Química, concedidos pela Academia Real das Ciências; Medicina ou Fisiologia, concedido pela Assembleia do Nobel do Instituto Karolinska; e o da Paz, concedido pelo Comitê Norueguês do Nobel.

letras suecas. Há dois filósofos, dois historiadores, três especialistas em línguas nórdicas, e apenas uma mulher. Mas esse não é o único sintoma machista; nos oitenta anos do prêmio, só foram consagradas três mulheres, contra 69 homens. Este ano será concedido por uma decisão ímpar, pois um dos acadêmicos mais eminentes, o professor Lindroth Sten, morreu no dia 3 de setembro: há 15 dias.

Como procedem, como chegam a um acordo, quais são os compromissos reais que determinam seus desígnios, aí está um dos segredos mais bem guardados de nosso tempo. Seu critério é imprevisível, contraditório, imune até aos presságios, e suas decisões são secretas, solidárias e inapeláveis. Se não fossem tão graves, poder-se-ia pensar que são motivadas pelo desejo de burlar todos os vaticínios. Ninguém como eles se parece tanto à morte.

Outro segredo bem guardado é onde está investido um capital que produz tão abundantes dividendos. Alfred Nobel (com acento no "e" não no "o") criou o prêmio em 1895 com um capital de 9,2 milhões de dólares, cujos juros anuais deveriam ser repartidos a cada ano, o mais tardar em 15 de novembro, entre os cinco premiados. A soma, por conseguinte, é variável, de acordo com a colheita do ano. Em 1901, quando se concederam os prêmios pela primeira vez, cada premiado recebeu 30.160 coroas suecas. Em 1979, que foi o ano de juros mais suculentos, cada um recebeu 160 mil coroas.

Dizem as más línguas que o capital está investido nas minas de ouro da África do Sul e que, portanto, o Prêmio Nobel vive do sangue dos escravos negros. A Academia Sueca, que nunca fez um esclarecimento público nem respondeu a nenhuma acusação, poderia se defender com o argumento de que não é ela, e sim o Banco da Suécia, quem administra o dinheiro. E os bancos, como seu nome indica, não têm coração.

O terceiro enigma é o critério político que prevalece no seio da Academia Sueca. Em várias ocasiões, os prêmios nos fizeram crer que seus membros são liberais idealistas. Seu maior tropeço, e o mais honroso, ocorreu em 1938, quando Hitler proibiu os alemães de receber o Prêmio Nobel, com o argumento risível de que seu promotor era judeu. Richard

Khun, o alemão que naquele ano mereceu o Nobel de Química, teve de recusá-lo. Por convicção ou prudência, nenhum dos prêmios foi concedido durante a Segunda Guerra Mundial. Mas logo que a Europa se recompôs de suas dores, a Academia Sueca cometeu o que parece ser sua única penosa concessão: deu o prêmio de literatura a *sir* Winston Churchill só porque era o homem de maior prestígio de seu tempo, e não era possível lhe dar nenhum dos outros prêmios, muito menos o da paz.

Talvez as relações mais difíceis da Academia Sueca tenham sido com a União Soviética. Em 1958, quando o prêmio foi concedido a Boris Pasternak, ele o recusou por temor de que não o deixassem retornar ao seu país. As autoridades soviéticas consideraram o prêmio uma provocação. No entanto, em 1965, quando o premiado foi Mikhail Sholokhov, o mais oficial dos escritores oficiais soviéticos, as próprias autoridades do país o celebraram com alegria. Em compensação, cinco anos mais tarde, quando o concederam ao grande dissidente Alexander Soljenítsin, o governo soviético perdeu as estribeiras e chegou a dizer que o Prêmio Nobel era um instrumento do imperialismo. Consta-me, no entanto, que as mensagens mais calorosas recebidas por Pablo Neruda a propósito de seu prêmio vieram da União Soviética, e algumas de alto nível oficial.

— Para nós — disse-me, sorrindo, um amigo soviético — o Prêmio Nobel é bom quando é concedido a um escritor que nos agrada, e mau quando acontece o contrário.

A explicação não é tão simplista como parece. No fundo de nosso coração todos temos o mesmo critério.

O único membro da Academia Sueca que lê em castelhano, e muito bem, é o poeta Artur Lundkvist. É ele quem conhece a obra de nossos escritores, quem propõe suas candidaturas e quem luta por eles na batalha secreta. Isso o converteu, para seu pesar, numa divindade remota e enigmática, da qual depende de certo modo o destino universal de nossas letras. Na vida real, é um ancião juvenil, com um senso de humor um pouco latino, e com uma casa tão modesta que é impossível pensar que dele depende o destino de alguém.

Há alguns anos, depois de um típico jantar sueco nessa casa — com carnes frias e cerveja quente — Lundkvist nos convidou para um café em sua biblioteca. Fiquei assombrado. Era incrível encontrar semelhante quantidade de livros em castelhano, os melhores e os piores misturados, e quase todos dedicados por seus autores vivos, agonizantes ou mortos na espera. Pedi permissão ao poeta para ler algumas dedicatórias, e ele concordou com um bom sorriso de cumplicidade. A maioria era tão afetuosa, e algumas tão diretas ao coração que, na hora de escrever as minhas, pareceu-me que apenas a assinatura já era indiscreta. São os complexos que a gente tem, cacete!

8 de outubro de 1980, *El País*, Madri

## TELEPATIA SEM FIO

Um notável neurologista francês, pesquisador em tempo integral, contou-me outra noite que descobrira uma função do cérebro humano que parece ser de grande importância. Só há um problema: não pôde definir para que serve. Perguntei-lhe, com alguma esperança, se havia possibilidade de que fosse a função que regula os presságios, os sonhos premonitórios e a transmissão do pensamento. Sua única resposta foi um olhar de compaixão.

Eu vi esse mesmo olhar 18 anos antes, quando fiz pergunta semelhante a um querido amigo, que é também pesquisador do cérebro humano na Universidade do México. Minha opinião, desde então, era que a telepatia em suas diversas situações não é coisa de bruxos, como parecem acreditar os incrédulos, mas simples faculdade orgânica que a ciência repudia, porque não a conhece, como repudiava a teoria da esfericidade da Terra quando se acreditava que era plana. Meu amigo admitia, se não me falha a memória, que é bem reduzida a área do cérebro cujas funções estão comprovadas em sua plenitude, mas se negava a admitir que no restante daquelas trevas houvesse um lugar capaz de prever o futuro.

Eu lhe transmitia brincadeiras telepáticas que ele desqualificava como acasos puros, embora algumas pareçam bem óbvias. Certa noite, liguei convidando-o para um jantar em nossa casa, e só depois me dei conta de que não havia coisas suficientes na cozinha. Voltei a lhe telefonar, para pedir que trouxesse uma garrafa de vinho de uma marca que não era comum, e um pedaço de salsichão. Mercedes gritou da cozinha para que pedisse também um sabão para lavar pratos. Mas já havia saído de casa. Contudo, no momento de pendurar o telefone, tive a nítida impressão de que, por um prodígio impossível de explicar, meu amigo recebera a mensagem. Então escrevi tudo num papel, para que ele não duvidasse de minha versão, e por puro virtuosismo poético acrescentei também uma rosa. Pouco depois, ele e a mulher chegaram com as coisas que pedíramos, incluindo o sabão da mesma marca que usávamos em casa.

— O supermercado estava aberto por acaso e decidimos trazer-lhes estas coisas — disse, quase se desculpando. Só faltava a rosa.

Naquele dia meu amigo e eu iniciamos um diálogo diferente que ainda não terminou. A última vez que o vi, seis meses atrás, estava completamente dedicado a definir em que lugar do cérebro se encontra a consciência.

A vida, mais do que se acredita, está embelezada por esse mistério. Na véspera do assassinato de Júlio César, sua mulher Calpúrnia viu com terror que todas as janelas da casa se abriram de repente ao mesmo tempo, sem vento e sem ruídos. Séculos depois, o romancista Thornton Wilder atribuiu a Júlio César uma frase que não está em suas memórias de guerra nem nas crônicas fascinantes de Plutarco e Suetônio, mas define melhor do que qualquer outra coisa a condição humana do imperador:

— Eu, que governo tantos homens, sou governado por pássaros e trovões.

A história da Humanidade — desde que o jovem José decifrava os sonhos no Egito — está cheia desses lampejos fabulosos. Conheço dois gêmeos idênticos a quem doeu o mesmo dente molar ao mesmo tempo em cidades diferentes. E que quando estão juntos têm a sensação de que os pensamentos de um interferem nos do outro. Muitos anos antes, numa vereda da costa do Caribe, conheci um curandeiro que se gabava de curar um animal a distância se lhe fizessem a descrição precisa e o lugar em que se encontrava. Comprovei com estes olhos: uma vaca contaminada, cujos vermes caíam vivos das pústulas, enquanto o curandeiro rezava uma oração secreta a vários quilômetros de distância. Contudo, só me lembro de uma experiência que levou a sério essas faculdades na história atual. Foi feita pela Marinha dos Estados Unidos, que não tinha meios de se comunicar com os submarinos nucleares que navegavam sob a calota polar, e decidiu experimentar a telepatia. Duas pessoas com afinidades, uma em Washington e outra a bordo do submarino, tentaram estabelecer um sistema para trocar mensagens pensadas. Foi um fracasso, com certeza, pois a telepatia é imprevisível e espontânea, e não admite nenhuma espécie de sistematização. É sua defesa. Todo prognóstico, dos presságios matinais às centúrias de Nostradamus, vem cifrado desde sua concepção e só se compreende quando se cumpre. Se não fosse assim, seria derrotado de antemão por si mesmo.

Falo disso com tanta propriedade porque minha avó materna foi o sábio mais lúcido que jamais conheci na ciência dos presságios. Era uma católica como as de antigamente, de maneira que repudiava como artifícios demoníacos tudo o que pretendesse ser adivinhação metódica do futuro. Assim foram os baralhos, as linhas da mão ou a evocação dos espíritos. Mas era mestra em seus presságios. Recordo-a na cozinha de nossa casa grande de Aracataca, vigiando os signos secretos dos pães perfumados que tirava do forno.

Uma vez viu 09 escrito nos restos da farinha, e moveu céus e terras para encontrar um bilhete de loteria com esse número. Perdeu. No entanto, na semana seguinte ganhou uma cafeteira a vapor numa rifa, com um bilhete que meu avô comprara e esquecera na algibeira do casaco, na semana anterior. Era o 09. Meu avô tinha 17 filhos dos que então se chamavam naturais — como se os do casamento fossem artificiais —, e minha avó os tinha como seus. Estavam dispersos por toda a costa, mas ela falava de todos na hora do desjejum, e dava conta da saúde de cada um e do estado de seus negócios como se mantivesse uma correspondência imediata e secreta. Era a época tremenda dos telegramas que chegavam nas horas mais imprevistas e penetravam como um vento de pânico na casa. Passavam de mão em mão sem que ninguém se atrevesse a abri--los, até que a alguém ocorria a ideia providencial de fazê-lo abrir por uma criança mais nova, como se a inocência tivesse a virtude de mudar a maldade das notícias ruins.

Isso aconteceu uma vez em nossa casa, e os adultos perturbados decidiram pôr o telegrama de lado, sem abri-lo, até que chegasse meu avô. Minha avó não se alterou.

— É de Prudencia Iguarán para avisar que vem — disse. — Ontem à noite sonhei que já estava a caminho.

Quando meu avô entrou em casa não teve sequer de abrir o telegrama. Voltava com Prudencia Iguarán, a quem encontrara por acaso na estação do trem, com uma roupa de pássaros pintados e um enorme ramo de flores, e convencida de que meu avô estava ali pela magia infalível de seu telegrama.

A avó morreu com quase 100 anos sem ganhar na loteria. Ficara cega e nos últimos tempos delirava de tal maneira que era impossível seguir o fio de seu raciocínio. Negava-se a tirar a roupa enquanto o rádio estivesse ligado, muito embora todas as noites lhe explicássemos que o locutor não estava dentro da casa. Pensava que a enganávamos, porque nunca acreditou numa máquina diabólica que permitia ouvir alguém que falava de outra cidade distante.

25 de novembro de 1980, *El País*, Madri

# A NOVA PROFISSÃO MAIS VELHA DO MUNDO

O outono de Paris começou de repente, e tarde, este ano, com um vento glacial que despiu as árvores de suas últimas folhas douradas. Os terraços dos cafés fecharam ao meio-dia, a vida ficou turva e o verão radiante que se prolongara além da conta passou a ser uma fantasia da memória. Parecia que em poucas horas haviam se passado vários meses. O entardecer foi prematuro e lúgubre, mas ninguém o lamentou de verdade, pois este tempo brumoso é o natural de Paris, o que mais a acompanha e o que melhor lhe assenta.

A mais bela das mulheres de aluguel que fazem ponto nas vielas de Pigalle era uma loura esplêndida que em lugar menos comprometedor seria confundida com uma estrela de cinema. Tinha um conjunto de jaqueta e calça pretas, que era a cor da moda, e na hora em que começou o vento gelado pôs um legítimo casaco de pele. Assim estava, oferecendo-se por 200 francos diante de um motel da rua Duperré, quando um automóvel se deteve diante dela. Do assento do motorista, outra mulher bonita e bem-vestida disparou-lhe sete tiros de fuzil. Essa noite, quando a polícia encontrou o assassino, aquele drama suburbano já repercutira nos jornais, porque tinha dois elementos novos que o faziam diferente. Nem a vítima nem o matador eram louras e belas, e sim dois homens de fato e de direito, e ambos do Brasil.

A notícia pôs em evidência o que já se sabe de sobra na Europa: a prostituição de rua das grandes cidades é agora profissão de homens, e os mais cobiçados entre eles, os mais caros e os mais bem-vestidos são jovens latino-americanos disfarçados de mulher. Segundo os jornais, de duzentos travestis que trabalham nas ruas da França, pelo menos a metade chegou do Brasil. Na Espanha, Inglaterra, Suíça ou Alemanha Ocidental, onde o negócio parece ser ainda mais frutífero, o número é maior e a nacionalidade mais variada. O fenômeno tem matizes diferentes em cada país, mas em todos se apresenta como uma mudança de fundo na profissão mais antiga e conservadora do mundo.

Quando estive na Europa pela primeira vez, há uns 25 anos, a prostituição era uma indústria próspera e organizada, com categorias exatas e territórios bem-divididos. Eu ainda conservava a imagem idílica dos bordéis do Caribe, aquelas pistas de dança com guirlandas nas amendoeiras, com galinhas impávidas que andavam ciscando por entre a música e belas e selvagens mulatas que se prostituíam mais pela festa do que pelo dinheiro e às vezes incorriam na extraordinária inocência de se suicidar por amor. Às vezes alguém ficava com elas, não tanto pela vagabundinha — como dizia minha mãe — mas pela felicidade de senti-las respirar enquanto dormiam. Os desjejuns eram mais caseiros e ternos do que os da casa, e a verdadeira festa começava às onze da manhã, sob as amendoeiras tímidas.

Educado numa escola tão humana, eu só podia ficar deprimido com o rigor comercial das europeias. Em Genebra, circulavam pela orla do lago, e a única coisa que as diferenciava das bem-casadas eram as sombrinhas coloridas que levavam abertas com chuva ou com sol, de dia ou de noite, como um estigma de classe. Em Roma, assobiavam como pássaros entre as árvores da Villa Borghese, e em Londres ficavam invisíveis entre a névoa e tinham de acender luzes que pareciam de navegação para que alguém encontrasse seu rumo. As de Paris, idealizadas pelos poetas malditos e o pobre cinema francês dos anos 1930, eram as mais inclementes. Nos bares insones da Champs-Elysées era fácil descobrir seus traços de humanidade: choravam como noivas diante do despotismo dos rufiões inconformados com os lucros da noite. Dava trabalho entender semelhante mansidão de coração em mulheres curtidas por uma profissão tão bárbara. Era tal minha curiosidade que, anos depois, conheci um rufião e lhe perguntei como era possível dominar com mão de ferro mulheres tão valentes, e ele respondeu, impassível:

— Com amor.

Não perguntei mais nada, por receio de entender menos.

A irrupção dos travestis naquele mundo de exploração e morte tornou-o ainda mais sórdido. Sua revolução consiste em praticar as duas profissões ao mesmo tempo: prostitutas e rufiões de si próprios. São autônomos e valentes. Muitos territórios noturnos abandonados pelas mulheres pela periculosidade foram ocupados por eles à mão armada. Mas na maioria das cidades enfrentaram as mulheres e seus rufiões a golpes de martelo, e estão exercendo seu direito de conquista nas melhores esquinas da Europa. O fato de que muitos latino-americanos participem dessa apoteose do machismo não nos tira nem acrescenta nenhuma glória. É uma prova a mais de nossas perturbações sociais e não nos deve alarmar mais do que outras mais graves.

A maioria, certamente, é de homossexuais. Têm esplêndidos peitos de silicone, e alguns acabam por realizar o sonho dourado de uma operação extrema que os instala para sempre no sexo oposto. Mas muitos não são, e se lançaram à vida com suas armas emprestadas — ou usurpadas a socos — porque é uma má maneira de ganhá-la bem. Alguns são tranquilos pais de família que de dia trabalham em obras de caridade e de noite, quando as crianças dormem, vão para a rua com as roupas dominicais da mulher. Outros são estudantes pobres que resolveram dessa maneira o futuro de sua carreira. Os mais sagazes ganham numa boa noite até 500 dólares. O que — segundo diz minha mulher, aqui do meu lado — é melhor do que escrever.

2 de dezembro de 1980, *El País*, Madri

## SIM: A NOSTALGIA CONTINUA
## A MESMA DE ANTES

Foi uma vitória mundial da poesia. Num século em que os vencedores são sempre os que batem mais forte, os que conseguem mais voto, fazem mais gols, os homens mais ricos e as mulheres mais belas, é alentadora a comoção provocada no mundo inteiro pela morte de um homem que dedicou a vida a cantar o amor. É a apoteose dos que nunca ganham.

Durante 48 horas não se falou de outra coisa. Três gerações — a nossa, a de nossos filhos e a de nossos netos mais velhos — tínhamos pela primeira vez a impressão de viver uma catástrofe comum, e pelas mesmas razões. Um repórter da televisão perguntou na rua a uma senhora de 80 anos qual era a canção de John Lennon que lhe agradava mais, e ela respondeu como se tivesse 15:

— "Happiness is a warm gun."

Um garoto que estava vendo o programa disse:

— Pois eu gosto de todas.

Meu filho mais novo perguntou a uma garota da mesma idade por que mataram John Lennon, e ela respondeu, como se tivesse 80 anos:

— Porque o mundo está acabando.

É assim: a única nostalgia comum que a gente tem com os filhos são as canções dos Beatles. Cada qual com seus próprios motivos, e com uma dor diferente, como ocorre sempre com a poesia. Não esquecerei nunca aquele dia memorável de 1963, no México, quando ouvi pela primeira vez, de maneira consciente, uma canção dos Beatles. A partir de então descobri que o universo inteiro estava contaminado por eles. Em nossa casa de San Ángel, com espaço apenas para nos sentarmos, havia somente dois discos: uma seleção de prelúdios de Debussy e o primeiro disco dos Beatles. Por toda a cidade, a toda hora, escutava-se um grito de multidão: "Help, I need somebody." Alguém voltou a sugerir por esta época o velho mote segundo o qual os melhores músicos são os da segunda letra do catálogo: Bach, Beethoven, Brahms e Bartók. Alguém voltou a dizer a mesma tolice de sempre: que se incluísse Mozart. Álvaro Mutis, que como todo grande erudito da música tem uma fraqueza irremediável pelos tijolos sinfônicos, insistia em incluir Bruckner. Houve também quem tentasse reeditar a batalha em defesa de Berlioz, da qual eu discordava, porque não podia superar a superstição de que é um *oiseau de malheur*, isso é, um pássaro de mau agouro. Em compensação, empenhei-me desde então em incluir os Beatles. Emilio García Riera, que concordava comigo e é um crítico e historiador de cinema com uma lucidez um pouco sobrenatural, sobretudo depois do segundo trago, disse-me num desses dias:

— Ouço os Beatles com um certo medo, porque sinto que vou me recordar deles pelo resto da minha vida.

É o único caso que conheço de alguém com bastante clarividência para se dar conta de que estava testemunhando o nascimento de suas nostalgias. Entrava-se no escritório de Carlos Fuentes e ali estava ele escrevendo à máquina com um único dedo de uma única mão, como fazia sempre, em meio a uma densa nuvem de fumaça e isolado dos horrores do universo com a música dos Beatles a todo volume.

Como sempre acontece, pensávamos então que estávamos muito longe de ser felizes, e agora pensamos o contrário. É a armadilha da nostalgia, que tira de seu lugar os momentos amargos e os pinta com outra cor, e torna a colocá-los onde já não doem. Como nos retratos antigos, que parecem iluminados pelo resplendor ilusório da felicidade, nos vemos com assombro como éramos jovens quando éramos jovens, e não apenas nós que estávamos ali, mas também a casa e as árvores do fundo, e até as cadeiras em que nos sentávamos. Che Guevara, conversando com seus homens ao redor do fogo nas noites vazias da guerra, disse uma vez que a nostalgia começa pela comida. É certo — mas só quando se tem fome. Em compensação, sempre começa pela música. Na realidade, nosso passado pessoal se afasta de nós desde o momento em que nascemos, mas só o sentimos passar quando um disco acaba.

Esta tarde, pensando tudo isso diante de uma janela triste onde cai a neve, com mais de 50 anos nas costas e ainda sem saber bem quem sou, nem que porra faço aqui, tenho a impressão de que o mundo foi igual desde meu nascimento até que os Beatles começaram a cantar. Tudo mudou então. Os homens deixaram crescer o cabelo e a barba, as mulheres aprenderam a se despir com naturalidade, mudou a maneira de vestir e de amar, e se iniciou a liberação do sexo e de outras drogas para sonhar. Foram os anos estridentes da guerra do Vietnã e da rebelião universitária. Mas, sobretudo, foi a dura aprendizagem de uma relação diferente entre pais e filhos, o início de um novo diálogo entre eles que parecera impossível durante séculos.

O símbolo de tudo isso — à frente dos Beatles — era John Lennon. Sua morte absurda nos deixa um mundo diferente povoado de imagens harmoniosas. Em "Lucy in the Sky", uma de suas canções mais bonitas, fica um cavalo de papel de jornal com uma gravata de espelhos. Em "Eleanor Rigby" — com um baixo obstinado de celos barrocos — fica uma jovem desolada que recolhe o arroz, no átrio de uma igreja onde acaba de se celebrar um casamento. "De onde vêm os solitários?", pergunta-se, sem resposta. Fica também o padre McKenzie escrevendo um sermão que ninguém ouvirá, lavando as mãos sobre os túmulos, e uma jovem que tira o rosto antes de entrar em casa e o deixa num frasco perto da porta para colocá-lo de novo quando tornar a sair. Essas criaturas sugerem que John Lennon era um surrealista, que é algo que se diz com demasiada facilidade de tudo o que parece extraordinário, como costumam dizer de Kafka os que não souberam lê-lo. Para outros, é o visionário de um mundo melhor. Alguém que nos fez compreender que velhos não somos os que temos muitos anos, mas os que não subiram a tempo no trem de seus filhos.

16 de dezembro de 1980, *El País*, Madri

## CONTO DE HORROR PARA
## A NOITE DE ANO-NOVO

Chegamos a Arezzo pouco antes do meio-dia e perdemos mais de duas horas procurando o castelo medieval que o escritor Miguel Otero Silva comprou naquele ângulo idílico da planície toscana. Era um domingo de início de agosto, ardente e confuso, e não era fácil achar alguém que soubesse alguma coisa nas ruas invadidas pelos turistas. Depois de muitas tentativas inúteis voltamos ao automóvel, abandonamos a cidade por um caminho sem placas informativas e uma velha pastora de gansos nos indicou com precisão onde ficava o castelo. Antes de se despedir nos perguntou se pensávamos em dormir ali, e lhe respondemos — como tínhamos previsto — que só íamos almoçar.

— Menos mal — disse ela — porque essa casa está cheia de assombrações.

Minha mulher e eu, que não acreditamos em fantasmas à luz do sol, zombamos de sua credulidade. Mas as crianças ficaram felizes com a ideia de conhecer um fantasma de corpo presente.

Miguel Otero Silva, que, além de bom escritor, é um anfitrião esplêndido e um *gourmet* exigente, esperava-nos com um almoço para ficar na memória. Como já era tarde, não tivemos tempo de conhecer o interior do castelo antes de nos sentarmos à mesa, mas seu aspecto do lado de fora nada tinha de assustador, e qualquer inquietação se aplacava com a visão completa da cidade a partir do terraço de verão em que almoçávamos. Era difícil acreditar que naquela colina de casas encarapitadas, onde cabiam apenas 90 mil pessoas, tivessem nascido tantas de gênio duradouro, como Guido de Arezzo, que inventou as notas musicais, ou o esplêndido Vasari e o desbocado Aretino, ou Júlio II e o próprio Caio Cílnio Mecenas, os dois grandes padrinhos das artes e das letras de seu tempo. Miguel Otero Silva nos disse com seu senso de humor habitual que tão altas citações históricas não eram as mais insignes de Arezzo.

— O mais importante — nos disse — foi Ludovico.

Assim mesmo, sem sobrenomes: Ludovico, o grande senhor das artes e da guerra que construíra aquele castelo de sua desgraça.

Miguel Otero Silva nos falou de Ludovico durante todo o almoço. Falou-nos de seu poder desmedido, de seu amor desgraçado e de sua morte espantosa. Contou-nos como foi que, num instante de loucura do coração, apunhalou sua dama no leito em que acabaram de se amar, e em seguida atiçou contra si mesmo seus ferozes cães de guerra, que o despedaçaram a dentadas. Assegurou-nos, muito sério, que a partir da meia-noite o espectro de Ludovico deambulava pelo castelo de trevas, tentando conseguir um instante de sossego para seu purgatório de amor. No entanto, em pleno dia, com o estômago cheio e o coração contente, aquilo só poderia parecer uma brincadeira como tantas outras de Miguel Otero Silva para entreter seus convidados.

O castelo, na realidade, era imenso e sombrio, como pudemos comprovar depois da sesta. Os dois andares superiores e os 82 quartos sofreram toda espécie de mudanças de seus donos sucessivos. Miguel Otero Silva restaurara completamente o térreo e mandara construir um dormitório moderno com pisos de mármore, uma sauna e uma academia de ginástica, bem como o terraço de flores intensas no qual almoçáramos.

— São coisas de Caracas para despistar Ludovico — disse-nos.

Eu ouvira dizer, no entanto, que a única coisa que confunde os fantasmas são os labirintos do tempo.

O segundo andar continuava intacto. Fora o mais usado no decurso dos séculos, mas agora era uma sucessão de quartos sem nenhuma personalidade, com móveis abandonados de diferentes épocas. O andar superior era o mais abandonado de todos, mas se conservava nele um quarto intacto por onde o tempo se esquecera de passar. Era o dormitório de Ludovico. Ali estava a cama de marquesinha, com cortinas bordadas em fios de ouro e a colcha de prodígios de passamanaria ainda salpicada com o sangue da amante sacrificada. A chaminé estava com as cinzas geladas e a última lenha convertida em pedra, o armário com suas armas bem cuidadas e o retrato a óleo do cavalheiro pensativo, pintado por alguns dos mestres florentinos que não tiveram a sorte de sobreviver ao seu tempo. Porém o que mais me impressionou foi o odor de morangos recentes que permanecia, sem explicação possível, no âmbito do quarto.

Os dias de verão são longos e moderados na Toscana, e o horizonte se mantém no lugar até as nove da noite. Depois de nos mostrar o interior do castelo, Miguel Otero Silva nos levou para ver os afrescos de Piero della Francesca, na Igreja de São Francisco; em seguida tomamos um café substancial sob as pérgulas da praça embelezadas pelos primeiros ares da noite, e quando voltamos ao castelo para recolher as malas encontramos o jantar servido. Foi por isso que ficamos para comer. Enquanto comíamos, as crianças apanharam mais lampiões na cozinha e foram explorar as trevas dos andares de cima. Da mesa ouvíamos seus passos de cavalos soltos pelas escadas, o rangido lúgubre das portas, os gritos felizes chamando Ludovico nos quartos abandonados. Foi delas a má ideia de ficarmos para dormir. Miguel Otero os apoiou encantado, e não tivemos a firmeza de dizer-lhes não.

Ao contrário do que eu temia, dormimos bem; minha mulher e eu num dormitório do térreo, e meus filhos no quarto contíguo. Enquanto aguardava o sono contei as 12 batidas insones do relógio da sala, e por um instante me lembrei da pastora de gansos. Mas estávamos tão cansados que dormimos logo, num sono denso e contínuo, e despertei, depois das sete, com o sol esplêndido. Ao meu lado, Mercedes navegava no mar tranquilo dos inocentes. "Que tolice", pensei comigo mesmo, "que alguém, nestes tempos, continue a acreditar em fantasmas." Só então me dei conta — com um estremecimento de horror — que não estávamos no quarto em que nos deitáramos na noite anterior, mas no dormitório de Ludovico, deitados em sua cama de sangue. Alguém nos trocara de quarto durante o sono.

30 de dezembro de 1980, *El País*, Madri

# CARIBE MÁGICO

Suriname — como todo mundo sabe — é um país independente do Mar do Caribe, que foi até há poucos anos uma colônia holandesa. Tem 163.820 quilômetros quadrados e um pouco mais de 384 mil habitantes de diversas origens: hindus, índios locais, indonésios, africanos, chineses e europeus. Sua capital, Paramaribo — que em castelhano se pronuncia como palavra paroxítona e que os nativos pronunciam como proparoxítona —, é uma cidade ruidosa e triste, com espírito mais asiático do que americano, na qual se falam quatro idiomas e numerosos dialetos aborígines, além da língua oficial — o holandês —, e se professam seis religiões: hinduísta, católica, muçulmana, morava, holandesa reformada e luterana. Na atualidade, o país é governado por uma junta de militares jovens, dos quais se sabe pouco, até mesmo nos países vizinhos, e ninguém se lembraria do Suriname se não fosse, uma vez por semana, escala de rotina de um avião holandês que voa de Amsterdã a Caracas.

Ouvi falar de Suriname desde criança, não pelo nome de Suriname — que então se chamava Guiana Holandesa —, mas porque fazia limite com a Guiana Francesa, em cuja capital, Caiena, localizava-se até há pouco a tremenda colônia penal conhecida, na vida e na morte, como a Ilha do Diabo. Os poucos que conseguiam fugir daquele inferno, que tanto podiam ser criminosos bárbaros como idealistas políticos, dispersavam-se pelas numerosas ilhas das Antilhas até que conseguiam voltar para a Europa ou se estabeleciam com identidade trocada na Venezuela e na costa caribenha da Colômbia. O mais célebre de todos foi Henri Charrière, autor de *Papillon*, que prosperou em Caracas como divulgador de restaurantes e outras profissões menos visíveis, e morreu há poucos anos na crista de uma glória literária efêmera, mas tão meritória como não merecida. Essa glória, na realidade, correspondia, com mais méritos, a outro fugitivo francês que descreveu bem antes do que *Papillon* os horrores da Ilha do Diabo, e no entanto não figura hoje na literatura de nenhum lugar, nem seu nome se encontra nas enciclopédias. Chamava-se René Belbenoît, fora jornalista na França antes de ser condenado à prisão perpétua por uma causa que nenhum jornalista de hoje pode recordar, e continuou a ser jornalista nos Estados Unidos, onde conseguiu asilo e onde morreu de velhice honrada.

Alguns desses fugitivos se refugiaram no povoado do Caribe colombiano onde eu nasci, nos tempos da *febre da banana*, quando os charutos não se acendiam com fósforos, e sim com notas de 5 pesos. Vários deles se misturaram à população e chegaram a ser cidadãos respeitáveis, que se destacavam sempre por sua fala difícil e pelo passado misterioso. Um deles, Roger Chantal, que chegara sem outra profissão a não ser a de arrancador de dentes molares sem anestesia, tornou-se milionário da noite para o dia sem qualquer explicação. Promovia festas babilônicas — num povoado inverossímil que tinha poucas razões para invejar a Babilônia —, embebedava-se mortalmente e gritava em sua feliz agonia:

— *Je suis l'homme le plus riche du monde*.

No meio do delírio foi tomado pela vaidade de benfeitor que ninguém conhecia até então, e doou à igreja um santo de gesso de tamanho natural, entronizado com uma festança de três dias. Numa terça-feira qualquer chegaram no trem das onze três agentes secretos que foram de imediato para sua casa. Chantal não estava, mas os agentes fizeram uma revista minuciosa na presença de sua mulher nativa, que não opôs nenhuma resistência, salvo quando quiseram abrir o armário envidraçado do quarto de dormir. Então os agentes romperam a vidraça e encontraram mais de um milhão de dólares em notas falsas escondidas entre o cristal e a madeira.

Nunca mais se soube de Roger Chantal. Mais tarde circulou a lenda de que o milhão de dólares falsos entrou no país dentro do santo de gesso, que nenhum funcionário da alfândega teve a curiosidade de revistar.

 Tudo isso me voltou de repente à memória pouco antes do Natal de 1957, quando tive de fazer uma escala de uma hora em Paramaribo. O aeroporto era uma pista de terra aplainada com uma cabana de madeira, em cuja viga vertical havia um telefone daqueles de filmes de caubóis, com uma manivela que se girava com força e muitas vezes, até obter a resposta. O calor era abrasivo, e o ar, poeirento e imóvel, tinha o cheiro de jacaré adormecido com que se identifica o Caribe quando alguém chega do outro mundo. Num tamborete apoiado na viga do telefone havia uma negra muito bela, jovem e corpulenta, com um turbante colorido como os usados pelas mulheres de alguns países da África. Estava grávida, prestes a dar à luz, e fumava um charuto em silêncio e como só vi fazer no Caribe: com a brasa dentro da boca e soltando fumaça pela outra extremidade, como uma chaminé de navio. Era o único ser humano no aeroporto.

 Quinze minutos depois, chegou um jipe decrépito envolto numa nuvem de poeira, do qual desceu um negro de calças curtas e capacete de cortiça com os papéis para despachar o avião. Enquanto providenciava os trâmites, falava ao telefone, dando gritos em holandês. Doze horas antes eu estava num terraço marítimo de Lisboa, diante do imenso oceano português, vendo os bandos de gaivotas que se metiam nas cantinas do porto fugindo do vento glacial. A Europa era então uma terra decrépita coberta de neve, os dias não tinham mais de cinco horas de luz solar, e era impossível imaginar que realmente existisse um mundo de sol canicular e goiabas podres, como aquele onde acabáramos de descer. A única imagem que persistiu daquela experiência, e que ainda conservo intacta, foi a da bonita negra impassível que tinha no colo uma canastra com raízes de gengibre para vender aos passageiros.

 Agora, viajando outra vez de Lisboa a Caracas, voltei a aterrissar em Paramaribo, e minha primeira impressão foi a de que nos equivocáramos de cidade. O terminal do aeroporto é agora um prédio iluminado, com janelões de vidro, com um ar-condicionado muito sutil, cheiroso como remédio para crianças, e essa música enlatada que se repete sem misericórdia em todos os lugares públicos do mundo. Há lojas de artigos de luxo livres de impostos, tão abundantes e bem sortidas como no Japão, e uma cafeteria superlotada onde se encontram revolvidas e em ebulição as sete raças do país, suas seis religiões e seus idiomas incontáveis. Aquela mudança não parecia de vinte anos, e sim de séculos.

Meu professor Juan Bosch, autor, entre outras muitas coisas, de uma história monumental do Caribe, disse uma vez em particular que nosso mundo mágico é como essas plantas invencíveis que renascem sob o cimento, até que o racham e o rompem, e voltam a florescer no mesmo lugar. Compreendi isso melhor do que nunca quando saí por uma porta imprevista do aeroporto de Paramaribo e encontrei uma fileira de velhas mulheres sentadas impávidas, todas com turbantes coloridos e todas fumando com a brasa dentro da boca. Vendiam frutas e artesanato local, mas nenhuma fazia o menor esforço para convencer alguém. Só uma delas, que não era a mais alta, vendia raízes de gengibre. Reconheci-a logo. Sem saber por onde começar nem o que fazer com aquela descoberta, comprei um punhado de raízes. Enquanto comprava, recordando seu estado da primeira vez, perguntei-lhe sem preâmbulos como estava seu filho. Nem sequer me olhou.

— Não é filho, e sim filha — disse — e acaba de me dar meu primeiro neto aos 22 anos.

6 de janeiro de 1981, *El País*, Madri

## A POESIA AO ALCANCE DAS CRIANÇAS

Um professor de literatura avisou, no ano passado, à filha mais nova de um grande amigo meu, que seu exame final versaria sobre *Cem anos de solidão*. A menina se assustou, com toda a razão, não só porque não lera o livro mas porque precisava estudar outras matérias mais importantes. Por sorte, seu pai tem uma sólida formação literária e um raro instinto poético, e a submeteu a uma preparação tão intensa que, sem dúvida, chegou ao exame mais bem preparada que o professor. Mas o professor lhe fez uma pergunta surpreendente: que significa a letra ao contrário no título de *Cem anos de solidão*? Referia-se à edição de Buenos Aires, cuja capa foi feita pelo pintor Vicente Rojo com uma letra invertida, porque assim lhe indicou sua absoluta e soberana inspiração. A menina certamente não soube o que responder. Vicente Rojo me disse quando lhe contei a história que ele tampouco teria sabido responder.

Nesse mesmo ano, meu filho Gonzalo teve de responder a um questionário de literatura elaborado em Londres para um exame de admissão. Uma das perguntas pretendia definir qual era a simbologia do galo em *Ninguém escreve ao coronel*. Gonzalo, que conhece bem o estilo de sua casa, não pôde resistir à tentação de zombar daquele sábio remoto e respondeu: "É o galo dos ovos de ouro." Mais tarde soubemos que quem obteve a melhor nota foi o aluno que respondeu, como o professor lhe ensinara, que o galo do coronel era o símbolo da força popular reprimida.

Alegrei-me mais uma vez por minha boa estrela política, pois o final que havia pensado para este livro, e que troquei na última hora, era que o coronel torcesse o pescoço do galo e fizesse com ele uma sopa de entulho.

Há anos coleciono essas pérolas com que os maus professores de literatura pervertem as crianças. Conheço um de boa-fé para quem a avó desalmada, gorda e voraz, que explora a Cândida Erêndira para cobrar uma dívida é o símbolo do capitalismo insaciável. Um professor católico ensinava que a ascensão ao céu de Remédios, a Bela era uma transposição poética da ascensão da Virgem Maria. Outro discorreu uma aula inteira sobre Herbert, um personagem de algum conto meu que resolve problemas de todo mundo e distribui dinheiro a torto e a direito:

— É uma bonita metáfora de Deus — disse o professor.

Dois críticos de Barcelona me surpreenderam com a descoberta de que *O outono do patriarca* tinha a mesma estrutura do terceiro concerto para piano de Béla Bartok. Isso me causou uma grande alegria pela admiração que tenho por Béla Bartck, e em especial por esse concerto, mas no entanto não pude entender as analogias daqueles dois críticos. Um professor de literatura da Escola de Letras de Havana destinava muitas horas à análise de *Cem anos de solidão* e chegava à conclusão — lisonjeira e deprimente ao mesmo tempo — de que não oferecia nenhuma solução. Tudo isso acabou por me convencer de que a mania interpretativa termina por ser com o tempo uma nova forma de ficção que às vezes encalha no disparate.

Devo ser um leitor muito ingênuo, porque nunca pensei que os romancistas quisessem dizer mais do que dizem. Quando Franz Kafka diz que Gregor Samsa despertou uma manhã transformado num gigantesco inseto, não me parece que isso seja o símbolo de nada, e a única coisa que sempre me intrigou é que tipo de animal pode ter sido. Creio que de fato houve um tempo em que os tapetes voavam e havia gênios aprisionados nas garrafas. Creio que a jumenta de Balaão falou — como diz a Bíblia — e o lamentável é que não se gravou sua voz, e creio que Josué derrubou as muralhas de Jericó com o poder de suas trombetas, e o lamentável é que ninguém transcreveu sua música demolidora. Creio, enfim, que o licenciado Vidrieras — de Cervantes — era na realidade de vidro, como ele acreditava em sua loucura, e creio para valer na alegre verdade de que Gargântua urinava em torrentes sobre as catedrais de Paris. Mais ainda: creio que outros prodígios semelhantes continuam a ocorrer e se não os vemos é porque somos impedidos pelo racionalismo obscurantista que nos inculcaram os maus professores de literatura.

Tenho grande respeito, e sobretudo grande carinho, pela profissão de professor, e por isso me dói que eles também sejam vítimas de um sistema de ensino que os induz a dizer tolices. Um de meus tipos inesquecíveis é a professora que me ensinou a ler aos 5 anos. Era uma jovem bela e sábia que não pretendia saber mais do que podia, e era tão jovem que com o tempo acabou por ser mais nova do que eu. Era ela quem nos lia na aula os primeiros poemas que me fizeram perder o juízo para sempre. Recordo com a mesma gratidão o professor de literatura do curso secundário, um homem modesto e prudente que nos levava pelo labirinto dos bons livros sem interpretações rebuscadas. Esse método permitia a nós, seus alunos, uma participação mais pessoal e livre no prodígio da poesia. Em síntese, um curso de literatura não deveria ser mais do que um bom guia de leituras. Qualquer outra pretensão só serve para assustar as crianças. É o que creio, aqui no quarto dos fundos.

27 de janeiro de 1981, El País, Madri

## O RIO DA VIDA

A única coisa que me dá vontade de voltar a ser criança é viajar outra vez de navio pelo rio Magdalena. Quem não viajou naqueles dias não pode sequer imaginar como era. Tive de viajar duas vezes por ano — uma vez de ida e outra de volta — durante os seis anos do secundário e os dois da universidade, e a cada vez aprendi mais da vida do que na escola, e melhor do que na escola. Na época da chuva, a viagem de subida durava cinco dias de Barranquilla a Puerto Salgar, onde se tomava o trem até Bogotá. Nos períodos secos, que eram maiores e durante os quais a viagem era mais divertida, ela podia durar até três semanas.

    O trem de Puerto Salgar subia como que engatinhando pelas encostas das montanhas durante um dia inteiro. Nos trechos mais empinados, recuava para tomar impulso e voltava a tentar a subida resfolegando como um dragão, e em certas ocasiões era necessário que os passageiros descessem e subissem a pé até a encosta seguinte, para aliviá-lo de seu peso. Os povoados do caminho eram gelados e tristes, e as vendedoras de sempre ofereciam pela janela do vagão umas galinhas grandes e amarelas, assadas inteiras, e umas batatas brancas que tinham gosto de comida de hospital. Chegava-se a Bogotá às seis da tarde, que desde então era a pior hora para viver. A cidade era lúgubre e glacial, com bondes ruidosos que soltavam chispas nas esquinas, e uma chuva de água misturada com fuligem que não estiava jamais. Os homens vestidos de preto, com chapéus pretos, caminhavam depressa e aos tropeções, como se andassem com tarefas urgentes, e não havia uma só mulher na rua. Tínhamos de ficar ali o ano todo, fingindo estudar, mas na realidade só esperávamos que voltasse a ser dezembro para viajar outra vez pelo rio Magdalena.

Eram os tempos dos navios com três andares com duas chaminés, que circulavam à noite como se fossem uma cidade iluminada e deixavam um rastro de músicas e sonhos quiméricos nos povoados sedentários da margem. À diferença dos navios do Mississippi, a roda que impulsionava os nossos não estava na borda, e sim na popa, e em nenhuma parte do mundo voltei a ver outros iguais. Tinham nomes fáceis e imediatos: *Atlántico*, *Medellín*, *Capitán de Caró*, *David Arango*. Seus capitães, como os de Conrad, eram autoritários e de bom coração, comiam como bárbaros, e nunca dormiam sozinhos em seus camarotes afastados. Os tripulantes se chamavam *marinheiros* por extensão, como se fossem do mar. Mas nas cantinas e bordéis de Barranquilla, onde chegavam misturados com os marinheiros do mar, eram diferenciados com um nome inconfundível: vaporzinhos.

As viagens eram lentas e surpreendentes durante o dia, e nós, passageiros, nos sentávamos no convés para ver a vida passar. Víamos os jacarés que pareciam troncos de árvores na margem, com as bocarras abertas, esperando que alguma coisa caísse dentro para comer. Viam-se as multidões de garças que alçavam voo assustadas pelo rastro de espuma do navio, os bandos de patos selvagens dos pântanos interiores, os cardumes intermináveis, os manatis que amamentavam suas crias e gritavam como se cantassem nas praias grandes. Às vezes uma baforada nauseabunda interrompia a sesta, e era o cadáver de uma vaca afogada, imensa, que descia quase imóvel ao cabo da correnteza com uma ave de rapina solitária parada em seu ventre. Ao longo da viagem, despertava-se ao amanhecer, aturdido pelo alvoroço dos micos e pelo escândalo dos periquitos.

Nos tempos atuais é raro que se conheça alguém nos aviões. Nos navios do rio Magdalena, nós passageiros terminávamos por parecer uma única família, e nos púnhamos de acordo todos os anos para que a viagem coincidisse. Os Eljach embarcavam em Calamar, os Pena e os Del Toro — camponeses astutos — embarcavam em Plato; os Estorninos e os Vinas, em Magangue; os Villafañes, no Banco. À medida que a viagem avançava, a farra se tornava maior. Nossa vida se vinculava de modo efêmero, mas inesquecível, à dos povoados das escalas, e muitos se envolveram para sempre com seu destino. Vicente Escudero, que era estudante de medicina, entrou sem ser convidado num baile de casamento em Gamarra, dançou sem permissão com a mulher mais bonita do povoado, e o marido o matou com um tiro. Em compensação, Pedro Pablo Guillén se casou numa bebedeira homérica com a primeira jovem que lhe agradou em Barrancabermeja, e ainda é feliz com ela e seus nove filhos. O irrecuperável José Palencia, que era um músico nato, meteu-se num concurso de tambores em Tenerife e ganhou uma vaca que ali mesmo vendeu por 50 pesos: uma fortuna na época. Às vezes o barco encalhava até 15 dias num banco de areia. Ninguém se preocupava, pois a festa continuava, e uma carta do capitão carimbada com o timbre de seu amigo servia de justificativa para chegar com atraso ao colégio.

Uma noite, em minha última viagem de 1948, despertou-nos um lamento dilacerador que vinha da ribeira. O capitão Climaco Conde Abello, que era um dos grandes, deu ordem de procurar com refletores a origem de semelhante dilaceramento. Era uma fêmea de manati que ficara presa nos galhos de uma árvore caída. Os vaporzinhos se atiraram na água, amarraram-na com um cabrestante, e conseguiram desencalhá-la. Era um animal fantástico e enternecedor, de quase 4 metros de comprimento, e sua pele era pálida e macia, e o torso era de mulher, com grandes tetas de mãe amantíssima, e de seus olhos enormes e tristes brotavam lágrimas humanas. Foi do capitão Conde Abello que ouvi pela primeira vez que o mundo ia se acabar se continuassem a matar os animais do rio, e proibiu disparar de seu barco.

— Quem quiser matar alguém, que vá matar em sua casa — gritou. — Não no meu barco.

Mas ninguém lhe deu ouvidos. Treze anos depois — em 19 de janeiro de 1961 — um amigo me telefonou no México para me dizer que o vapor *David Arango* se incendiara e ficara reduzido a cinzas no porto de Magangué. Desliguei com a terrível impressão de que minha juventude havia acabado naquele dia, e que tudo o que restava do nosso rio de nostalgia fora para o caralho.

E fora mesmo. O rio Magdalena está morto, com suas águas envenenadas e seus animais exterminados. Os trabalhos de recuperação de que o governo começou a falar — desde que um grupo concentrado de jornalistas pôs o problema na berlinda — são uma farsa para distrair a atenção da opinião pública. A recuperação do Magdalena só será possível com o esforço continuado e intenso de pelo menos quatro gerações conscientes: um século inteiro.

Fala-se com muita facilidade de reflorestamento. Isso significa, na verdade, a semeadura técnica de 59 milhões de árvores nas margens do Magdalena. Repito com todas as letras: cinquenta e nove milhões de árvores. Mas o problema maior não é plantá-las, e sim onde plantá-las. Pois a quase totalidade da terra útil das margens é propriedade privada, e o reflorestamento completo teria de ocupar noventa por cento delas. Vale a pena perguntar quem seriam os proprietários que teriam a amabilidade de ceder noventa por cento de suas terras só para plantar árvores e por conseguinte renunciar a noventa por centro de seus lucros atuais.

Por outro lado, a poluição não afeta só o rio Magdalena, e sim todos os seus afluentes. São esgotos das cidades e dos povoados ribeirinhos que arrastam e ao longo do percurso acumulam dejetos industriais e agrícolas, animais e humanos, desembocando por fim no imenso mundo de porcarias nacionais em que se tornou Bocas de Ceniza. Em novembro do ano passado, em Tocaima, dois guerrilheiros se jogaram no rio Bogotá fugindo dos militares. Conseguiram escapar, mas quase morreram infectados pela água. É por isso que os habitantes do Magdalena, sobretudo os da parte baixa, há muito não tomam nem usam água pura nem comem peixes sem risco. Só recebem — como dizem as senhoras — merda pura.

A tarefa é descomunal, mas isso é talvez sua melhor parte. O projeto completo do que é preciso fazer está num estudo realizado há alguns anos por uma comissão mista da Colômbia e da Holanda, cujos trinta volumes dormem o sono dos injustos nos arquivos do Instituto de Hidrologia e Meteorologia (IMAT). O subdiretor desse estudo monumental foi um jovem engenheiro antioqueno, Jairo Murillo, que consagrou a ele metade da vida, e antes de concluí-lo entregou o que estava pronto: morreu afogado no rio de seus sonhos. Em compensação, nenhum candidato presidencial dos últimos anos correu o risco de se afogar nessas águas. Os habitantes dos povoados ribeirinhos — que nos próximos dias vão estar na primeira linha de intenção nacional com a viagem da *Caracola* — deveriam estar conscientes disso. E lembrar que de Honda até a Bocas de Ceniza há votos suficientes para eleger um presidente da República.

25 de março de 1981, *El País*, Madri

## *MARÍA DE MEU CORAÇÃO*

Há uns dois anos, contei um episódio da vida real ao diretor de cinema mexicano Jaime Humberto Hermosillo, com a esperança de que o convertesse em filme, mas não me pareceu que lhe tivesse despertado a atenção. Dois meses depois, veio me dizer, sem anúncio prévio, que já tinha o primeiro esboço do roteiro, de maneira que seguimos trabalhando juntos até sua forma definitiva. Antes de estruturar a índole dos protagonistas, pusemo-nos de acordo sobre quais eram os atores que poderiam encarná-los melhor: María Rojo e Héctor Bonilla. Isso também nos permitiu contar com a colaboração de ambos para escrever certos diálogos, e até deixamos alguns apenas esboçados para que eles os improvisassem com sua própria linguagem durante a filmagem.

A única coisa que eu escrevera dessa história — desde que me contaram há muitos anos em Barcelona — eram umas notas soltas num caderno escolar, e um projeto de título: "Não: só vim telefonar." Mas na hora de registrar o projeto de roteiro pareceu-nos que o título não era adequado, e pusemos outro, provisório: *María de meus amores*. Mais tarde, Jaime Humberto Hermosillo pôs o título definitivo: *María de meu coração*. Era o que melhor se enquadrava na história, não só por sua natureza, mas também por seu estilo.

O filme foi feito com a contribuição de todos. Criadores, atores e técnicos contribuímos com nosso trabalho para a produção, e o único dinheiro líquido de que dispusemos foram 2 milhões de pesos da Universidade de Vera Cruz; isto é, uns 80 mil dólares, que, em termos de cinema, não dá nem para os doces. Filmou-se em 16 milímetros e em cor, e em 93 dias de trabalhos forçados no ambiente febril da colônia Portales, que me parece ser uma das mais definitivas da Cidade do México. Eu a conhecia muito bem, porque há mais de vinte anos trabalhei na gráfica dessa colônia, e pelo menos num dia da semana, quando terminávamos o trabalho, ia com aqueles bons artesãos e melhores amigos beber até o álcool dos lampiões nas cantinas do bairro. Pareceu-nos que este era o ambiente natural de *María de meu coração*. Acabo de ver o filme concluído, e me alegrei ao comprovar que não nos enganamos. É excelente, terno e brutal ao mesmo tempo, e ao sair da sala me senti abalado por uma rajada de nostalgia.

María, a protagonista, era na vida real uma mulher de uns 25 anos, recém-casada com um funcionário público. Uma tarde de chuva torrencial, quando viajava sozinha por uma estrada solitária, seu automóvel enguiçou. Depois de uma hora de sinais inúteis aos veículos que passavam, o motorista de um ônibus se compadeceu dela. Não ia muito longe, mas para María bastava encontrar um telefone para pedir ao marido que viesse buscá-la. Jamais lhe ocorreria que naquele ônibus de aluguel, completamente ocupado por um grupo de mulheres espantadas, começara para ela um drama absurdo e não merecido que lhe mudou a vida para sempre.

Ao anoitecer, ainda sob a chuva persistente, o ônibus entrou no pátio pavimentado de um prédio enorme e sombrio, no centro de um parque natural. A mulher responsável pelas outras as fez descer com ordens um tanto infantis, como se fossem colegiais. Mas todas eram maiores, emaciadas e ausentes, e se moviam numa andadura que não parecia deste mundo. María foi a última a descer, sem se preocupar com a chuva, pois de qualquer maneira estava encharcada até a alma. A responsável pelo grupo entregou-o então a outras pessoas, que saíram para recebê-lo, e se foi com o ônibus. María não se dera conta de que aquelas mulheres eram 32 doentes sossegadas transportadas de alguma outra cidade, e que na realidade se encontrava num asilo de loucas.

No interior do prédio, María se separou do grupo e perguntou a uma funcionária onde havia um telefone. Uma das enfermeiras que conduzia as enfermas a fez voltar para a fila enquanto lhe dizia de uma maneira bem suave:

— Por aqui, minha linda, por aqui há um telefone.

María prosseguiu, juntamente com as outras mulheres, por um corredor tenebroso, e ao final entrou num dormitório coletivo onde as enfermeiras começaram a distribuir os lugares nas camas. Uma das camas também foi designada para María. Divertindo-se com o engano, María explicou então a uma enfermeira que seu automóvel sofrera uma pane na estrada e só precisava de um telefone para avisar o marido. A enfermeira fingiu escutá-la com atenção, mas a levou de novo para a cama, tentando acalmá-la com palavras suaves.

— Tudo bem, minha linda — dizia-lhe. — Se você se comportar, poderá falar pelo telefone com quem quiser. Mas agora não. Amanhã.

Compreendendo de repente que estava prestes a cair numa armadilha mortal, María escapou correndo do dormitório. Mas antes de chegar ao portão, um guarda corpulento a alcançou e lhe aplicou uma chave de braço, e outros dois o ajudaram a colocar-lhe uma camisa de força. Pouco depois, como não cessava de gritar, injetaram-lhe um sonífero.

No dia seguinte, persistindo ela em sua atitude insurrecta, transportaram-na para o pavilhão das loucas furiosas, e a submeteram até o esgotamento com uma mangueira de água de alta pressão.

O marido de María comunicou o desaparecimento pouco depois da meia-noite, quando se assegurou de que ela não estava em casa de nenhum conhecido. O automóvel — abandonado e depenado por ladrões — foi recuperado no dia seguinte. Depois de duas semanas, a polícia declarou encerrado o caso, e se deu por boa a explicação de que María, desiludida por sua breve experiência matrimonial, fugira com outro.

Por essa época, María não se adaptara ainda à vida do sanatório, mas sua personalidade fora subjugada. Ainda se negava a participar dos jogos ao ar livre com as enfermas, mas ninguém a forçava. Enfim, diziam os médicos, assim começavam todas, e cedo ou tarde acabavam por se incorporar à vida da comunidade. Pelo terceiro mês de reclusão, María conseguiu por fim ganhar a confiança de uma assistente social, que aceitou levar uma mensagem ao marido.

O marido de María a visitou no sábado seguinte. Na sala da recepção, o diretor do sanatório lhe explicou em termos convincentes qual era o estado de María e a maneira como ele mesmo poderia ajudá-la a se recuperar. Preveniu-o sobre sua obsessão dominante — o telefone — e o instruiu sobre a maneira de tratá-la durante a visita, para evitar uma recaída em suas frequentes crises de fúria. Tudo era questão, como se diz, de seguir a corrente.

Apesar de ele seguir ao pé da letra as instruções do médico, a primeira visita foi terrível. María tentou sair com ele a todo custo, e tiveram de recorrer outra vez à camisa de força, para submetê-la. Pouco a pouco foi se tornando mais dócil nas visitas seguintes. De maneira que o marido continuou a visitá-la todos os sábados, levando de cada vez meio quilo de bombons de chocolate, até que os médicos lhe disseram que não era o presente mais conveniente para María, porque estava engordando. A partir de então, só levou-lhe rosas.

5 de maio de 1981, *El País*, Madri

## COMO ALMAS PENADAS

Já faz muitos anos que ouvi contar pela primeira vez a história do velho jardineiro que se suicidou na Finca Vigía, a bela casa entre grandes árvores, num subúrbio de Havana, onde passava a maior parte de seu tempo o escritor Ernest Hemingway. Desde então continuei ouvindo-a muitas vezes em numerosas versões. Segundo a mais corrente, o jardineiro tomou a decisão extrema depois que o escritor o despediu, porque se empenhava em podar as árvores contra sua vontade. Esperava-se que em suas memórias, se as escrevesse, ou em qualquer um de seus escritos póstumos, Hemingway contasse a versão real. Mas, ao que parece, não contou.

    Em todas as versões, o jardineiro, que já era o jardineiro antes que o escritor comprasse a casa, desapareceu de repente sem explicação. Depois de quatro dias, pelos sinais inequívocos das aves de rapina, descobriram o cadáver no fundo de um poço artificial que abastecia de água potável Hemingway e sua mulher de então, a bela Martha Gellhorm. O escritor cubano Norberto Fuentes, que fez uma investigação minuciosa da vida de Hemingway em Havana, publicou há pouco outra versão e talvez mais bem fundamentada daquela morte tão controvertida. Contou-a o antigo mordomo da casa, e, de acordo com ela, o poço do morto não fornecia água para beber, e sim para nadar na piscina. Segundo contou o mordomo, jogavam na piscina, com frequência, pastilhas desinfetantes, ainda que talvez não tantas para desinfetá-la de um morto inteiro. De qualquer maneira, a última versão desmente a mais antiga, que era também a mais literária, segundo a qual o casal Hemingway tomou a água do afogado durante três dias. Dizem que o escritor teria dito:

— A única diferença que notamos era que a água se tornara mais doce.

Essa é uma das tantas e tantas histórias fascinantes — escritas ou faladas — que ficam com alguém para sempre, mais no coração do que na memória, e das quais está cheia a vida de todo o mundo. Talvez sejam as almas penadas da literatura. Algumas são pérolas legítimas de poesia que alguém apanhou em pleno voo sem registrar bem quem era o autor, porque parecia inesquecível, ou que ouvimos contar sem perguntar a quem, e depois de certo tempo já não sabíamos com certeza se eram histórias que sonhamos. De todas elas, sem dúvida a mais bela, e a mais conhecida, é a do ratinho recém-nascido que se encontrou com um morcego ao sair pela primeira vez de sua caverna, e retornou assombrado, gritando:

— Mamãe, vi um anjo.

Outra, também da vida real, mas que supera por muitos corpos a ficção, é a do radioamador de Manágua que, ao amanhecer de 22 de dezembro de 1972, tentou se comunicar com qualquer parte do mundo para informar que um terremoto havia apagado a cidade do mapa da Terra. Depois de uma hora de explorar um quadrante no qual só se escutavam assobios siderais, um companheiro mais realista do que ele o convenceu a desistir.

— É inútil — disse. — Isso sucedeu em todo o mundo.

Outra história, tão verídica quanto as anteriores, foi protagonizada pela orquestra sinfônica de Paris que, há uns dez anos, esteve a ponto de se desfazer por um inconveniente que não ocorreu a Franz Kafka: o prédio que lhe foi designado para ensaiar tinha um só elevador hidráulico para quatro pessoas, de maneira que os oitenta músicos começavam a subir às oito da manhã, e quatro horas depois, quando todos tinham acabado de subir, tinham de descer de novo para almoçar.

Entre os contos escritos que deslumbram desde a primeira leitura, e que se volta a ler sempre que se pode, o primeiro para o meu gosto é *A pata do macaco*, de W.W. Jacobs. Só me recordo de dois que parecem perfeitos: este, e *A verdade sobre o caso do senhor Valdemar*, de Edgar Allan Poe. Enquanto no conto de Poe se pode identificar até a qualidade de suas peças íntimas, do conto de Jacobs é pouco o que se sabe. Não conheço muitos eruditos que possam dizer o que significam suas iniciais repetidas sem consultar mais uma vez a enciclopédia, como acabo de fazer: William Wymark. Nasceu em Londres, onde morreu em 1943, com a modesta idade de 80 anos, e suas obras completas em 18 volumes — embora a enciclopédia não diga — ocupam 64 centímetros de uma biblioteca. Mas sua glória se sustenta completa numa obra-prima de cinco páginas.

Por último, gostaria de recordar — e sei que algum leitor caridoso me vai dizer nos próximos dias — quem são os autores de dois contos que alvoroçaram a fundo a febre literária de minha juventude. O primeiro é o drama do desencantado que se jogou na rua do décimo andar, e à medida que caía ia vendo pelas janelas a intimidade de seus vizinhos, as pequenas tragédias domésticas, os amores furtivos, os breves instantes de felicidade, cujas notícias jamais chegaram à escada comum, de maneira que no instante de rebentar contra o pavimento da rua havia mudado por completo sua concepção do mundo, e chegara à conclusão de que aquela vida que abandonava para sempre pela porta falsa valia a pena ser vivida. O outro conto é o dos dois exploradores que conseguiram se refugiar numa cabana abandonada, depois de viver três angustiantes dias extraviados na neve. Depois de outros três dias, um deles morreu. O sobrevivente cavou uma fossa na neve, a uns 100 metros da cabana, e sepultou o cadáver. No dia seguinte, ao despertar de seu primeiro sono aprazível, encontrou-o outra vez dentro da casa, morto e petrificado pelo gelo, mas sentado como um visitante formal diante de sua cama. Sepultou-o de novo, talvez num túmulo mais distante, mas ao acordar no dia seguinte voltou a encontrá-lo sentado diante de sua cama. Então perdeu a razão. Pelo diário que tinha até então se pôde conhecer a verdade de sua história. Entre as muitas explicações que se tentaram dar ao enigma, uma parecia ser a mais verossímil: o sobrevivente se sentira tão afetado pela solidão que ele mesmo desenterrava, adormecido, o cadáver que enterrava acordado.

A história que mais me impressionou na vida, a mais brutal e ao mesmo tempo mais humana, foi contada a Ricardo Muñoz Suay em 1947, quando estava preso no cárcere de Ocaña, província de Toledo, na Espanha. É a história real de um prisioneiro republicano fuzilado nos primeiros dias da guerra civil na prisão de Ávila. O pelotão de fuzilamento o tirou de sua cela num amanhecer glacial, e todos tiveram de atravessar a pé um campo nevado para chegar ao local da execução. Os guardas civis estavam protegidos do frio com capas, luvas e tricórnios, mas ainda assim tiritavam ao atravessar o terreno gelado. O pobre prisioneiro, que só tinha um casaco de lã desfiado, não fazia mais do que esfregar o corpo quase petrificado, enquanto se lamentava em voz alta por causa do frio mortal. Num certo momento, o comandante do pelotão, exasperado com os lamentos, gritou-lhe:

— Porra, acabe já de bancar o mártir por causa do frio, cornudo. Pense em nós, que temos de regressar.

12 de maio de 1981, *El País*, Madri

## ALGO MAIS SOBRE LITERATURA E REALIDADE

Um problema sério que nossa realidade desmedida cobra da literatura é a insuficiência das palavras. Quando falamos de um rio, o mais longe que pode chegar um leitor europeu é imaginar algo tão grande quanto o Danúbio, que tem 2.790 quilômetros. É difícil que imagine, se não se descrever para ele, a realidade do Amazonas, que tem 5.500 quilômetros de comprimento. Em Belém do Pará, onde ele é mais largo do que o mar Báltico, não é possível ver a outra margem. Quando escrevemos a palavra "tempestade", os europeus pensam em relâmpagos e trovões, mas dificilmente vão conceber o mesmo fenômeno que nós queremos representar. A mesma coisa ocorre, por exemplo, com a palavra "chuva". Na Cordilheira dos Andes, segundo a descrição feita para os franceses por um francês chamado Xavier Marmier, há tempestades que podem durar até cinco meses.

— Quem não viu essas tormentas — diz — não poderá fazer uma ideia da violência com que se desenvolvem. Durante horas inteiras os relâmpagos se sucedem rapidamente à maneira de cascatas de sangue e a atmosfera treme sob a agitação contínua dos trovões, cujos estampidos repercutem na imensidão da montanha.

A descrição está longe de ser uma obra-prima, mas bastaria para estremecer de horror o europeu menos crédulo.

Portanto, seria necessário criar todo um sistema de palavras novas para o tamanho de nossa realidade. Os exemplos dessa necessidade são intermináveis. F.W. Up de Graff, um explorador holandês que percorreu o alto Amazonas no início do século XX, disse que encontrou um arroio de água fervente onde se faziam ovos cozidos em cinco minutos, e passara por uma região onde não se podia falar em voz alta porque se desatavam aguaceiros torrenciais. Em algum lugar da costa caribenha da Colômbia vi um homem fazer uma oração na frente de uma vaca que tinha vermes na orelha, e vi cair os vermes mortos enquanto transcorria a oração. Aquele homem garantia que podia conseguir a mesma cura a distância se lhe fizessem a descrição do animal e indicassem o lugar em que se encontrava. Em 8 de maio de 1902, o vulcão Mont Pelée, na Ilha de Martinica, destruiu em poucos minutos o porto de Saint-Pierre e matou e sepultou em lava a totalidade de seus 30 mil habitantes. Menos um: Ludger Sylvaris, o único preso da população, protegido pela estrutura invulnerável da cela individual que construíram para que ele não pudesse escapar.

Seriam necessários vários volumes para expressar a realidade incrível do México. Depois de estar aqui quase vinte anos, poderia passar ainda horas inteiras, como fiz tantas vezes, contemplando uma vasilha de feijões dançarinos. Nacionalistas benevolentes me explicam que sua mobilidade se deve a uma lã viva que têm por dentro, mas a explicação parece pobre: o maravilhoso não é que os feijões se movimentem porque têm uma lã dentro, e sim que tenham uma lã dentro para que possam se mover. Outras das estranhas experiências de minha vida foi meu encontro com o axolote (*axolotl*). Julio Cortázar conta em um de seus relatos que conheceu o axolote no Jardin des Plantes, em Paris, num dia em que queria ver leões. Ao circular diante dos aquários, conta Cortázar, "passei por cima dos peixes vulgares até dar com o *axolotl*." E conclui: "Fiquei olhando-o por uma hora, e saí, incapaz de outra coisa." Ocorreu-me a mesma coisa, em Pátzcuaro, só que não o contemplei por uma hora, e sim uma tarde inteira, e voltei várias vezes. Mas havia algo ali que me impressionou mais do que o animal em si, e era a placa pendurada na porta da casa: "Vende-se xarope de axolote."

Essa realidade incrível alcança sua densidade máxima no Caribe, que, a rigor, estende-se (pelo norte) até o sul dos Estados Unidos, e, pelo sul, até o Brasil. Não se imagine que é um delírio expansionista. Não: o Caribe não é apenas uma área geográfica, como certamente creem os geógrafos, mas uma área cultural muito homogênea.

No Caribe, aos elementos originais das crenças primárias e concepções mágicas anteriores ao descobrimento, somou-se a abundante variedade de culturas que confluíram nos anos seguintes num sincretismo mágico cujo interesse artístico e cuja própria fecundidade artística são inesgotáveis. A contribuição africana foi forçada e ultrajante, mas afortunada. Nessa encruzilhada do mundo, forjou-se um sentido de liberdade incomparável, uma realidade sem lei nem rei, onde cada um sentiu que era possível o que quisesse sem limites de qualquer espécie: e os bandoleiros amanheciam convertidos em reis, os fugitivos em almirantes, as prostitutas em governadoras. E também o contrário.

Nasci e cresci no Caribe. Conheço-o país a país, ilha a ilha, e talvez daí provenha minha frustração de que nunca me aconteceu nada nem pude fazer algo que seja mais assombroso do que a realidade. O mais longe a que pude chegar foi a transposição com recursos poéticos, mas não há uma só linha em nenhum de meus livros que não tenha sua origem num fato real. Uma dessas transposições é o estigma do rabo de porco que tanto inquietava a estirpe dos Buendía em *Cem anos de solidão*. Poderia recorrer a outra imagem qualquer, mas pensei que o temor do nascimento de um filho com rabo de porco era o que menos probabilidade tinha de coincidir com a realidade. Logo que o romance começou a ser conhecido, surgiram em diferentes lugares das Américas confissões de homens e mulheres que tinham algo semelhante a um rabo de porco. Em Barranquilla, um jovem se apresentou aos jornais: nascera e crescera com aquele rabo, mas não revelara a ninguém, até que leu *Cem anos de solidão*. Sua explicação era mais assombrosa do que seu rabo:

— Nunca disse que o tinha porque me dava vergonha, mas agora, lendo o romance e ouvindo as pessoas que o leram, dei-me conta de que é uma coisa natural.

Pouco depois, um leitor me mandou o recorte da foto de uma menina de Seul, capital da Coreia do Sul, que nasceu com um rabo de porco. Ao contrário do que eu pensava quando escrevi o romance, cortaram o rabo da menina de Seul e ela sobreviveu.

Minha experiência de escritor mais difícil foi a preparação de *O outono do patriarca*. Durante quase dez anos li tudo o que pude sobre os ditadores da América Latina, e em especial do Caribe, para que o livro que pensava escrever se parecesse o menos possível com a realidade. Cada momento era uma desilusão. A intuição de Juan Vicente Gómez era mais penetrante do que uma verdadeira faculdade divinatória. O doutor Duvalier, no Haiti, mandou exterminar os cães pretos no país, porque um de seus inimigos, tentando escapar da perseguição do tirano, despira-se de sua condição humana e se transformara em cão preto. O doutor Francia, cujo prestígio de filósofo era tão extenso que mereceu um estudo de Carlyle, fechou a República do Paraguai como se fosse uma casa, e só deixou aberta uma janela para que entrasse a correspondência. Antonio López de Santa Anna enterrou sua própria perna em funeral esplêndido. A mão cortada de Lope de Aguirre flutuou rio abaixo durante vários dias, e os que a viam passar estremeciam de horror, pensando que mesmo naquele estado a mão assassina podia erguer um punhal. Anastasio Somoza García, na Nicarágua, tinha no pátio de sua casa um jardim zoológico com jaulas de dois compartimentos: num deles estavam as feras e no outro, separado apenas por uma grade de ferro, encerrados seus inimigos políticos.

Martínez, o ditador teosofista de El Salvador, mandou forrar com papel vermelho toda a iluminação pública do país, para combater uma epidemia de sarampo, e inventara um pêndulo que colocava sobre os alimentos antes de comer, para verificar se estavam envenenados. A estátua de Morazán que ainda existe em Tegucigalpa é em realidade do marechal Ney: a comissão oficial que viajou a Londres para buscá-la resolveu que era mais barato comprar essa estátua esquecida num depósito do que mandar fazer uma autêntica de Morazán.

Em síntese, nós, escritores da América Latina e do Caribe, temos de reconhecer, com a mão no coração, que a realidade escreve melhor. Nosso destino, e talvez nossa glória, é tentar imitá-la com humildade, e da melhor maneira possível.

1 de julho de 1981, *El País*, Madri

## MEU HEMINGWAY PESSOAL

Reconheci-o logo, passeando com sua mulher, Mary Welsh, pelo boulevard Saint-Michel, em Paris, num dia da chuvosa primavera de 1957. Caminhava do outro lado da rua em direção ao Jardim de Luxemburgo, e estava vestindo uma calça de vaqueiro muito usada, uma camisa quadriculada e um boné de beisebol. A única coisa que não parecia sua eram os óculos de armação metálica, redondos e minúsculos, que lhe davam um ar de avô prematuro. Fizera 59 anos, e era enorme e demasiado visível, mas não dava a impressão de força brutal que sem dúvida ele teria desejado, porque tinha cadeiras estreitas e as pernas um tanto magras sobre a base. Parecia tão vivo entre as barracas de livros de segunda mão e a torrente juvenil da Sorbonne que era impossível imaginar que lhe faltavam apenas quatro anos para morrer.

Por uma fração de segundo — como sempre me ocorreu — me encontrei dividido entre minhas duas profissões rivais. Não me decidia se o entrevistava ou se apenas atravessava a avenida para expressar minha admiração sem reservas. Para ambos os desígnios, no entanto, havia o mesmo grande inconveniente: eu falava então o mesmo inglês rudimentar que segui falando sempre, e não estava muito seguro de seu espanhol de toureiro. De maneira que não fiz nenhuma das duas coisas, que poderiam ter estragado aquele instante, e sim pus as mãos em forma de buzina, como Tarzan na selva, e gritei de uma calçada para a outra:

— *Maeeeestro.*

Ernest Hemingway compreendeu que não podia haver outro mestre entre a multidão de estudantes, voltou-se com a mão para cima, e gritou em castelhano com uma voz um tanto pueril:

— *Adioooos, amigo.*

Foi a única vez que o vi.

Eu era então um jornalista de 28 anos, com um romance publicado e um prêmio literário na Colômbia, mas estava encalhado e sem rumo em Paris. Meus dois mestres maiores eram os dois romancistas norte-americanos que pareciam ter menos coisas em comum. Lera tudo o que eles publicaram até então, mas não como leituras complementares, muito pelo contrário: como duas formas distintas e quase excludentes de conceber a literatura. Um deles era William Faulkner, a quem nunca vi com estes olhos e a quem só posso imaginar como o rancheiro em mangas de camisa que esfregava o braço perto de dois cachorrinhos brancos, na foto célebre feita por Cartier-Bresson. O outro era aquele homem fugaz que acabara de me dar adeus da outra calçada, e me deixara a impressão de que algo ocorrera em minha vida, e que ocorrera para sempre.

Não sei quem disse que nós, romancistas, lemos os romances dos outros só para saber como são escritos. Creio que é isso mesmo. Não nos conformamos com os segredos expostos diante da página, mas voltamos atrás, para decifrar as costuras. De alguma maneira impossível de explicar desarmamos o livro em suas peças essenciais e voltamos a armá-lo quando já conhecemos os mistérios da relojoaria pessoal. Essa tentativa é desencorajadora nos livros de Faulkner, porque não parece ter um sistema orgânico de escrever, e sim que andava às cegas em seu universo bíblico como um tropel de cabras soltas numa loja de vidros. Quando se consegue desmontar uma página sua, tem-se a impressão de que sobram molas e parafusos e que será impossível devolvê-la ao estado original. Hemingway, em compensação, com menos inspiração, menos paixão e menos loucura, mas com um rigor lúcido, deixava os parafusos à vista pelo lado de fora, como nos vagões do trem. Talvez por isso Faulkner seja um escritor que teve muito a ver com minha alma, mas Hemingway é o que mais teve a ver com minha profissão.

Não só por seus livros, mas por seu assombroso conhecimento do aspecto artesanal da ciência de escrever. Na entrevista histórica ao jornalista George Plimpton para a *Paris Review* ensinou para sempre — contra o conceito romântico da criação — que a segurança econômica e a boa saúde são convenientes para escrever, que uma das dificuldades maiores é a de organizar bem as palavras, que é bom reler os próprios livros quando se torna difícil escrever para recordar que sempre foi difícil, que se pode escrever em qualquer lugar sempre que não haja visitas nem telefone, e que não é certo que o jornalismo acabe com o escritor, como tanto se disse, e sim o contrário, desde que se o abandone a tempo.

— Uma vez que escrever se converteu no vício principal e no maior prazer — disse — só a morte pode acabar com ele.

Contudo, sua lição foi a descoberta de que o trabalho de cada dia só deve ser interrompido quando já se sabe como se vai começar no dia seguinte. Não creio que se tenha dado jamais um conselho mais útil para escrever. É, sem mais nem menos, o remédio absoluto contra o fantasma mais temido dos escritores: a agonia matinal diante da página em branco.

A obra de Hemingway demonstra que seu fôlego era genial, mas de curta duração. E é compreensível. Uma tensão interior como a sua, submetida a um domínio técnico tão severo, é insustentável no âmbito vasto e arriscado de um romance. Era uma condição pessoal, e seu erro foi ter tentado rebaixar seus limites esplêndidos. É por isso que o supérfluo se nota mais nele do que em outros escritores. Seus romances parecem contos sem medida nos quais sobram muitas coisas. Em compensação, o melhor de seus contos é a impressão de que algo ficou faltando, e é isso precisamente o que lhes confere mistério e beleza. Jorge Luis Borges, que é um dos maiores escritores de nosso tempo, tem os mesmos limites, mas teve a inteligência de não os rebaixar.

Um único tiro de Francis Macomber no leão ensina tanto como uma lição de caça, mas também como resumo da ciência de escrever. Em algum conto escreveu que um touro, depois de passar roçando pelo peito do toureiro, revolveu-se "como um gato dando a volta numa esquina". Acredito, com toda a humildade, que essa observação é uma das tolices geniais que só são possíveis nos escritores mais lúcidos. A obra de Hemingway está cheia desses achados simples e deslumbrantes, que demonstram até que ponto se cingiu à sua própria definição de que a escrita literária — como o *iceberg* — só tem validade se está apoiada sob a água por sete oitavos de seu volume.

Por causa dessa consciência técnica, sem dúvida Hemingway não entrará para a história por nenhum de seus romances, mas por seus contos mais rigorosos. Falando de *Por quem os sinos dobram*, ele mesmo disse que não tinha um plano prévio para compor o livro, mas inventava à medida que ia escrevendo. Não precisava dizer: nota-se. Em compensação, seus contos de inspiração instantânea são invulneráveis. Como aqueles três que escreveu na tarde de 16 de maio numa pensão de Madri, quando uma nevada cancelou uma tourada da feira de San Isidro. Esses contos — segundo ele próprio contou a George Plimpton — são: *Os assassinos*, *Dez índios* e *Hoje é sexta-feira*, e os três são magistrais.

Dentro dessa linha, para o meu gosto, o conto em que melhor se resumem suas virtudes é um dos mais curtos: *Gato na chuva*. No entanto, ainda que pareça uma brincadeira do destino, parece-me que seu livro mais bonito e humano é o que apresenta mais problema de realização: *Do outro lado do rio, entre as árvores*. Como ele próprio revelou, é algo que começou como conto e se extraviou pelos mangues do romance. É difícil entender tantas rachaduras estruturais e tantos erros de mecânica literária num técnico tão sábio, e diálogos tão artificiais e até tão artificiosos num dos mais brilhantes ourives de diálogos da história das letras. Ao ser publicado, em 1950, a crítica foi feroz. Porque não foi certeira. Hemingway se sentiu ferido onde mais doía, e se defendeu em Havana com um telegrama passional que não pareceu digno de um autor de sua estatura. Não só era seu melhor romance, mas também o mais pessoal, pois fora escrito no princípio de um outono incerto, com a saudade irreparável dos anos vividos e a premonição nostálgica dos poucos anos que restam por viver. Em nenhum de seus livros deu tanto de si mesmo nem conseguiu plasmar com tanta beleza e tanta ternura o sentimento essencial de sua obra e vida: a inutilidade da vitória. A morte de seu protagonista, de aparência tão tranquila e natural, era a prefiguração cifrada do próprio suicídio.

    Quando se convive por tanto tempo com a obra de um escritor muito apreciado, termina-se irremediavelmente por misturar sua ficção com a realidade. Passei muitas horas de muitos dias lendo naquele café da Place de Saint-Michel que ele considerava bom para escrever, porque lhe parecia simpático, quente, limpo e amável, e sempre esperei encontrar outra vez a moça que ele viu entrar numa tarde de vento gelado, que era bela e diáfana, com o cabelo cortado em diagonal, como uma asa de corvo. "Você é minha e Paris é minha", escreveu para ela, com esse inexorável poder de apropriação que tem sua literatura. Tudo o que escreveu, todo instante que foi seu, continuam a lhe pertencer para sempre. Não posso passar pelo número 112 da rua do Odéon, em Paris, sem imaginá-lo conversando com Sylvia Beach numa livraria que já não é a mesma, matando tempo até as seis horas, quando talvez chegasse James Joyce. Nas pradarias do Quênia, só de olhar uma vez, fez-se dono de seus búfalos e seus leões, e dos segredos mais intrincados da arte de caçar. Fez-se dono de toureiros e pugilistas, de artistas e pistoleiros que só existiram por um instante, enquanto foram seus. Itália, Espanha, Cuba, meio mundo está cheio dos lugares de que se apropriou só por mencioná-los. Em Cojímar, um povoado perto de Havana onde vivia o pescador solitário de *O velho e o mar*, há uma capelinha comemorativa de sua façanha, com um busto de Hemingway pintado com verniz dourado. Em Finca Vigía, seu refúgio cubano onde viveu até pouco antes de morrer, a casa está intacta entre as árvores sombrias, com seus livros desiguais, seus troféus de caça, seu atril para escrever, seus enormes sapatos de morto, as incontáveis bugigangas da vida e do mundo inteiro que foram suas até a morte, e continuam a viver sem ele com a alma que lhes infundiu pela única magia de seu domínio. Há alguns anos entrei no automóvel de Fidel Castro — que é um obstinado leitor de literatura — e vi no banco um livrinho encadernado em couro vermelho.

    — É o mestre Hemingway — disse-me.

Na realidade, Hemingway continua a estar onde menos se imagina — vinte anos depois de morto —, tão persistente e ao mesmo tempo tão fugaz como naquela manhã, que talvez fosse de maio, em que me disse adeus, amigo, da outra calçada do boulevard Saint-Michel.

29 de julho de 1981, *El País*, Madri

## FANTASMAS DE ESTRADAS

Dois rapazes e duas moças que viajavam num Renault 5 deram carona a uma mulher vestida de branco que lhes fez sinais numa encruzilhada pouco depois da meia-noite. O tempo estava claro e os quatro jovens — como se comprovou depois à saciedade — estavam em seu perfeito juízo. A mulher viajou em silêncio por vários quilômetros, sentada no meio no banco de trás, até um pouco antes da ponte de Quatre Canaux. Então apontou para a frente com um dedo indicador e gritou:

— Cuidado, essa curva é perigosa. — E desapareceu.

Isso ocorreu no último 20 de maio na estrada de Paris a Montpellier. O comissário dessa cidade, a quem os quatro jovens tiraram da cama para contar o acontecimento espantoso, chegou até a admitir que não se tratava de brincadeira nem alucinação, mas arquivou o caso porque não soube o que fazer com ele. Quase toda a imprensa francesa comentou-o nos dias seguintes, e numerosos parapsicólogos, ocultistas e repórteres metafísicos foram ao local da aparição para estudar suas circunstâncias, e cansaram com interrogatórios racionalistas os quatro eleitos pela mulher de branco. Mas ao cabo de poucos dias tudo caiu no esquecimento, e tanto a imprensa como os cientistas se refugiaram na análise de uma realidade mais fácil. Os mais compreensivos admitiram que a aparição podia ter ocorrido, mas também eles preferiram esquecê-la ante a impossibilidade de entendê-la.

A mim — que sou um materialista convicto — não resta qualquer dúvida de que aquele foi mais um episódio, e dos mais bonitos, da muito rica história da materialização da poesia. O único defeito que encontro é ter ocorrido à noite, e, pior ainda, perto da meia-noite, como nos piores filmes de terror. Salvo por isso, não há um só elemento que não corresponda à metafísica das estradas que todos sentimos passar tão perto no decurso de uma viagem, mas nos negamos a nos render diante de uma verdade tão assustadora. Terminamos por aceitar a maravilha dos navios fantasmas que vagueiam pelos mares procurando sua identidade perdida, mas negamos esse direito às tantas e pobres almas penadas que ficaram espalhadas e sem rumo à margem das estradas. Só na França se registravam até há poucos anos uns duzentos mortos semanais nos meses mais frenéticos do verão; portanto, não há como se surpreender com um episódio tão compreensível quanto o da mulher de branco, que sem dúvida continuará a se repetir até o fim dos séculos, em circunstâncias que apenas os racionalistas sem coração são incapazes de compreender.

Sempre pensei, em minhas longas viagens por tantas estradas do mundo, que a maioria dos seres humanos destes tempos somos sobreviventes de uma curva. Cada uma delas é um desafio ao acaso. Bastaria que o veículo que nos precede sofresse um percalço depois da curva para que se nos frustrasse para sempre a oportunidade de narrá-lo. Nos primeiros anos do automóvel, os ingleses promulgaram uma lei — *The Locomotive Act* — que obrigava todo motorista a se fazer preceder de outra pessoa a pé, levando uma bandeira vermelha e fazendo soar uma campainha, para que os transeuntes tivessem tempo de se afastar. Muitas vezes, no momento de acelerar para submergir no mistério insondável de uma curva, lamentei do fundo da alma que aquela disposição sábia dos ingleses tenha sido abolida, sobretudo uma vez, há 15 anos, em que viajava de Barcelona a Perpignan com Mercedes e as crianças a 100 quilômetros por hora, e tive de repente a inspiração incompreensível de diminuir a velocidade antes de entrar na curva. Os carros que me seguiam, como ocorre sempre nesses casos, ultrapassaram-nos. Não esqueceremos nunca: eram uma caminhonete branca, um Volkswagen vermelho e um Fiat azul. Lembro-me até do cabelo encaracolado e luminoso da holandesa vistosa que dirigia a caminhonete. Depois de nos ultrapassar numa ordem perfeita, os três carros se perderam na curva, mas voltamos a encontrá-los um instante depois uns sobre os outros, num monte de ferro-velho fumegante, e incrustados num caminhão descontrolado que vinha em sentido contrário. O único sobrevivente era a criança de 6 meses do casal holandês.

Tornei a passar muitas vezes por aquele lugar, e sempre volto a pensar na mulher bonita que ficou reduzida a um montículo de carne rosada no meio da estrada, nua por causa do impacto, e com sua bela cabeça de imperador romano dignificada pela morte. Não seria surpreendente que alguém a encontrasse um dia desses no local de sua desgraça, viva e inteira, fazendo os sinais convencionais da mulher de branco de Montpellier, para que a tirassem por um instante de seu estupor e lhe dessem a oportunidade de advertir com o grito que ninguém lançou por ela:

— Cuidado, essa curva é perigosa.

Os mistérios das estradas não são mais populares que os do mar, porque não há ninguém mais distraído do que os motoristas amadores. Em compensação, os profissionais — como os antigos condutores de mulas — são fontes infinitas de relatos fantásticos. Nos botequins de estradas, como nas estalagens antigas das picadas, os caminhoneiros curtidos, que não parecem acreditar em nada, relatam sem descanso episódios sobrenaturais de sua profissão, sobretudo os que ocorrem à luz do dia, e ainda nos trechos mais concorridos. No verão de 1974, viajando com o poeta Álvaro Mutis e sua mulher pela mesma estrada onde agora apareceu a mulher de branco, vimos um carro pequeno que se desprendeu da longa fila engarrafada em sentido contrário e veio contra nós numa velocidade desatinada. Mal tive tempo de desviar, mas nosso carro saltou no vazio e ficou incrustado no fundo de uma valeta. Várias testemunhas conseguiram fixar a imagem do automóvel fugitivo: era um Skoda branco, cujo número da placa foi anotado por três pessoas diferentes. Fizemos o registro no posto de polícia de Provença, e ao cabo de alguns meses a polícia francesa comprovou sem qualquer dúvida que o Skoda branco com a placa indicada existia na realidade. No entanto, comprovou também que na hora de nosso acidente estava no outro extremo da França, guardado em sua garagem, enquanto seu dono e único motorista agonizava no hospital próximo.

Dessas e de outras experiências aprendi a ter um respeito quase reverencial pelas estradas. Contudo, o episódio mais inquietante que recordo me ocorreu em pleno centro da Cidade do México, há muitos anos. Esperara um táxi durante quase meia hora, às duas da tarde, e já estava a ponto de desistir quando vi se aproximar um que à primeira vista me pareceu vazio e além disso estava com a bandeira levantada. Mas já um pouco mais perto vi sem dúvida que havia uma pessoa ao lado do motorista. Só quando ele se deteve, sem que eu sinalizasse, dei-me conta de meu erro: não havia nenhum passageiro ao lado do motorista. No trajeto contei a ele minha ilusão de ótica, e ele me escutou com toda a naturalidade.

— Sempre acontece — disse-me. — Às vezes passo o dia inteiro dando voltas sem que ninguém me pare, porque quase todos veem esse passageiro fantasma no banco do lado.

Quando contei essa história a dom Luis Buñuel, pareceu-lhe tão natural quanto ao motorista.

— É um bom começo para um filme — disse-me.

19 de agosto de 1981, *El País*, Madri

## BOGOTÁ, 1947

Naquela época todo mundo era jovem. Mas havia algo pior: apesar de nossa juventude inverossímil, sempre encontrávamos outros que eram mais jovens do que nós, e isso nos causava uma sensação de perigo e uma urgência de acabar as coisas que não nos deixavam desfrutar com a calma de nossa juventude merecida. As gerações se empurravam umas às outras, sobretudo entre os poetas e os criminosos, e mal alguém terminava de fazer algo quando já entrava na fila uma pessoa que ameaçava fazê-lo melhor. Às vezes encontro por acaso alguma fotografia daquele tempo e não consigo conter um estremecimento de compaixão, porque me parece que na realidade os retratados não éramos nós, e sim que éramos os filhos de nós mesmos.

Bogotá era então uma cidade distante e lúgubre, onde caía um chuvisco inclemente desde o início do século XVI. Sofri essa amargura pela primeira vez numa funesta tarde de janeiro, a mais triste de minha vida, em que cheguei do litoral com 13 anos mal completos, com uma roupa preta de algodão que reformaram de meu pai, e com colete e chapéu, e um baú de metal que tinha algo do esplendor do Santo Sepulcro. Minha boa estrela, que poucas vezes me falhou, me fez o favor de não existir nenhuma foto daquela tarde.

A primeira coisa que me chamou a atenção nesta capital sombria foi que havia muitos homens apressados na rua, que todos estavam vestidos como eu, com roupas pretas e chapéus, e não se via nenhuma mulher. Chamaram-me a atenção os enormes cavalos que puxavam os carros de cerveja sob a chuva, as faíscas dos bondes ao dobrar as esquinas sob a chuva, e os engarrafamentos do trânsito para dar passagem aos enterros intermináveis sob a chuva. Eram os enterros mais lúgubres do mundo, com carruagens de altar-mor e cavalos cobertos de veludo e capacetes de penas pretas, e cadáveres de boas famílias que se sentiam os inventores da morte. Sob o chuvisco tênue da Plaza de las Nieves, à saída de um velório, vi pela primeira vez uma mulher nas ruas de Bogotá, e era esbelta e discreta, e com tanta distinção como uma rainha de luto, mas fiquei para sempre com a metade da ilusão, porque ela tinha o rosto coberto com um véu intransponível.

A imagem dessa mulher, que ainda me inquieta, é uma de minhas escassas saudades daquela cidade de pecado, em que quase tudo era possível, menos fazer amor. Por isso eu disse certa vez que o único heroísmo de minha vida, e o de meus companheiros de geração, é ter sido jovem na Bogotá daquele tempo. Minha diversão mais impudica era entrar aos domingos nos bondes de vidros azulados que, por 5 centavos, circulavam sem cessar da Plaza de Bolívar à Avenida de Chile, e passar neles essas tardes de desolação que pareciam arrastar uma fila interminável de outros muitos domingos vazios. A única coisa que eu fazia durante a viagem de círculos viciosos era ler livros de versos e versos e versos, à razão talvez de uma quadra de versos por cada quadra da cidade, até que se acendiam as luzes na chuva eterna, e então percorria os cafés taciturnos da cidade velha em busca de alguém que me fizesse a caridade de conversar comigo sobre os versos e versos e versos que acabara de ler. Às vezes encontrava alguém, sempre um homem, e ficávamos até depois da meia-noite tomando café e fumando os tocos de cigarros que nós mesmos havíamos consumido, e falando de versos e versos e versos, enquanto no resto do mundo a humanidade inteira fazia amor.

Numa noite em que voltava de meus solitários festivais poéticos nos bondes aconteceu pela primeira vez algo que merecia ser contado. Numa das paradas do norte subira um fauno no bonde. Disse bem: um fauno.

Segundo o dicionário da Real Academia Española, um fauno é "um semideus dos campos e dos bosques". Cada vez que leio essa definição infeliz lamento que seu autor não estivesse lá aquela noite em que um fauno de carne e osso subiu no bonde. Ia vestido à moda da época, como um senhor diplomata que regressara de um velório, mas era denunciado pelos cornos de bezerro e as barbas de bode, e as patas bem cuidadas por baixo das calças de fantasia. O ar se impregnou com sua fragrância pessoal, mas ninguém pareceu perceber que era água de lavanda, talvez porque o mesmo dicionário repudiara a palavra lavanda como galicismo para significar água de alfazema.

Os únicos amigos a quem contei essas coisas foram Álvaro Mutis, porque lhes pareciam fascinantes ainda que não acreditasse nelas, e Gonzalo Mallarino, porque sabia que eram verdadeiras ainda que não as fossem. Em outra ocasião, nós três vimos no átrio da igreja de São Francisco uma mulher que vendia umas tartarugas de brinquedo cujas cabeças se moviam com uma naturalidade assombrosa. Gonzalo Mallarino perguntou à vendedora se essas tartarugas eram de plástico ou se estavam vivas, e ela respondeu:

— São de plástico, mas estão vivas.

Na noite em que vi o fauno no bonde nenhum dos dois estava perto do seu telefone, e eu sufocava de ânsia para contar a alguém. De maneira que escrevi um conto — o conto do fauno no bonde — e o mandei pelo correio ao suplemento dominical de *El Tiempo*, cujo diretor, dom Jaime Posada, nunca o publicou. A única cópia que eu conservava pegou fogo na pensão onde eu vivia, em 9 de abril de 1948, dia do bogotazo, e desse modo a história pátria fez um favor duplo: a mim e à literatura.

Não pude evitar essas recordações pessoais lendo o livro encantador que Gonzalo Mallarino acaba de publicar em Bogotá: *Historias de caleños e bogoteños* [naturais de Cáli e Bogotá]. Gonzalo e eu estivemos ao mesmo tempo na faculdade de Direito da Universidade Nacional, mas não éramos tão assíduos nas aulas como no bar universitário, onde enganávamos o torpor dos códigos trocando versos e versos e versos da vasta poesia universal que ambos podíamos declamar de memória. Acabadas as aulas ele ia para sua casa familiar, que era grande e tranquila entre os eucaliptos. Eu ia para minha pensão lúgubre da rua de Florián, com meus amigos caribenhos, com meus livros emprestados e meus tumultuados bailes dos sábados. Na realidade, nunca me indaguei sobre o que fazia Gonzalo Mallarino nas muitas horas em que não estávamos na universidade, onde caralho estava enquanto eu dava a volta completa na cidade lendo versos e versos e versos nos bondes. Necessitei mais de trinta anos para saber, lendo este livro exemplar em que ele revela com tanta simplicidade e tanta humanidade essa outra metade de sua vida daquele tempo.

21 de outubro de 1981, *El País*, Madri

## "CONTOS DE ESTRADA"

Há muitos anos eu estava esperando um táxi numa avenida central do México em pleno dia, quando vi se aproximar um que não me mexi para chamá-lo, porque havia uma pessoa sentada ao lado do motorista. No entanto, quando chegou mais perto, compreendi que era uma ilusão de ótica: o táxi estava livre.

Minutos depois contei ao motorista o que vira, e ele me disse, com naturalidade absoluta, que não era alucinação minha:

— Sempre acontece a mesma coisa, sobretudo à noite — disse. — Às vezes passo horas inteiras rodando pela cidade sem que ninguém me chame, porque sempre veem uma pessoa no banco do lado.

Era o banco confortável e perigoso que em alguns países se chama "o lugar do morto", porque é o mais atingido nos acidentes, e nunca foi tão merecedor desse nome quanto no caso daquele táxi.

Quando contei o episódio a Luis Buñuel, ele disse, com grande entusiasmo:

— Isso pode ser o início de algo muito bom.

Sempre achei que ele tinha razão. Pois o episódio não é em si mesmo um conto completo, mas é, sem dúvida, um magnífico ponto de partida para um relato escrito ou cinematográfico. Com o grave inconveniente de que tudo o que ocorresse depois teria de ser melhor. Talvez por isso nunca o usei.

O que me interessa agora, no entanto, e depois de tantos anos, é que alguém me contou a mesma história como se tivesse acabado de acontecer com ele próprio em Londres. É curioso, além disso, que fosse ali, porque os táxis londrinos são diferentes dos do resto do mundo. Parecem uns coches mortuários, com cortinas de renda e tapetes roxos, com assentos fofos de couro e bancos suplementares para até sete pessoas, e um silêncio interior que tem algo do esquecimento funéreo. Mas em lugar do morto, que não está à direita, e sim à esquerda do motorista, não há uma cadeira para outro passageiro, e sim um espaço destinado à bagagem. O amigo que me contou a história em Londres me assegurou, no entanto, que foi naquele lugar que viu a pessoa inexistente, mas que o motorista lhe dissera — ao contrário do que disse o do México — que talvez fosse uma alucinação. Pois bem: ontem contei tudo isso a um amigo de Paris e ele se convenceu de que eu estava caçoando dele, e diz que o episódio aconteceu com ele. Além disso, segundo me disse, ocorreu de maneira mais grave, pois contou ao motorista do táxi como era a pessoa que vira ao seu lado, descreveu a forma de seu chapéu e a cor da gravata-borboleta, e o motorista o reconheceu como o espectro de um irmão morto pelos nazistas durante os anos da ocupação alemã na França.

Não creio que qualquer desses amigos mentisse, como eu não menti a Luis Buñuel, mas me interessa destacar o fato de que há histórias que se repetem no mundo inteiro, sempre da mesma maneira, e sem que ninguém possa afirmar com certeza se são verdades ou fantasias, nem decifrar jamais seu mistério. De todos eles, talvez o mais antigo e recorrente eu o ouvi pela primeira vez no México.

É o eterno conto da família na qual morre a vovó durante as férias na praia. Poucas atividades são tão difíceis e custosas e requerem tantos trâmites e papelada legal como transportar um cadáver de um estado para outro. Alguém me contou na Colômbia que teve de sentar seu morto entre dois vivos, no banco dianteiro de seu automóvel, e até pôs em sua boca um charuto aceso no momento de passar pela fiscalização da estrada, para evitar os inevitáveis obstáculos da transferência legal. De maneira que a família mexicana enrolou a avó morta num tapete, amarraram-na com cordas e a puseram bem amarrada no bagageiro do capô do automóvel. Numa parada do caminho, enquanto a família almoçava, o automóvel foi roubado com o cadáver da avozinha em cima, e nunca mais se encontrou nenhuma pista. A explicação que se dava para o desaparecimento era que os ladrões talvez tivessem enterrado o cadáver num descampado e haviam desmanchado o carro para tirar literalmente o morto de cima deles.

Durante uma época, esse conto se repetia no México por todas as partes, e com nomes diferentes. Mas as várias versões tinham algo em comum: aquele que narrava dizia sempre ser amigo dos protagonistas. Alguns, além disso, davam o nome e o endereço. Passados tantos anos, voltei a escutar esse conto nos lugares mais distantes do mundo, incluindo no Vietnã, onde o repetiu um intérprete como se tivesse acontecido a um amigo seu nos anos da guerra. Em todos os casos as circunstâncias são as mesmas e, se alguém insiste, dão o nome e o endereço dos protagonistas.

Uma terceira história recorrente a conheci há menos tempo do que as outras, e aqueles que têm a paciência de ler esta coluna todas as semanas talvez se recordem. É a história arrepiante de quatro rapazes franceses que no verão passado deram carona a uma mulher vestida de branco na estrada de Montpellier. De repente, a mulher apontou para a frente com o dedo indicador aterrorizado, e gritou:

— Cuidado! Essa curva é perigosa.

E desapareceu. Soube do caso por diversos jornais da França, e fiquei tão impressionado que escrevi uma crônica sobre ele. Parecia-me espantoso que as autoridades francesas não prestassem atenção a um acontecimento de tamanha beleza literária e o arquivassem por não encontrar uma explicação racional. Um amigo jornalista, no entanto, contou-me há alguns dias em Paris que o motivo da indiferença oficial era outro: na França, essa história se repete e se conta há muitos anos, até mesmo antes da invenção do automóvel, quando os fantasmas errantes dos caminhos noturnos pediam o favor de ser levados nas diligências. Isso me lembrou que também entre as histórias da conquista do Oeste dos Estados Unidos se repetia a lenda do passageiro solitário que viajou a noite inteira na carruagem, juntamente com o velho banqueiro, o juiz recém-formado e a bela jovem do Norte, acompanhada pela governanta, e no dia seguinte seu lugar apareceu vazio. Mas o que mais me surpreendeu foi descobrir que o conto da mulher de branco, tal como o li na imprensa francesa, e tal como o contei nesta coluna, já fora contado pelo mais prolífico de todos nós, Manuel Vázquez Montalbán, num dos poucos livros seus que não li: *La soledad del manager*. Tomei conhecimento da coincidência pela fotocópia que me mandou um amigo, que além disso já conhecia a história há algum tempo e por fontes diferentes.

O problema dos direitos, com Vázquez Montalbán, não me preocupa: ambos temos o mesmo agente literário de todos *els altres catalans*, que se encarregará de distribuir os direitos do conto a quem de fato merecê-los. O que me preocupa é a outra casualidade de que esse conto recorrente — o terceiro que descubro — seja também um episódio de estrada. Sempre conheci uma expressão que agora não pude encontrar em tantos dicionários inúteis da minha biblioteca, e é uma expressão que seguramente tem algo a ver com essas histórias: "São contos de estrada." O ruim é que essa expressão quer dizer que são histórias mentirosas, e essas três que me perseguem são, sem dúvida, verdades completas que se repetem sem cessar em lugares diferentes e com diferentes protagonistas, para que ninguém esqueça que também a literatura tem suas almas penadas.

27 de janeiro de 1982, *El País*, Madri

## MEU OUTRO EU

Pouco tempo atrás, ao despertar em minha cama no México, li no jornal que eu havia feito uma conferência literária no dia anterior em Las Palmas de Gran Canaria, do outro lado do oceano, e o diligente correspondente não só fez uma descrição pormenorizada do ato mas também uma síntese atraente da minha exposição. Porém o interessante é que os temas do resumo eram mais inteligentes do que poderiam me ocorrer, e a forma com que foram expostos era muito mais brilhante do que eu poderia ser capaz. Só havia uma falha: eu não estivera em Las Palmas nem no dia anterior nem nos 22 anos precedentes, e nunca fiz conferência sobre qualquer tema em qualquer parte do mundo.

Acontece amiúde que se anuncie minha presença em lugares onde não estou. Tenho dito por todos os meios que não participo de atos públicos, não pontifico na cátedra, nem me exibo na televisão, nem participo de eventos destinados a promover meus livros, nem me presto a nenhuma iniciativa que possa me converter em espetáculo. Não o faço por modéstia, e sim por algo pior: por timidez. E não me custa nenhum trabalho, porque a coisa mais importante que se aprende a fazer depois dos 40 anos é dizer não quando é não. No entanto, nunca falta um divulgador abusivo que anuncia pela imprensa, ou em convites particulares, que estarei na próxima terça-feira, às seis da tarde, em algum ato do qual não tenho notícia. Na hora da verdade, o divulgador se desculpa perante o público pela desistência do escritor que prometeu vir e não veio, acrescenta algumas gotas de leite azedo sobre os filhos de telegrafistas a quem a fama subiu à cabeça, e acaba por conquistar a benevolência do público para fazer com ele o que quiser. No princípio dessa infeliz vida de artista, aquele truque malvado começou a me fazer mal ao fígado. Mas me consolei um pouco lendo as memórias de Graham Greene, que se queixa da mesma coisa no capítulo final, e me fez compreender que não há remédio, que a culpa não é de ninguém, porque existe outro eu que anda solto pelo mundo, sem nenhuma espécie de controle, fazendo tudo o que a gente deveria fazer, e não se atreve.

Nesse sentido, o mais curioso que me aconteceu não foi a conferência inventada de Las Palmas, mas o mau pedaço que passei há alguns anos com a Air France, a propósito de uma carta que nunca escrevi. Na realidade, a Air France recebera um protesto altissonante e colérico, assinado por mim, no qual eu me queixava de maus-tratos no voo regular da companhia entre Madri e Paris, e numa data precisa. Depois de uma investigação rigorosa, a empresa impôs à aeromoça as sanções cabíveis, e o departamento de relações públicas me mandou uma carta de desculpas dirigida a Barcelona, muito amável e compungida, que me deixou perplexo, porque na realidade nunca estive naquele voo. Mais ainda: eu voo tão assustado que sequer me dou conta de como me tratam, e consagro todas as minhas energias a segurar a poltrona com as mãos para ajudar o avião a se sustentar no ar, ou a tratar de que as crianças não corram pelos corredores com medo de que façam um buraco no piso. O único incidente indesejável de que me lembro foi num voo a partir de Nova York num avião tão lotado e opressivo que era difícil até respirar. Em pleno voo, a aeromoça deu a cada passageiro uma rosa vermelha. Eu estava tão assustado que lhe abri meu coração.

— Em vez de nos dar rosa — disse-lhe — seria melhor que dessem 5 centímetros mais de espaço para os joelhos.

A bela jovem, que era da estirpe arrogante dos conquistadores, respondeu-me impávida:

— Se não gosta, desça.

Não me ocorreu certamente escrever nenhuma carta de protesto a uma empresa cujo nome nem quero recordar, e sim que fui comendo a rosa, pétala por pétala, mastigando sem pressa suas fragrâncias medicinais contra a ansiedade, até que recuperei o fôlego. Por isso, quando recebi a carta da companhia francesa me senti tão envergonhado por algo que não fizera que fui em pessoa aos seus escritórios para esclarecer as coisas, e ali me mostraram a carta de protesto. Não poderia repudiá-la, não só pelo estilo, e sim porque a mim próprio me deu trabalho descobrir que a assinatura era falsa.

O homem que escreveu essa carta é, sem dúvida, o mesmo que fez a conferência de Las Palmas, e faz tantas coisas de que só tenho notícia por casualidade. Muitas vezes, quando estou na casa de amigos, procuro meus livros na biblioteca com ar distraído e escrevo uma dedicatória sem que eles percebam. Porém me aconteceu encontrar livros que já estavam com dedicatória, com minha própria letra, com a mesma tinta preta que sempre uso e o mesmo estilo rápido, com um autógrafo que para ser meu só faltava que eu o tivesse escrito.

Igual surpresa me leva a ler em jornais improváveis alguma entrevista minha que jamais concedi, mas que não reprovaria honestamente, porque corresponde linha por linha ao meu pensamento. Mais ainda: a melhor entrevista minha até hoje, a que exprime melhor e de maneira mais lúcida as reviravoltas mais intrincadas de minha vida, não só em literatura mas também em política, em meus gostos pessoais e nos alvoroços e nas incertezas de meu coração, foi publicada há uns dois anos numa revista marginal de Caracas, e era inventada até o último suspiro. Causou-me grande alegria, não só por ser tão exata mas porque era assinada com o nome completo por uma mulher que eu não conhecia, e que devia me amar muito por me conhecer tanto, ainda que apenas por intermédio de meu outro eu.

Algo semelhante me acontece com pessoas entusiasmadas e carinhosas que encontro pelo mundo inteiro. Sempre é alguém que esteve comigo num lugar onde eu nunca estive, e conserva uma grata recordação daquele encontro. Ou que é muito amigo de algum membro da minha família, a quem na realidade não conhece, porque o outro eu parece ter tantos parentes como eu próprio, mesmo que tampouco eles sejam verdadeiros, e sim que são os duplos dos meus parentes.

No México me encontro com frequência com alguém que me conta as farras babilônicas que costuma fazer com meu irmão Humberto, em Acapulco. A última vez que o vi me agradeceu o favor que lhe fiz por intermédio dele, e só pude dizer que pois não, cara, não faltava mais nada, porque nunca tive coração para lhe confessar que não tenho nenhum irmão chamado Humberto nem que mora em Acapulco.

Há uns três anos, eu acabava de almoçar na minha casa do México quando bateram à porta, e um de meus filhos me disse às gargalhadas:

— Pai, você está perguntando por você mesmo.

Saltei da cadeira, pensando com uma emoção incontrolável: "Finalmente, está aí." Mas não era o outro, e sim o jovem arquiteto mexicano Gabriel García Márquez, um homem tranquilo e bem-apessoado, que suporta com estoicismo a desgraça de figurar na lista telefônica. Teve a gentileza de localizar meu endereço para me levar a correspondência que se acumulara durante anos em seu escritório.

Há pouco, alguém que estava de passagem pelo México procurou nosso telefone na lista, e lhe disseram que estávamos no hospital porque a senhora acabara de ter uma filha. Como eu gostaria! O fato é que a mulher do arquiteto deve ter recebido um ramo de rosas esplêndidas, e além disso bem merecidas, para celebrar a feliz chegada da filha com que sonhei toda a vida e nunca tive.

Não. Tampouco o jovem arquiteto era meu outro eu, e sim alguém muito mais respeitável: um homônimo. O outro eu, em compensação, jamais me encontrará, porque não sabe onde vivo, nem como sou, nem poderia conceber como somos tão diferentes. Continuará desfrutando sua existência imaginária, deslumbrante e alheia, com seu iate próprio, seu avião particular e seus palácios imperiais onde dá banhos de champanhe em suas amantes douradas e derrota a socos os príncipes rivais. Continuará se alimentando de minha lenda, rico até não mais poder, jovem e belo para sempre e feliz até a última lágrima, enquanto eu continuo envelhecendo sem remorso diante da minha máquina de escrever, alheio aos seus delírios e desaforos, e buscando todas as noites meus amigos de toda a vida para tomarmos os tragos de sempre e recordarmos inconsoláveis o cheiro da goiaba. Porque o mais injusto é isto: o outro é quem goza a fama, mas sou eu quem se fode vivendo.

17 de fevereiro de 1982, *El País*, Madri

## OS POBRES BONS TRADUTORES

Alguém disse que traduzir é a melhor maneira de ler. Penso também que é a mais difícil, a mais ingrata e a mais mal paga. *Traduttore, traditore*, diz o tão conhecido refrão italiano, dando por certo que quem nos traduz nos atraiçoa. Maurice-Edgar Coindreau, um dos tradutores mais inteligentes e diligentes da França, fez em suas memórias faladas algumas revelações de cozinha que permitem pensar o contrário.

— O tradutor é o macaco do romancista — disse, parafraseando Mauriac, e querendo dizer que o tradutor deve fazer os mesmos gestos e assumir as mesmas posturas do escritor, goste ou não. Suas traduções para o francês dos romancistas norte-americanos, que eram jovens e desconhecidos em seu tempo — William Faulkner, John Dos Passos, Ernest Hemingway, John Steinbeck —, não só são recriações magistrais, mas introduziram na França uma geração histórica, cuja influência entre seus contemporâneos europeus — incluindo Sartre e Camus — é mais do que evidente. Portanto, Coindreau não foi um traidor, e sim, pelo contrário, um cúmplice genial. Como foram os grandes tradutores de todos os tempos, cujas contribuições pessoais à obra traduzida podem passar despercebidas, embora em geral só vejam seus defeitos.

Quando se lê um autor numa língua que não é a sua se sente um desejo natural de traduzi-lo. É compreensível, porque um dos prazeres da leitura — como da música — é a possibilidade de compartilhá-la com os amigos. Talvez isso explique por que Marcel Proust morreu sem cumprir um de seus desejos recorrentes, que era traduzir do inglês alguém tão estranho a ele próprio quanto John Ruskin. Dois escritores que eu gostaria de traduzir só pelo prazer de fazê-lo são André Malraux e Antoine de Saint-Exupéry, que, por certo, não desfrutam da maior estima de seus compatriotas atuais. Mas nunca passei do desejo. Em compensação, há muitos anos traduzo gota a gota os *Cantos* de Giacomo Leopardi, mas o faço às escondidas e em minhas poucas horas disponíveis, e com a plena consciência de que não será esse o caminho que nos levará à glória, nem a Leopardi nem a mim. Faço-o apenas como um desses passatempos de banheiro que os padres jesuítas chamavam de prazeres solitários. Mas só a tentativa me bastou para me dar conta de como é difícil e complicado tentar disputar a sopa com os tradutores profissionais.

É pouco provável que um escritor fique satisfeito com a tradução de um livro seu. Em cada palavra, em cada frase, em cada ênfase de um romance há quase sempre uma segunda intenção secreta que só o autor conhece. Por isso, é sem dúvida desejável que o próprio escritor participe da tradução até onde for possível. Uma experiência notável nesse sentido é a excepcional tradução de *Ulisses*, de James Joyce, para o francês. A primeira versão foi de autoria única e exclusiva de Augusto Morell, que depois trabalhou até a versão final com Valery Larbaud e o próprio James Joyce. O resultado é uma obra-prima só superada — segundo testemunhos sábios — pela que fez Antônio Houaiss para o português do Brasil. A única tradução existente em castelhano, em compensação, é quase inexistente. Mas sua história serve de desculpa. Foi feita para si mesmo, só para se distrair, pelo argentino J. Salas Subirat, que na vida real era um especialista em seguros de vida. O editor Santiago Rueda, de Buenos Aires, descobriu-a em má hora, e a publicou no fim dos anos 1940. Conheci Salas Subirat poucos anos depois em Caracas sentado numa mesa anônima de uma companhia de seguros e passamos uma tarde estupenda falando de romancistas ingleses, que ele conhecia quase de cor. A última vez que o vi parece um sonho: dançava, já bastante velho e mais solitário do que nunca, no circuito louco dos carnavais de Barranquilla. Foi uma aparição tão estranha que não me decidi a cumprimentá-lo.

Outras traduções históricas são as feitas para o francês por Gustav Jean-Aubry e Philipe Neel dos romances de Joseph Conrad. Esse grande escritor de todos os tempos — que na realidade se chamava Jozef Teodor Konrad Korzeniowski — nasceu na Polônia, e seu pai era precisamente um tradutor de escritores ingleses e, entre outros, de Shakespeare. O idioma básico de Conrad era o polonês, mas desde cedo aprendeu o francês e o inglês, e chegou a ser escritor em ambos os idiomas. Hoje o consideramos, com razão ou sem ela, um dos mestres da língua inglesa. Conta-se que tornou infernal a vida de seus tradutores franceses tentando impor-lhes sua própria perfeição, mas nunca decidiu traduzir a si mesmo. É curioso, mas não se conhecem muitos escritores bilíngues que o façam. O caso mais próximo de nós é o de Jorge Semprún, que escreve igualmente em castelhano e em francês, mas sempre em separado. Nunca se traduz a si mesmo. Mais estranho ainda é o irlandês Samuel Beckett, Prêmio Nobel de Literatura, que escreve duas vezes o mesmo livro em dois idiomas, e insiste em que um não é a tradução do outro, e sim que são dois livros distintos em dois idiomas diferentes.

Há uns anos, no ardente verão de Pantelária, tive uma enigmática experiência de tradutor. O conde Enrico Cicogna, que foi meu tradutor para o italiano até sua morte, estava traduzindo naquelas férias o romance *Paradiso*, do cubano José Lezama Lima. Sou um admirador devoto de sua poesia, e também de sua rara personalidade, embora tivesse poucas ocasiões de vê-lo, e naquele tempo queria conhecer melhor seu romance hermético. De maneira que ajudei um pouco Cicogna, mais do que na tradução, no duro negócio de decifrar a prosa. Então compreendi que de fato traduzir é a maneira mais profunda de ler. Entre outras coisas, encontramos uma frase cujo sujeito trocava de gênero e de número várias vezes em menos de dez linhas, até o ponto em que afinal não era possível saber quem era, nem quando era, nem onde estava. Conhecendo Lezama Lima, era possível que aquela desordem fosse deliberada, mas só ele poderia dizer, e nunca pudemos perguntar. A pergunta que Cicogna se fazia era se o tradutor tinha de respeitar em italiano aqueles disparates de concordância ou se devia vesti-los com rigor acadêmico. Minha opinião era que devia conservá-los, de maneira que a obra passasse para o outro idioma tal como era, não só com suas virtudes mas também com seus defeitos. Era um dever de lealdade com o leitor do outro idioma.

Para mim não há curiosidade mais aborrecida do que ler as traduções de meus livros nos três idiomas em que me seria possível ler. Só me reconheço a mim mesmo em castelhano. Mas li alguns dos livros traduzidos para o inglês por Gregory Rabassa e devo reconhecer que encontrei algumas passagens que me agradaram mais do que em castelhano. A impressão dada pelas traduções de Rabassa é que decora o livro em castelhano e em seguida o reescreve por completo em inglês: sua fidelidade é mais complexa do que a simples literalidade. Nunca dá uma explicação no pé da página, que é o recurso menos válido e por desgraça o mais usual nos maus tradutores. Nesse sentido, o exemplo mais notável é o do tradutor brasileiro de um de meus livros, que fez para a palavra *astromelia* uma nota de pé de página: "Flor imaginária inventada por García Márquez." O pior é que depois li não sei onde que as astromélias existem, como todo mundo sabe, no Caribe, e que seu nome é português.

21 de julho de 1982, *El País*, Madri

## O AVIÃO DA BELA ADORMECIDA

Era bela, elástica, com a pele tenra da cor do pão e os olhos de amêndoas verdes, e tinha o cabelo liso e preto e comprido até os ombros, e uma aura de antiguidade oriental que tanto podia ser da Bolívia como das Filipinas. Estava vestida com um gosto sutil: um casaco de lince, a blusa de seda com flores bem suaves, calças de linho cru, e uns sapatos de saltos baixos da cor da buganvília. "É a mulher mais bela que vi em minha vida", pensei, quando a vi na fila à espera de embarcar no avião para Nova York, no Aeroporto Charles de Gaulle, em Paris. Cedi-lhe a vez, e quando cheguei à poltrona designada no cartão de embarque, encontrei-a instalando-se na poltrona ao lado. Quase sem fôlego, cheguei a me perguntar qual dos dois teria a má sorte daquele acaso aterrador.

Instalou-se como se fosse para ficar muitos anos, pondo cada coisa em seu lugar numa ordem perfeita, até que seu espaço pessoal ficou tão bem arrumado quanto uma casa ideal onde tudo estava ao alcance de sua mão. Enquanto isso, o comissário de bordo nos ofereceu champanhe de boas-vindas. Ela recusou, e tentou explicar algo num francês rudimentar. O comissário falou-lhe então em inglês, e ela lhe agradeceu com um sorriso estelar e pediu-lhe um copo de água, acrescentando que não a despertassem para nada durante o voo. Depois abriu sobre os joelhos uma frasqueira grande e quadrada, com cantos de cobre como os baús de viagem das avós, e engoliu duas pastilhas douradas que retirou de um estojo onde havia outras de diversas cores. Fazia tudo de maneira metódica e minuciosa, como se não houvesse nada que já não estivesse previsto para ela desde o nascimento.

Por fim, pôs o travesseirinho no canto da janela, cobriu-se com o cobertor até a cintura sem tirar os sapatos, e se acomodou de lado na poltrona, quase em estado fetal, e dormiu sem uma única pausa, sem um suspiro, sem uma mudança mínima de posição, durante as sete horas pavorosas e os 12 minutos de atraso que durou o voo até Nova York.

Sempre acreditei que não há nada mais belo na natureza do que uma mulher bonita. De maneira que me foi impossível escapar um só instante ao feitiço daquela criatura fabulosa que dormia ao meu lado. Era um sono tão estável que, em certo momento, tive o temor de que as pastilhas que tomara não fossem para dormir, e sim para morrer. Contemplei-a muitas vezes centímetro a centímetro, e o único sinal de vida que pude perceber foram as sombras dos sonhos que passavam por sua fronte como as nuvens na água. Tinha no pescoço uma corrente tão fina que era quase invisível sobre a pele dourada, tinha as orelhas perfeitas sem perfurações para brincos, e usava um anel fino na mão esquerda. Como não parecia ter mais de 22 anos, consolei-me com a ideia de que não fosse um anel de casamento, mas de um noivado efêmero e feliz. Não tinha nenhum perfume: sua pele desprendia uma exalação tênue que só podia ser o cheiro natural de sua beleza. "Você no seu sonho e os navios nos mares", pensei, a 7 mil metros de altura sobre o oceano Atlântico, tentando recordar na ordem o soneto inesquecível de Gerardo Diego. "Saber que você dorme, certa, segura, curva fiel de abandono, linha pura, tão perto de meus braços atados." Minha realidade se parecia de tal maneira com a do soneto que, ao fim de meia hora, tinha-o reconstituído de memória até o final: "Que pavorosa escravidão de ilhéu, eu insone, louco, nas falésias, os navios pelo mar, você por seu sonho." No entanto, depois de cinco horas de voo contemplara tanto a bela adormecida, e com tanta ansiedade sem objetivo, que compreendi de repente que meu estado de graça não era o do soneto de Gerardo Diego, e sim o da obra-prima da literatura contemporânea, *A casa das belas adormecidas*, do japonês Yasunari Kawabata.

Descobri esse belo romance por um caminho comprido e diferente, mas que de qualquer maneira termina com a bela adormecida do avião. Há vários anos, em Paris, o escritor Alain Jouffroy me telefonou para dizer que queria me apresentar uns escritores japoneses que estavam em sua casa. A única coisa que eu conhecia então da literatura japonesa, além dos tristes haicais do secundário, eram alguns contos de Junichiro Tanizaki traduzidos para o castelhano. Na realidade, o que eu sabia com certeza dos escritores japoneses era que todos, cedo ou tarde, acabariam por se suicidar. Ouvi falar de Kawabata pela primeira vez quando lhe deram o Prêmio Nobel em 1968, e então tentei ler alguma coisa dele, mas peguei no sono. Pouco depois ele se estripou com um sabre ritual, tal como fizera em 1946 outro romancista notável, Osamu Dazai, depois de várias tentativas frustradas. Dois anos antes de Kawabata, e também depois de várias tentativas frustradas, o romancista Yukio Mishima, que é talvez o mais conhecido no Ocidente, praticara o haraquiri completo depois de fazer um desafio patriótico aos soldados da guarda imperial. Portanto, quando Alain Jouffroy me telefonou, a primeira coisa que me veio à memória foi o culto à morte dos escritores japoneses.

— Vou com prazer — disse a Alain —, mas com a condição de que não se suicidem.

Não se suicidaram, com efeito, e passamos uma noite encantadora, na qual o melhor que aprendi foi que todos eram loucos. Eles concordaram.

— Por isso queríamos conhecer você — disseram-me.

No fim, deixaram-me convencido de que para os leitores japoneses não há dúvida de que sou um escritor japonês.

Tentando entender o que quiseram me dizer, fui no dia seguinte a uma livraria especializada de Paris e comprei todos os livros dos autores disponíveis: Shusaku Endo, Kenzaburo Oe, Yasushi Inoue, Ryunosuke Akutagawa, Masuji Ibuse, Osamu Dazai, além, é claro, de Kawabata e Mishima. Durante quase um ano não li outra coisa, e agora também estou convencido: os romances japoneses têm algo em comum com os meus. Algo que eu não poderia explicar, que não senti na vida do país durante minha única visita ao Japão, mas que a mim me parecia mais do que evidente.

No entanto, o único romance que eu gostaria de escrever é *A casa das belas adormecidas*, de Kawabata, que conta a história de uma estranha casa no subúrbio de Kyoto onde os velhos burgueses pagavam somas enormes para desfrutar a forma mais refinada do último amor: passar a noite contemplando as moças mais belas da cidade, que jaziam nuas e drogadas na mesma cama. Não podiam despertá-las, sequer tocá-las, ainda que tampouco tentassem, porque a satisfação mais pura daquele prazer senil era que podiam sonhar ao lado delas.

Vivi essa experiência com a bela adormecida do avião de Nova York, mas não me alegro. Pelo contrário: a coisa que desejava na última hora do voo era que o comissário a despertasse para que eu pudesse recuperar minha liberdade, e talvez até minha juventude. Mas não aconteceu assim. Despertou sozinha quando o avião já estava em terra, preparou-se e se levantou sem olhar para mim, e foi a primeira a sair do avião e se perdeu para sempre na multidão. Continuei no mesmo voo até o México, pastoreando as primeiras saudades de sua beleza ao lado da poltrona ainda aquecida por seu sono, sem poder tirar da cabeça o que me haviam dito de meus livros os escritores loucos de Paris. Antes de aterrissar, quando me deram a ficha de imigração, preenchi-a com um sentimento de amargura. Profissão: escritor japonês. Idade: 92 anos.

20 de setembro de 1982,
*Proceso*, Cidade do México

## PRECISA-SE DE UM ESCRITOR

Perguntam-se com frequência o que mais me faz falta na vida, e sempre respondo com a verdade: "Um escritor." O gracejo não é tão tolo quanto parece. Se alguma vez me deparasse com o compromisso inadiável de escrever um conto de 15 laudas para esta noite, recorreria às minhas incontáveis anotações atrasadas e estou certo de que chegaria a tempo à gráfica. Talvez resultasse um conto ruim, mas o compromisso seria saldado, que afinal de contas é a única coisa que quis dizer com esse exemplo de pesadelo. Em compensação seria incapaz de escrever um telegrama de felicitação ou uma carta de condolências sem rebentar o fígado durante uma semana. Para essas tarefas indesejáveis, como para tantas outras da vida social, a maioria dos escritores que conheço gostaria de apelar para os bons ofícios de outros escritores. Uma boa prova do sentido quase bárbaro da honra profissional é sem dúvida esta crônica que escrevo todas as semanas, e que por estes dias de outubro vai completar seus primeiros dois anos de solidão. Só uma vez faltei neste canto, e não foi por culpa minha, e sim por uma falha de última hora nos sistemas de transmissão. Escrevo-a todas as sextas-feiras, das nove da manhã às três da tarde, com a mesma vontade, a mesma consciência, a mesma alegria e muitas vezes com a mesma inspiração com que teria de escrever uma obra-prima. Quando não tenho o tema bem definido me deito mal na noite de quinta-feira, mas a experiência me ensinou que o drama se resolverá por si só durante o sono e que começará a fluir pela manhã, a partir do instante em que me sentar diante da máquina de escrever. No entanto, quase sempre tenho vários temas imaginados com antecedência, e pouco a pouco vou recolhendo e ordenando os dados de diferentes fontes e verificando-os com muito rigor, pois tenho a impressão de que os leitores não são tão indulgentes com meus erros como talvez fossem com o outro escritor que me faz falta. Meu primeiro objetivo com estas crônicas é que a cada semana ensinem algo aos leitores comuns e correntes, que são os que mais me interessam, ainda que estes ensinamentos pareçam óbvios e talvez pueris aos doutores sábios que tudo sabem. O outro objetivo — o mais difícil — é que sempre estejam tão bem escritas como eu seja capaz de escrever sem a ajuda do outro, pois sempre acreditei que a boa escrita é a única felicidade que se basta a si mesma.

Impus-me essa servidão porque senti que entre um romance e outro eu ficava muito tempo sem escrever, e pouco a pouco — como os jogadores de beisebol — o braço ia esfriando. Mais tarde, essa decisão artesanal se converteu em compromisso com os leitores, e hoje é um labirinto de espelhos do qual não consigo sair. A não ser que encontrasse o escritor providencial que escrevesse por mim. Mas temo que já seja tarde demais, porque as três únicas vezes em que tomei a determinação de não escrever mais estas crônicas, fui impedido, com seu autoritarismo implacável, pelo pequeno argentino que também tenho dentro de mim.

A primeira vez que tomei tal decisão foi quando tentei escrever a primeira, depois de mais de vinte anos, e precisei de uma semana de remador das galés para terminá-la. A segunda vez foi há mais de um ano, quando passava alguns dias de descanso com o general Omar Torrijos na base militar de Farallón, e o dia estava tão transparente e o oceano tão pacífico que dava mais vontade de navegar do que de escrever. "Mando um telegrama ao diretor dizendo que hoje não há crônica, e pronto", pensei, com um suspiro de alívio. Mas não pude almoçar com o peso da má consciência e, às seis da tarde, encerrei-me no quarto, escrevi em uma hora e meia a primeira coisa que me veio à mente e entreguei a crônica a um ajudante de ordens do general Torrijos para que a enviasse por telex a Bogotá, com o pedido de que a retransmitissem dali para Madri e México. Só no dia seguinte soube que o general Torrijos teve de ordenar o envio do texto num avião militar até o aeroporto do Panamá, e dali, por helicóptero, ao palácio presidencial, de onde me fizeram o favor de distribuí-lo por algum canal oficial.

A última vez foi há seis meses, quando descobri ao despertar que já tinha maduro no coração o romance de amor que tanto desejara escrever havia tantos anos, e que tinha a alternativa de não o escrever nunca ou mergulhar nele de imediato e em tempo integral. No entanto, na hora da verdade, não tive força suficiente para renunciar ao meu cativeiro semanal, e pela primeira vez estou fazendo algo que sempre pareceu impossível: escrevo o romance todos os dias, letra por letra, com a mesma paciência e oxalá com a mesma sorte com que as galinhas bicam nos pátios, e ouvindo cada dia mais perto os passos temíveis de animal grande da próxima sexta-feira. Mas aqui estamos outra vez, como sempre, e tomara que para sempre.

Já suspeitava de que jamais escaparia dessa jaula desde a tarde em que comecei a escrever a crônica em minha casa de Bogotá e a terminei no dia seguinte sob a proteção diplomática da embaixada do México; continuei suspeitando no escritório dos Telégrafos da Ilha de Creta, uma sexta-feira de julho passado, quando consegui me entender com o funcionário de plantão para que transmitisse o texto em castelhano. Continuei suspeitando em Montreal, quando tive de comprar uma máquina de escrever de emergência porque a voltagem da minha não era a mesma do hotel. Acabei de suspeitar para sempre há apenas dois meses, em Cuba, quando tive de trocar duas vezes as máquinas de escrever porque se negavam a se entender comigo. Por fim, deram-me uma eletrônica de hábitos tão avançados que terminei escrevendo à mão num caderno de folhas quadriculadas, como nos tempos remotos e felizes da escola primária de Aracataca. Cada vez que me ocorria um desses percalços apelava com mais ansiedade para meu desejo de ter alguém que tomasse conta de minha boa sorte: um escritor.

Contudo, nunca senti tanto essa necessidade de maneira tão intensa como num dia, há muitos anos, em que cheguei à casa de Luis Alcoriza, no México, para trabalhar com ele no roteiro de um filme. Encontrei-o consternado às dez da manhã porque sua cozinheira lhe pedira o favor de escrever uma carta para o diretor da Previdência Social. Alcoriza, que é um escritor excelente, com prática cotidiana de caixa de banco, e fora o escritor mais inteligente dos primeiros roteiros para Luis Buñuel e, mais tarde, para seus próprios filmes, pensara que a carta seria um assunto de meia hora. Mas o encontrei, louco de fúria, em meio a um monte de papéis amassados, nos quais não havia muito mais do que todas as variações concebíveis da fórmula inicial: por meio da presente, tenho a satisfação de me dirigir ao senhor para... Tentei ajudá-lo, e três horas depois continuávamos fazendo rascunhos e amassando papel, já meio ébrios de gim com vermute e empanturrados de chouriços espanhóis, mas sem ir além das primeiras palavras convencionais. Nunca me esquecerei da cara de misericórdia da boa cozinheira quando voltou para apanhar a carta às três da tarde e lhe dissemos sem pudor que não conseguíramos escrevê-la.

— Mas é tão fácil — disse-nos, com toda a sua humildade. — Olhem como se faz.

Então começou a improvisar a carta com tanta precisão e tanto domínio que Luis Alcoriza se viu em apuros para copiá-la na máquina com a mesma fluência com que ela ditava. Naquele dia — como ainda hoje — fiquei pensando que talvez aquela mulher, que envelhecia sem glória no limbo da cozinha, fosse o escritor secreto que me fazia falta na vida para ser um homem feliz.

6 de outubro de 1982, *El País*, Madri

## OBREGÓN OU A VOCAÇÃO ARREBATADA*

Há muitos anos, um amigo pediu a Alejandro Obregón que o ajudasse a procurar o corpo do patrão de seu barco, que se afogara ao entardecer, enquanto pescava savelhas de 9 quilos no grande pântano. Ambos percorreram durante toda a noite aquele imenso paraíso de águas barrentas, explorando seus ângulos menos imaginados, com lanternas de caçadores, seguindo a corrente dos objetos flutuantes, que costumam conduzir para os lugares mais profundos onde param para dormir os afogados. De repente, Obregón o viu: estava submerso até o cocuruto, quase sentado dentro da água, e a única coisa que flutuava na superfície eram os fios errantes de sua cabeleira. "Parecia uma medusa", me disse Obregón. Agarrou o chumaço de cabelos com as duas mãos e, com sua força descomunal de pintor de touros e tempestades, puxou o afogado inteiro, os olhos abertos, enorme, esguichando lama de anêmonas e mantarraias, e o atirou como uma savelha morta no fundo do barco.

Esse episódio, que Obregón torna a me contar porque eu peço sempre que bebemos até cair — e que aliás me deu a ideia para um conto de afogado —, é talvez o instante de sua vida que mais se parece com sua

---

* Esta é a nota de apresentação do catálogo da exposição que o pintor colombiano Alejandro Obregón inaugurou esta semana no Metropolitan Museum and Art Center de Coral Gable, Flórida, Estados Unidos.

arte. Pinta como se estivesse pescando afogados na escuridão. Sua pintura com horizontes de trovões sai jorrando minotauros ferozes, condores patrióticos, bodes sensuais, barracudas ameaçadoras. Em meio à fauna tormentosa de sua mitologia pessoal circula uma mulher coroada de grinaldas florentinas, a mesma de sempre e de nunca, que vagabundeia por seus quadros com as chaves trocadas, pois na realidade é a criatura impossível pela qual este romântico de cimento armado gostaria de morrer. Porque ele é como somos todos os românticos, e como se deve ser: sem qualquer pudor.

A primeira vez que vi essa mulher foi no mesmo dia em que conheci Obregón, há 32 anos, em seu ateliê da rua de San Blas, em Barranquilla. Eram dois aposentos grandes e despojados, e, pelas janelas escancaradas, entrava o fragor babilônico da cidade. Num canto isolado, entre as últimas naturezas-mortas picassianas e as primeiras águias de sua predileção, estava ela com seus lotos pendentes, verde e triste, segurando a alma com a mão. Obregón, que acabara de regressar de Paris e andava meio atarantado pelo cheiro de goiaba, já era idêntico a esse autorretrato que olha da parede enquanto escrevo, e que ele tentou matar numa noite de loucos com cinco tiros de grande calibre. No entanto, o que mais me impressionou quando o conheci não foram esses olhos transparentes de pirata que faziam suspirar os maricas do mercado, e sim suas mãos grandes e rudes, com as quais vimos derrubar meia dúzia de marinheiros suecos numa briga de bordel. São mãos de castelhano velho, terno e bárbaro ao mesmo tempo, como dom Rodrigo Díaz de Vivar, que alimentava seus falcões de caça com as pombas da mulher amada.

Essas mãos são o instrumento perfeito de uma vocação arrebatada que não lhe deu um instante de paz. Obregón pinta desde antes de adquirir o uso da razão, a qualquer hora, em qualquer lugar, com o que tiver na mão. Uma noite, na época do afogado, fomos beber chá de ervas numa cantina, ainda em obras, de marinheiros. As mesas estavam amontoadas nos cantos, entre sacos de cimento e fardos de cal e as mesas de carpintaria, para fazer as portas. Obregón ficou algum tempo como que no ar, transtornado pelo cheiro da terebintina, até que subiu numa mesa com um balde de tinta, e com um único traço pintou com a brocha, na parede limpa, um unicórnio verde. Não foi fácil convencer o proprietário de que aquela pincelada única custava mais do que a própria casa. Mas conseguimos. A cantina, ainda sem nome, passou a se chamar El Unicornio desde aquela noite, e foi atração de turistas gringos e janotas imbecis até ir para o caralho pelos ventos inexoráveis do tempo.

Em outra ocasião, Obregón fraturou as duas pernas num acidente de trânsito, e durante as duas semanas de hospital esculpiu seus animais totêmicos no gesso com um bisturi emprestado pela enfermeira. Mas a obra-prima não foi a sua, e sim o trabalho do cirurgião para tirar o gesso das duas pernas esculpidas, que agora estão numa coleção particular nos Estados Unidos. Um jornalista que o visitou em sua casa perguntou com enfado por que sua cachorrinha d'água não tinha um instante de sossego, e Obregón respondeu:

— Está nervosa porque sabe que vou pintá-la.

Pintou-a, com certeza, como pinta tudo o que encontra pela frente, porque pensa que tudo o que existe no mundo foi feito para ser pintado. Em sua casa de vice-rei de Cartagena das Índias, onde todo o Mar do Caribe entra por uma única janela, encontra-se sua vida cotidiana e além disso outra pintada por todas as partes: nas lâmpadas, na tampa do sanitário, na borda dos espelhos, no caixote que embala a geladeira. Muitas coisas que em outros artistas são defeitos, nele são virtudes legítimas, como o sentimentalismo, os símbolos, os arrebatamentos líricos, o fervor patriótico. Até alguns de seus malogros permanecem vivos, como essa cabeça de mulher que se queimou no forno da fundição, mas que Obregón conserva ainda no melhor lugar de sua casa, com meio lado carcomido e um diadema de rainha na fronte. Não é possível pensar que aquele malogro não foi desejado e calculado quando se descobre nesse rosto sem olhos a tristeza inconsolável da mulher que nunca chegou.

Às vezes, quando há amigos em casa, Obregón se mete na cozinha. É um prazer vê-lo à mesa organizando as mojaras azuis, o focinho do porco com um cravo no nariz, a costela de bezerro ainda com a marca do coração, as bananas verdes de Arjona, o aipim de San Jacinto, o inhame de Turbaco. É um prazer ver como prepara tudo, como corta e distribui segundo suas formas e cores e como põe para ferver com o mesmo espírito com que pinta.

— É como jogar toda a paisagem dentro da mesma panela — diz.

Depois, à medida que ferve, vai provando o caldo com uma colher de madeira e derramando dentro garrafas e garrafas e mais garrafas de rum de Tres Esquinas, de maneira que o rum acaba por substituir na panela a água que se evapora. Enfim, compreende-se a longa espera por semelhante cerimonial de sumo pontífice: aquele cozido da idade da pedra que Obregón serve em folhas de *bijao* não é assunto de cozinha, e sim pintura para comer. Faz tudo assim, como se estivesse pintando, porque não sabe fazer nada de outra maneira. Não é que só viva para pintar. Não: é que só vive quando pinta. Sempre descalço, com uma camisa de algodão que em outro tempo deve ter servido para limpar pincéis e as calças cortadas por ele próprio com uma faca de açougueiro, e com um rigor de pedreiro que Deus já quis para seus sacerdotes.

20 de outubro de 1982, *El País*, Madri

## A LITERATURA SEM DOR

Há pouco incorri na frivolidade de dizer a um grupo de estudantes que a literatura universal pode ser aprendida numa tarde. Uma moça do grupo — fanática pelas belas-letras e autora de versos inéditos — propôs imediatamente:

— Quando você vai nos ensinar?

Marcamos a aula para a sexta-feira seguinte às três da tarde e falamos de literatura até as seis, mas não passamos do romantismo alemão porque também eles incorreram na frivolidade de sair para um casamento. Disse-lhes, então, que uma das condições para aprender toda a literatura numa tarde era não aceitar ao mesmo tempo convite para casamento, pois para casar e ser feliz há muito mais tempo disponível do que para conhecer a poesia. Tudo começara e continuara e terminara em gracejo, mas no fim fiquei com a mesma impressão que eles: embora não aprendêssemos a literatura em três horas, pelo menos formáramos uma noção bastante aceitável sem necessidade de ler Jean-Paul Sartre.

Quando se escuta um disco ou se lê um livro encantador, o impulso natural é procurar alguém para contar. Aconteceu comigo quando descobri por acaso o *Quinteto para quarteto de cordas e piano*, de Béla Bartók, que naquela época não era muito conhecido, e voltou a acontecer quando escutei no rádio do carro o belo e estranho *Concerto gregoriano para violino e orquestra*, de Ottorino Respighi. Ambos eram difíceis de encontrar, e meus amigos melomaníacos mais chegados não tinham informação sobre onde encontrá-los, de maneira que recorri a meio mundo tentando consegui-los para escutá-los com alguém. Algo semelhante me ocorre com o romance *Pedro Páramo*, de Juan Rulfo, do qual creio já ter esgotado uma edição só para ter sempre exemplares disponíveis para que os amigos os levem. A única condição é que voltemos a nos encontrar logo para falar daquele livro profundo.

Certamente a primeira coisa que expliquei aos meus bons estudantes de literatura foi a ideia, talvez demasiado pessoal e simplista, que tenho do ensino. Sempre acreditei que um bom curso de literatura não deve ser mais do que um guia dos bons livros que devem ser lidos. Cada época não tem tantos livros essenciais como dizem os professores que se deleitam em aterrorizar seus alunos, e de todos eles se pode falar numa tarde, sempre que não se tenha um compromisso inadiável para um casamento. Ler esses livros essenciais com prazer e com discernimento já é um assunto diferente para muitas tardes da vida, mas se os alunos têm a sorte de poder fazê-lo, acabarão por saber tanto de literatura quanto o mais sábio de seus professores. O passo seguinte é algo mais temível: a especialização. E um passo mais adiante é o mais detestável que se pode dar neste mundo: a erudição. Mas se o que os alunos desejam é brilhar nas visitas, não precisam passar por nenhum desses três purgatórios, e sim comprar os dois tomos de um livro providencial que se chama *Mil libros*. Escreveram-no Luis Nueda e dom Antonio Espina, aí por 1940, e ali estão resumidos por ordem alfabética mais de mil livros básicos da literatura universal, com seu enredo e sua interpretação, e com informações impressionantes de seus autores e sua época. São muitos mais livros, sem dúvida, dos que fariam falta para o curso de uma tarde, mas têm sobre eles a vantagem de que não há necessidade de lê-los. Nem há por que se envergonhar: eu tenho esses dois volumes salvadores na mesa em que escrevo, tenho-os há muitos anos, e me tiraram de graves apuros no paraíso dos intelectuais, e por tê-los e conhecê-los posso assegurar que os têm e usam muitos pontífices das festas sociais e das colunas de jornais.

Os livros da vida não são muitos, felizmente. Há pouco, a revista *Pluma*, de Bogotá, perguntou a um grupo de escritores quais foram os livros mais importantes para eles. Só deviam ser citados cinco, sem incluir os de leitura óbvia, como a Bíblia, a *Odisseia* ou o *Dom Quixote*. Minha lista final foi esta: *As mil e uma noites*; *Édipo rei*, de Sófocles; *Moby Dick*, de Melville; *Floresta da lírica espanhola*, uma antologia de dom José María Blecua, que se lê como um romance policial, e um *Dicionário da língua castelhana* que não seja, é claro, o da Real Academia. A lista é discutível, certamente, como todas as listas, e oferece tema para falar durante muitas horas, mas minhas razões são simples e sinceras: se só tivesse lido esses cinco livros — além dos óbvios, é claro —, com eles teria material o bastante para escrever o que escrevi. Isto é: é uma lista de caráter profissional. Mas não cheguei a *Moby Dick* por um caminho fácil. No início pus em seu lugar *O conde de Monte Cristo*, de Alexandre Dumas, que, no meu entender, é um romance perfeito, mas só por motivos estruturais, e esse aspecto já estava mais do que preenchido por *Édipo rei*. Mais tarde pensei em *Guerra e paz*, de Tolstói, que, em minha opinião, é o melhor romance escrito na história do gênero, mas na realidade é tão grandioso que me pareceu justo omiti-lo como um dos livros óbvios. *Moby Dick*, em compensação, cuja estrutura anárquica é um dos mais belos desastres da literatura, insuflou-me um alento mítico que sem dúvida me teria feito falta para escrever.

Em todo o caso, tanto o curso de literatura de uma tarde como a enquete dos cinco livros levam a pensar, mais uma vez, em tantos livros inesquecíveis que as novas gerações esqueceram. Três deles, há pouco mais de vinte anos, eram de primeira linha: *A montanha mágica*, de Thomas Mann; *O livro de San Michele*, de Axel Munthe, e *O grande Meaulnes*, de Alain-Fournier. Pergunto-me quantos estudantes de literatura de hoje, mesmo os mais diligentes, se deram sequer ao trabalho de perguntar o que pode haver dentro desses três livros marginalizados. Tem-se a impressão de que tiveram um bom destino, mas passageiro, como alguns de Eça de Queirós e de Anatole France, e como *Contraponto*, de Aldous Huxley, que foi uma espécie de coqueluche de nossos anos azuis; ou como *O homem dos gansos*, de Jacob Wassermann, que talvez deva mais à nostalgia do que à poesia; ou como *Os moedeiros falsos*, de André Gide, que acaso foram mais falsos do que pensou seu próprio autor. Só há um caso surpreendente nesse asilo de livros aposentados, e é o de Hermann Hesse, que foi uma espécie de explosão deslumbrante quando lhe concederam o Prêmio Nobel de 1946, e em seguida caiu no esquecimento. Mas nesses últimos anos seus livros foram resgatados com tanta força como antigamente por uma geração que talvez encontre neles uma metafísica que coincide com suas próprias dúvidas.

Claro que tudo isso só é preocupante como enigma de salão. A verdade é que não deve haver livros obrigatórios, livros de penitência e que o método saudável é renunciar à leitura na página em que se torne insuportável. No entanto, para os masoquistas que preferem seguir adiante apesar de tudo há uma fórmula certeira: pôr os livros ilegíveis no banheiro. Talvez com vários anos de boa digestão possam chegar ao término feliz de *Paraíso perdido*, de Milton.

8 de dezembro de 1982, *El País*, Madri

## DE PARIS, COM AMOR

Vim a Paris pela primeira vez numa noite gelada de dezembro de 1955. Cheguei no trem de Roma a uma estação enfeitada com luzes natalinas, e a primeira coisa que me chamou a atenção foram os casais de namorados que se beijavam por todos os lugares. No trem, no metrô, nos cafés, nos elevadores, a primeira geração depois da guerra se lançava com toda a energia ao consumo público do amor, que era ainda o único prazer barato depois do desastre. Beijavam-se em plena rua, sem se preocupar se embaraçavam os pedestres, que se afastavam sem olhá-los nem fazer caso, como ocorre com esses cachorros de rua de nossas cidades, fazendo filhotes no meio da praça. Aqueles beijos a céu aberto não eram frequentes em Roma — a primeira cidade europeia onde eu vivera —, tampouco, certamente, na brumosa e pudibunda Bogotá daquele tempo, onde era difícil se beijar até nos dormitórios.

Era o tempo obscuro da guerra da Argélia. No fundo das músicas nostálgicas dos acordeões nas esquinas, além do cheiro, na rua, das castanhas assadas na brasa, a repressão era um fantasma insaciável. De repente, a polícia bloqueava a saída de um café ou de um dos bares árabes do boulevard Saint-Michel e levava na porrada todo aquele que não tinha cara de cristão. Irremediavelmente, eu era um deles. Não valiam explicações: não só a cara mas também o sotaque com que falávamos francês eram motivos de perdição. Na primeira vez que me puseram na gaiola dos argelinos, na delegacia de Saint Germain-des-Prés, senti-me humilhado. Era um preconceito latino-americano: o cárcere era então uma vergonha, porque em crianças não fazíamos distinção clara entre as razões políticas e as comuns, e nossos adultos conservadores se encarregavam de nos inculcar e nos manter na confusão. Minha situação era ainda mais perigosa, porque, embora os policiais me arrastassem por acreditar que eu era argelino, eles desconfiavam de mim dentro da cela quando se davam conta de que, apesar de minha cara de vendedor de tecidos em domicílio, não entendia patavina de suas algaravias. No entanto, tanto eles como eu continuamos sendo visitantes tão assíduos das delegacias noturnas que acabamos por nos entender. Uma noite, um deles me disse que para ser preso inocente era melhor ser culpado, e comecei a militar na Frente de Libertação Nacional da Argélia. Era o médico Ahmed Tebbal, que naquele tempo foi um dos meus grandes amigos de Paris, mas que morreu de uma morte diferente da guerra depois da independência de seu país. Vinte e cinco anos depois, quando fui convidado para os festejos daquele aniversário em Argel, declarei a um jornalista algo que parecia difícil de acreditar: a única revolução pela qual fui preso foi a argelina.

A Paris de então não era só a da guerra da Argélia. Era também a do exílio mais generalizado que a América Latina teve em muito tempo. Juan Domingo Perón — que então não era o mesmo dos anos seguintes — estava no poder na Argentina, o general Odría no Peru, o general Rojas Pinilla na Colômbia, o general Pérez Jiménez na Venezuela, o general Anastasio Somoza na Nicarágua, o general Rafael Leónidas Trujillo na República Dominicana, o general Fulgencio Batista em Cuba. Éramos tantos os fugitivos de tantos patriarcas simultâneos, que o poeta Nicolás Guillén assomava todas as madrugadas à sua sacada do hotel Grand Saint--Michel, na rua Cujas, e gritava em castelhano as notícias da América Latina que acabava de ler nos jornais. Uma madrugada gritou:

— Caiu o homem.

O que caíra era só um, com certeza, mas todos despertamos iludidos com a ideia de que o derrubado fosse o de nosso próprio país.

Quando cheguei a Paris eu não passava de um caribenho verde. O que mais agradeço a esta cidade, com a qual tenho tantas contendas antigas, e tantos amores ainda mais antigos, é que me deu uma perspectiva nova e definitiva da América Latina. A visão de conjunto, que não tínhamos em nenhum de nossos países, tornava-se mais clara aqui em torno de uma mesa de café, e as pessoas se davam conta de que apesar de serem de países diferentes eram todos tripulantes do mesmo barco. Era possível fazer uma viagem por todo o continente e se encontrar com seus escritores, artistas, políticos em desgraça ou à beira de sê-lo, só percorrendo os cafés populosos de Saint Germain-des-Prés. Alguns não chegavam, como me aconteceu com Julio Cortázar — a quem eu já admirava por seus belos contos de *Bestiário* —, e a quem esperei durante quase um ano no Old Navy, onde alguém me dissera que ele costumava ir. Uns quinze anos depois o encontrei, enfim, também em Paris, e era ainda como eu o imaginava muito antes: o homem mais alto do mundo, que nunca se decidiu a envelhecer. Era a cópia fiel daquele latino-americano que, num de seus contos, gostava de ir nos amanheceres de bruma ver as execuções na guilhotina.

Respiravam-se as canções de Brassens no ar. A bela Tachia Quintana, uma basca temerária a quem os latino-americanos de todas as partes convertêramos numa exilada das nossas, realizava o milagre de fazer uma suculenta *paella* para dez num fogareiro a álcool. Paul Coulaud, outro de nossos franceses convertidos, encontrara um nome para aquela vida: *la misère dorée*: a miséria dourada. Eu ainda não tinha uma consciência clara da minha situação até uma noite em que me vi de repente nas imediações do Jardim de Luxemburgo sem ter comido uma só castanha durante todo o dia e sem lugar para dormir. Estive vadiando longas horas pelos bulevares, com a esperança de que passasse a patrulha que levava os árabes para que me levasse também para dormir numa cela quente, porém por mais que a procurasse não a encontrei. Ao amanhecer, quando os palácios do Sena começaram a se delinear em meio à neblina espessa, dirigi-me à Cité com passos largos e decididos e a cara de trabalhador honrado que acabara de se levantar para ir à sua fábrica. Quando atravessava a ponte de Saint-Michel senti que não estava sozinho dentro da névoa, porque percebi os passos nítidos de alguém que se aproximava em sentido contrário. Vi-o compor-se na névoa, na mesma calçada e com o mesmo ritmo que eu, e vi de perto seu casaco escocês de quadrados vermelhos e pretos, e no instante em que nos cruzamos no meio da ponte vi seu cabelo emaranhado, o bigode de turco, o semblante triste de fome atrasada e de noites maldormidas, e vi seus olhos marejados de lágrimas. Gelou-me o coração, porque aquele homem parecia ser eu mesmo vindo de volta.

Essa é minha recordação mais intensa daquele tempo, e a evoquei com mais força do que nunca agora que voltei a Paris, de regresso de Estocolmo. A cidade não mudou desde então. Em 1968, atraído pela curiosidade de ver o que se passara depois da maravilhosa explosão de maio, achei que os namorados não se beijavam em público, e que haviam recolocado os paralelepípedos nas ruas, e haviam apagado as pichações mais belas que jamais se escreveram nos muros: *A imaginação no poder*; *Sob esta rua está a praia*; *Amai-vos uns sobre os outros*. Ontem, depois de percorrer os lugares que algumas vezes foram meus, só pude perceber uma novidade: uns funcionários públicos vestidos de verde, que percorrem as ruas em motocicletas verdes e levam umas mãos mecânicas de exploradores siderais para recolher na calçada o cocô que um milhão de cachorros cativos expelem cada 24 horas na cidade mais bela do mundo.

29 de dezembro de 1982, *El País*, Madri

## REGRESSO AO MÉXICO

Certa vez eu disse, numa entrevista:

— Da Cidade do México, onde tenho tantos amigos, não vai me restando mais do que a recordação de uma tarde incrível em que chovia com o sol entre as árvores do bosque de Chapultepec, e fiquei tão fascinado com aquele prodígio que minha orientação se perturbou e me pus a dar voltas na chuva, sem encontrar a saída.

Dez anos depois dessa declaração voltei a procurar aquele bosque encantado e o encontrei apodrecido pela contaminação do ar e com a aparência de que nunca mais voltou a chover entre suas árvores murchas. Essa experiência me revelou de repente quanta vida minha e dos meus ficou nessa cidade demoníaca, que hoje é uma das mais extensas e povoadas do mundo, e quanto mudamos juntos, a cidade e nós, desde que chegamos sem nome e sem um centavo no bolso, em 2 de julho de 1961, à poeirenta estação central da estrada de ferro.

Nunca me esquecerei da data, ainda que não estivesse num carimbo de um passaporte inútil, porque no dia seguinte, bem cedo, um amigo me despertou pelo telefone para me dizer que Hemingway morrera. Destroçara a cabeça com um tiro de fuzil no céu da boca, e essa barbaridade ficou para sempre em minha memória como o começo de uma nova época. Mercedes e eu, que tínhamos dois anos de casados, e Rodrigo, que ainda não tinha um ano, vivêramos nos meses anteriores num quarto de hotel em Manhattan. Eu trabalhava como correspondente na agência cubana de notícias de Nova York, e não conhecia até então um lugar mais idôneo para morrer assassinado. Era um escritório sórdido e solitário num velho edifício do Rockefeller Center, com uma sala de teletipos e uma sala de redação com uma única janela que dava para um pátio abissal, sempre triste e cheirando a fuligem gelada, de cujo fundo subia a todo momento o ruído dos ratos disputando sobras nas latas de lixo. Quando aquele lugar se tornou insuportável, pusemos Rodrigo numa canastra e subimos no primeiro ônibus que saiu para o Sul. Todo o nosso capital no mundo eram 300 dólares, e outros 100 que Plinio Apuleyo Mendoza nos mandou de Bogotá para o consulado colombiano em Nova Orleans. Não deixava de ser uma bela loucura: tentávamos chegar à Colômbia por entre os algodoais e os povoados de negros dos Estados Unidos, levando como único guia minha memória recente dos romances de William Faulkner.

Como experiência literária, tudo aquilo era fascinante, mas na vida real — mesmo sendo tão jovens — era um disparate. Foram 14 dias de ônibus por estradas marginais, ardentes e tristes, comendo em pensões de má morte e dormindo em hotéis com as piores companhias. Nas grandes lojas das cidades do Sul conhecemos pela primeira vez a ignomínia da discriminação: havia dois bebedouros públicos, um para os brancos e outro para os negros, com um letreiro em cada um deles. No Alabama passamos uma noite inteira procurando um quarto de hotel, e em todos nos diziam que não havia vaga, até que um porteiro noturno descobriu por acaso que não éramos mexicanos. No entanto, como sempre, o que mais nos fatigava não eram os dias intermináveis sob o calor ardente de junho nem as más noites nos hotéis de encontros amorosos, mas a má comida. Cansados de hambúrgueres baratos e de leite maltado, acabamos partilhando com a criança as compotas em conserva. Ao término daquela travessia heroica conseguimos confrontar mais uma vez realidade e ficção. Os partenões imaculados em meio aos campos de algodão, os rancheiros fazendo a sesta sentados sob a varanda fresca das estalagens, os barracos dos negros sobrevivendo na miséria, os herdeiros brancos do tio Gavin Stevens, que iam para a missa dominical com suas mulheres lânguidas vestidas de musselina: a vida terrível do condado de Yoknapatawpha desfilara diante de nossos olhos pela janelinha de um ônibus, e era tão certa e humana como nos romances do velho mestre.

No entanto, toda a emoção daquela experiência foi para o caralho quando chegamos à fronteira com o México, à suja e poeirenta Laredo que já nos era familiar por tantos filmes de contrabandistas. A primeira coisa que fizemos foi entrar numa taberna para comer algo quente. Serviram-nos, para começar, à maneira de sopa, um arroz amarelo e macio, preparado de modo diferente do que no Caribe.

— Bendito seja Deus — exclamou Mercedes ao prová-lo. — Ficaria aqui para sempre ainda que fosse só para continuar comendo esse arroz.

Nunca se poderia imaginar até que ponto seu desejo de permanecer seria cumprido. E não por aquele prato de arroz frito, no entanto, porque o destino nos pregaria uma peça bem divertida: o arroz que comemos em casa vem da Colômbia, quase de contrabando, nas malas dos amigos que vêm, porque aprendemos a sobreviver sem as comidas de nossa infância, mas não sem esse arroz patriótico cujos grãos brancos como a neve podem ser contados um a um no prato.

Chegamos à Cidade do México num entardecer cor de malva, com os últimos 20 dólares e sem nada no futuro. Só tínhamos aqui quatro amigos. Um era o poeta Álvaro Mutis, que já comera o pão que o diabo amassou no México mas ainda não encontrara o que Deus assou. O outro era Luis Vicens, um catalão dos grandes que viera pouco antes da Colômbia, fascinado pela vida cultural do México. O outro era o escultor Rodrigo Arenas Betancourt, que semeava cabeças monumentais nos quatro cantos desse país interminável. O quarto era o escritor Juan García Ponce, que eu conhecera na Colômbia como jurado de um concurso de pintura, porém mal nos lembrávamos um do outro, pelo estado de densidade etílica em que nos encontrávamos na noite em que nos vimos pela primeira vez. Foi ele quem me telefonou logo que soube de minha chegada, e me gritou com sua loquacidade opulenta:

— O cabrão do Hemingway rebentou a cara com uma descarga de escopeta.

Esse foi o momento exato — e não às seis da tarde do dia anterior — em que cheguei verdadeiramente à Cidade do México. Sem saber bem por que, nem como, nem até quando. Passaram-se até agora 21 anos e ainda não sei, mas aqui estamos. Como disse numa memorável ocasião recente, aqui escrevi meus livros, aqui criei meus filhos, aqui semeei minhas árvores.

Revivi esse passado — rarefeito pela saudade, é certo — agora que voltei ao México como tantas e tantas vezes, e pela primeira vez me encontrei numa cidade diferente. No bosque de Chapultepec não ficaram sequer os namorados de antigamente, e ninguém parece acreditar no sol radiante de janeiro, porque na verdade se tornou raro nesses tempos. Nunca encontrei tanta incerteza no coração dos amigos. Será possível?

26 de janeiro de 1983, *El País*, Madri

## ESTÁ BEM, FALEMOS DE LITERATURA

Jorge Luis Borges disse numa antiga entrevista que o problema dos jovens escritores de então era que no momento de escrever pensavam no êxito ou no fracasso. Em compensação, quando ele estava em seus começos só pensava em escrever para si mesmo.
— Quando publiquei meu primeiro livro, em 1923 — contava —, mandei imprimir trezentos exemplares e os distribuí entre meus amigos, salvo cem exemplares, que levei para a revista *Nosotros*.
Um dos diretores da publicação, Alfredo Bianchi, olhou aterrado para Borges e disse:
— Mas você quer que eu venda todos esses livros?
— Claro que não — respondeu Borges. — Apesar de tê-lo escrito não estou completamente louco.
O autor da entrevista, Alex J. Zisman, que então era um estudante peruano em Londres, contou à margem que Borges sugerira a Bianchi que pusesse exemplares do livro nos bolsos dos sobretudos pendurados no roupeiro de seu escritório, e assim conseguiram que se publicassem algumas notas críticas.
Pensando nesse episódio, lembrei-me de outro, talvez conhecido demais, de quando a mulher do já famoso escritor norte-americano Sherwood Anderson encontrou o jovem William Faulkner escrevendo a lápis com o papel apoiado num velho carrinho de mão.

— O que está escrevendo? — perguntou ela.
Faulkner, sem levantar a cabeça, respondeu:
— Um romance.
A senhora Anderson só conseguiu exclamar:
— Meu Deus!

De fato, uns dias depois Sherwood Anderson mandou dizer ao jovem Faulkner que estava disposto a levar seu romance a um editor, com a condição de não ser obrigado a lê-lo. O livro viria a ser *Paga de soldado*, publicado em 1926 — ou seja, três anos depois do primeiro livro de Borges —, e Faulkner publicaria quatro outros antes que fosse considerado um autor conhecido, cujos livros fossem aceitos por editores sem muitos rodeios. O próprio Faulkner declarou certa vez que depois desses primeiros cinco livros se sentiu forçado a escrever um romance sensacionalista, já que os anteriores não renderam dinheiro o bastante para alimentar a família. Esse livro forçado foi *Santuário* e vale a pena assinalá-lo, porque indica bem qual era a ideia que Faulkner tinha de um romance sensacionalista.

Lembrei-me desses episódios das origens dos grandes escritores no decurso de uma conversa de quase quatro horas que tive ontem com Ron Sheppard, um dos críticos literários da revista *Time*, que está preparando um estudo sobre a literatura da América Latina. Duas coisas me deixaram satisfeito nessa entrevista. A primeira é que Sheppard só me falou e só me fez falar de literatura, e demonstrou, sem o menor assomo de pedantismo, que sabe bem o que é. A segunda é que lera com atenção todos os meus livros e os estudou, em separado, e também em sua ordem e em seu conjunto, e além disso se dera ao trabalho árduo de ler numerosas entrevistas minhas para não recair nas perguntas de sempre. Esse último ponto não me interessou tanto por afagar minha vaidade — coisa que de qualquer maneira não se pode nem se deve descartar quando se fala com qualquer escritor, mesmo os que parecem mais modestos — mas porque me permitiu explicar melhor, com minha própria experiência, minhas concepções pessoais sobre o ofício de escrever. Todo escritor entrevistado descobre logo — por qualquer descuido ínfimo — se seu entrevistador leu um livro do qual está falando, e, a partir desse instante, sem que o outro o perceba, coloca-o em situação de desvantagem. Em compensação, conservo uma grata recordação de um jornalista espanhol, bem jovem, que fez uma entrevista minuciosa sobre minha vida acreditando que eu era o autor da canção das borboletas amarelas, que naquela época tocava em todas as partes, mas que não tinha a menor ideia de que aquela música se originara de um livro e que, além disso, fora eu quem o escrevera.

Sheppard não fez nenhuma pergunta concreta, nem utilizou um gravador, mas de tempo em tempo tomava notas breves num caderno escolar, nem se importou com os prêmios que eu recebi antes ou agora, nem tentou saber qual é o compromisso do escritor, nem quantos exemplares vendi, nem quanto dinheiro ganhei. Não farei um resumo de nossa conversa, porque tudo quanto nela se falou pertence agora a ele. Mas não resisti à tentação de assinalar o fato como um acontecimento alentador no rio revolto de minha vida particular de hoje, em que não faço nada mais do que responder várias vezes por dia às mesmas perguntas com as mesmas respostas de sempre. E pior ainda: as mesmas perguntas, que cada dia têm menos a ver com minha profissão de escritor. Sheppard, em compensação, e com a mesma naturalidade com que respirava, movia-se sem tropeços nos mistérios mais densos da criação literária, e quando se despediu me deixou empapado da saudade dos tempos em que a vida era mais simples e se desfrutava do prazer de perder horas e horas falando de nada mais do que de literatura.

No entanto, nada do que falamos se fixou em mim de maneira mais intensa do que a frase de Borges: "Agora, os escritores pensam no êxito ou no fracasso." De uma maneira ou de outra, disse a mesma coisa a tantos escritores jovens que encontro por esses mundos. Nem todos, por fortuna, vi tentando terminar um romance de qualquer maneira para chegar a tempo a um concurso. Vi-os se precipitando em abismos de desmoralização por uma crítica desfavorável, ou pela recusa de seu original numa editora. Certa vez ouvi Mario Vargas Llosa dizer uma frase que me desconcertou de saída:

— No momento de se sentar para escrever, todo escritor decide se vai ser um bom escritor ou um mau escritor.

Vários anos depois chegou à minha casa no México um rapaz de 23 anos que publicara seu primeiro romance seis meses antes e que naquela noite se sentia triunfante porque acabara de entregar ao editor seu segundo romance. Expressei minha perplexidade pela pressa que imprimia em sua carreira prematura, e ele me respondeu, com um cinismo que ainda quero lembrar como involuntário:

— É que você tem de pensar muito antes de escrever, porque todo mundo está interessado naquilo que você escreve. Em compensação, eu posso escrever rapidamente, porque pouca gente me lê.

Então entendi, como uma revelação deslumbrante, a frase de Vargas Llosa: aquele rapaz decidiu ser um mau escritor, como de fato foi até que conseguiu um bom emprego numa agência de carros usados, e não voltou a perder tempo escrevendo. Em troca, penso agora, talvez seu destino fosse outro se antes de aprender a escrever tivesse aprendido a falar de literatura. Por esses dias há uma frase da moda: "Queremos menos ação e mais palavras." É uma frase certamente carregada de uma grande perfídia política. Mas serve também para os escritores.

Há uns meses disse a Jomi García Ascot que a única coisa melhor do que música era falar de música, e ontem à noite estive a ponto de dizer a mesma coisa sobre a literatura. Mas logo pensei com mais cuidado. Na realidade, a única coisa melhor do que falar de literatura é fazê-la bem.

9 de fevereiro de 1983, *El País*, Madri

## AQUELE QUADRO-NEGRO DAS NOTÍCIAS

Desde a terceira década do século XX, e durante uns dez anos, existiu em Bogotá um jornal que talvez não tivesse muitos antecedentes no mundo. Era um quadro-negro como o das escolas, no qual as notícias de última hora eram escritas a giz, e era colocado duas vezes ao dia na sacada de *El Espectador*. Aquele cruzamento da avenida Jiménez de Quesada com a Carrera Séptima — conhecido durante muitos anos como a melhor esquina da Colômbia — era o local mais concorrido da cidade, sobretudo nas horas em que aparecia o quadro-negro das notícias: ao meio-dia e às cinco da tarde. A circulação dos bondes se tornava difícil, ou até impossível, pelo estorvo da multidão, que esperava impaciente.

Além disso, aqueles leitores de rua tinham uma possibilidade que os de agora não têm, de aplaudir com uma ovação forte as notícias que lhes pareciam boas, de vaiar as que não os satisfaziam por completo e de atirar pedras no quadro-negro quando as consideravam contrárias aos seus interesses. Era uma forma de participação ativa e imediata, com a qual *El Espectador* — o vespertino que patrocinava o quadro-negro — tinha um termômetro mais eficaz do que qualquer outro para medir a febre da opinião pública.

Ainda não existia a televisão, e havia noticiários radiofônicos completos, mas em horas fixas, de maneira que antes de ir almoçar ou jantar, ficava-se esperando a aparição do quadro-negro para voltar para casa com uma visão mais completa do mundo. Uma tarde se soube — com um murmúrio de estupor — que Carlos Gardel morrera em Medellín, num choque entre aviões. Quando eram notícias importantes, como essa, o quadro-negro mudava várias vezes fora das horas previstas, para alimentar com boletins extraordinários a ansiedade do público. Fazia-se isso quase sempre em épocas de eleição, e de maneira exemplar e inesquecível quando do voo retumbante do *Concha Venegas* entre Lima e Bogotá, cujas peripécias se refletiram, de hora em hora, na sacada das notícias. Em 9 de abril de 1948, à uma da tarde, o líder popular Eliécer Gaitán caiu fulminado por três disparos certeiros. Nunca, na tormentosa história do quadro-negro, uma notícia tão grande ocorrera tão perto dele. Mas não pôde registrá-la, porque *El Espectador* já trocara de lugar e se modernizaram os sistemas e os hábitos informativos, e só uns poucos nostálgicos atrasados recordávamos os tempos em que se sabia quando era meio-dia ou cinco horas da tarde porque víamos aparecer na sacada o quadro-negro das notícias.

Ninguém agora se lembra em *El Espectador* de quem foi a ideia original daquela forma direta e palpitante de jornalismo moderno numa cidade remota e lúgubre como a Bogotá de então. Mas se sabe que o redator responsável, em termos gerais, era um rapaz que mal andava pelos 20 anos e seria, sem dúvida, um dos melhores jornalistas da Colômbia sem ter ido além da escola primária. Hoje, ao completar cinquenta anos de atividade profissional, todos os seus compatriotas sabemos que se chamava, e continua se chamando, José Salgar.

Outra noite, numa homenagem interna do jornal, José Salgar disse, mais a sério do que de brincadeira, que por ocasião desse aniversário recebera em vida todos os elogios que costumam ser feitos aos mortos. Talvez não ouviu dizer que o mais surpreendente de sua vida de jornalista não é ter chegado a meio século de profissão — coisa que aconteceu a muitos velhos —, mas o contrário: ter começado aos 12 anos no mesmo jornal, e quando já procurava há dois anos trabalho como jornalista. Sempre que voltava do colégio, aí por volta de 1939, José Salgar ficava contemplando pela janela as máquinas de pedal na qual se imprimia o

*Mundo al Día*, jornal de variedades, muito solicitado em seu tempo, cuja seção mais lida era já um jornalismo puro. Chamava-se "Vi com meus próprios olhos", e eram experiências dos leitores contadas por eles próprios. Por cada nota enviada e publicada, *Mundo al Día* pagava 5 centavos, numa época em quase tudo custava 5 centavos: jornal, xícara de café, para engraxar de sapatos, entrada de cinema infantil e muitas outras coisas de primeira e segunda necessidades. Pois bem. José Salgar, desde os 10 anos, começou a mandar suas experiências por escrito, não tanto pelo interesse dos 5 centavos por de vê-las publicadas, e nunca conseguiu. Ainda bem, porque assim teria cumprido meio século de jornalista dois anos antes, o que teria sido quase um abuso.

Começou pela ordem: pelo mais baixo. Um amigo da família que trabalhava nas oficinas de *El Espectador* — onde se imprimia então *El Espectador* — levou-o para trabalhar com ele num turno que começava às quatro da madrugada. José Salgar recebeu a dura tarefa de fundir as barras de chumbo para os linotipos, e sua seriedade chamou a atenção de um linotipista destacado — daqueles que não se fazem mais — que, por sua vez, chamava a atenção dos companheiros por duas virtudes distintas: parecia-se como irmão gêmeo do presidente da República, dom Marco Fidel Suárez, e era tão sábio quanto ele nos segredos da língua castelhana, a ponto de ter chegado a disputar uma cadeira na Academia de Letras. Seis meses depois de estar fundindo chumbo de linotipos, José Salgar foi mandado a uma escola de aprendizagem rápida pelo chefe de redação — Alberto Galindo —, ainda que fosse para aprender as normas elementares da ortografia, e o promoveu a mensageiro de redação. A partir dali fez toda a carreira por dentro, até ser o que é hoje, subdiretor do jornal e seu funcionário mais antigo. No tempo em que começou a escrever o quadro-negro de notícias tiraram dele uma foto de rua com um terno preto de lapelas largas cruzadas e um chapéu de aba inclinada, de acordo com a moda do tempo imposta por Carlos Gardel. Em suas fotos de hoje não se parece com ninguém mais do que a si mesmo.

Quando ingressei na redação de *El Espectador*, em 1953, José Salgar era o chefe de redação desalmado que me ordenou como regra de ouro do jornalismo: "Torça o pescoço do cisne." Para um calouro da província disposto a morrer pela literatura aquela ordem era pouco menos do que um insulto. Mas talvez o maior mérito de José Salgar tenha sido saber dar ordens sem dor, porque não as dava com a cara de chefe, e sim de subalterno. Não sei se lhe obedeci ou não, mas em vez de me sentir ofendido agradeci o conselho, e desde então — até o sol de hoje — nos tornamos cúmplices.

Talvez o que mais agradecemos um ao outro seja que enquanto trabalhamos juntos não deixávamos de fazê-lo sequer nas horas de descanso. Recordo que não nos separávamos nem um minuto durante aquelas três semanas históricas em que o papa Pio XII teve um soluço que não parava por nada, e José Salgar e eu nos declaramos em plantão permanente, esperando que ocorresse qualquer dos dois extremos da notícia: que o papa deixasse de soluçar ou que morresse. Aos domingos íamos de carro pelas estradas da savana, com o rádio ligado, para seguir sem interrupção o ritmo do soluço do papa, mas sem nos afastar demais, para regressar à redação logo que se conhecesse o desenlace. Lembrava-me desses tempos na noite da semana passada em que participamos da ceia de seu jubileu, e creio que até então eu não descobrira que José Salgar talvez tenha adquirido aquele sentido insone da profissão do hábito incurável do quadro-negro das notícias.

21 de setembro de 1983, *El País*, Madri

## VOLTA ÀS RAÍZES

Ao contrário do que fizeram tantos escritores bons e maus, em todos os tempos, nunca idealizei a cidade onde nasci e onde cresci até os 8 anos. Minhas recordações dessa época — como disse tantas vezes — são as mais nítidas e reais que conservo, ao extremo de que posso evocar como se fosse ontem não só a aparência de cada uma das casas que ainda se conservam mas também descobrir uma fenda que não existia num muro durante minha infância. As árvores das cidades costumam durar mais do que os seres humanos, e sempre tive a impressão de que também elas se recordam de nós, talvez melhor do que nós nos recordamos delas.

Pensava em tudo isso, e muito mais, enquanto percorria as ruas poeirentas e ardentes de Aracataca, a cidade onde nasci e onde voltei há alguns dias depois de 16 anos de minha última visita. Um pouco transtornado pelo reencontro com tantos amigos da infância, aturdido pelo tropel de crianças entre as quais parecia me reconhecer a mim mesmo quando chegava o circo, tinha, no entanto, bastante serenidade para me surpreender de que nada mudara na casa do general José Rosario Durán — onde, com certeza, não resta mais ninguém de sua família ilustre —; que sob as árvores com que se enfeitam as praças, elas continuam sendo as mesmas, com sua poeira sedenta e as amendoeiras tristes como eram sempre, e que a igreja foi pintada e repintada muitas vezes em meio século, mas o quadrante do relógio da torre é o mesmo.

— E isso não é nada — explicou-me alguém. — O homem que o conserta também é o mesmo.

É muito — eu diria que demais — o que se escreveu sobre as afinidades entre Macondo e Aracataca. A verdade é que cada vez que volto à cidade real acho que se parece menos à da ficção, salvo alguns elementos externos, como o calor irresistível às duas da tarde, a poeira branca e ardente e as amendoeiras que ainda se conservam em alguns recantos das ruas. Há uma semelhança geográfica que é evidente, mas que não vai mais longe. Para mim há muito mais poesia na *anime* do que toda que tentei deixar em meus livros. A própria palavra *anime* é um mistério que me persegue desde aqueles tempos. O dicionário da Real Academia diz que *anime* é uma planta e sua resina. Da mesma maneira a define, ainda que com mais precisão, o excelente léxico de colombianismos de Mario Alario di Filippo. O padre Pedro María Revollo, em seus *Costeñismos colombianos*, nem sequer a menciona. Em compensação, Sundenheim, em seu *Vocabulario costeño*, publicado em 1922, e ao que parece esquecido para sempre, consagra-lhe uma nota bem ampla que transcrevo na parte que mais nos interessa: "A anime, entre nós, é uma espécie de duende caridoso que auxilia seus protegidos em situações difíceis e carentes, daí se afirmar que quando alguém tem *anime* se dá a entender que conta com alguma pessoa ou força misteriosa que lhe prestou ajuda." Isto é: Sundenheim a identifica com os duendes, e, de maneira mais precisa, com os descritos por Michelet.

As *animes* de Aracataca eram outra coisa: seres minúsculos, de não mais de 3 centímetros, que viviam no fundo das talhas. Às vezes eram confundidas com os gusanos, que alguns chamavam de sarapicos, e eram na realidade as larvas dos mosquitos brincando no fundo da água de beber. Mas os bons conhecedores não os confundiam: as *animes* tinham a faculdade de fugir de seu refúgio natural, mesmo se as talhas eram cobertas com segurança, e se divertiam fazendo toda espécie de travessuras na casa. Não passavam disso: espíritos travessos, porém benignos, que talhavam o leite, trocavam a cor dos olhos das crianças, oxidavam as fechaduras ou provocavam sonhos obscuros. Havia épocas em que seu humor se transtornava, por motivos nunca compreensíveis, e apedrejavam a casa onde viviam. Conheci-as na casa de dom Antonio Daconte, um emigrante italiano que levou grandes novidades a Aracataca: o cinema mudo, o salão de bilhar, as bicicletas alugadas, os gramofones, os primeiros receptores de rádio. Uma noite correu por toda a cidade a notícia de que as *animes* estavam apedrejando a casa de dom Antonio Daconte, e todo mundo foi ver. Ao contrário do que poderia parecer, não era um espetáculo de horror, e sim uma festa alegre que de qualquer maneira não deixou uma vidraça intacta. Não se via quem as atirava, mas as pedras surgiam de todas as partes e tinham a virtude mágica de não atingir ninguém, e sim se dirigir aos seus objetivos exatos: as coisas de cristal. Muito depois daquela noite encantada, nós, crianças, conservávamos o hábito de nos metermos na casa de dom Antonio Daconte para destampar a talha da sala de jantar para ver as *animes* — quietas e quase transparentes — aborrecendo-se no fundo da água.

Talvez a casa mais famosa da cidade fosse uma esquina como tantas outras, vizinha à de meus avós, que todo mundo conhecia como a *casa do morto*. Nela viveu vários anos o pároco que batizou toda a nossa geração, Francisco C. Angarita, que era célebre por seus tremendos sermões moralizadores. Eram muitas as coisas boas e más que se murmuravam do padre Angarita, cujos acessos de cólera eram temíveis; mas há poucos anos soube que assumira uma posição bem definida e consequente durante a greve e a matança dos bananeiros.

Muitas vezes ouvi dizer que a *casa do morto* tinha esse nome porque ali se via vaguear à noite o fantasma de alguém que numa sessão de espiritismo disse se chamar Alfonso Mora. O padre Angarita contava a história com um realismo que arrepiava a pele. Descrevia a assombração como um homem corpulento, as mangas da camisa enroladas até o cotovelo, o cabelo curto e abundante, e os dentes perfeitos e brilhantes como os dos negros. Todas as noites, ao soar a meia-noite, depois de percorrer a casa, desaparecia sob a árvore de totumo que crescia no centro do pátio. As imediações da árvore foram escavadas muitas vezes em busca de um tesouro enterrado. Um dia, em plena luz do dia, passei para a casa vizinha à nossa perseguindo um coelho, e tentei alcançá-lo no banheiro, onde se escondera. Empurrei a porta, mas em vez do coelho vi o homem acocorado na latrina, com o ar de tristeza pensativa que todos temos nessas circunstâncias. Reconheci-o de imediato, não só pelas mangas arregaçadas até o cotovelo, mas também por seus bonitos dentes de negro que brilhavam na penumbra.

Essas e muitas outras coisas eu recordava há alguns dias naquela cidade ardente, enquanto os velhos e os novos amigos, e os que apenas começavam a ser, pareciam deveras alegres por estarmos outra vez juntos depois de tanto tempo. Era o mesmo manancial de poesia cujo rufo de tambor ouvi ressoar em meio mundo, em quase todos os idiomas e que, no entanto, parece existir mais na memória do que na realidade. É difícil imaginar outro lugar mais esquecido, mais abandonado, mais distante dos caminhos de Deus. Como não se sentir com a alma retorcida por um sentimento de revolta?

21 de dezembro de 1983, *El País*, Madri

## COMO SE ESCREVE UM ROMANCE?

Essa é, sem dúvida, uma das perguntas que se fazem com mais frequência a um romancista. De acordo com quem a faz, sempre se tem uma resposta complacente. Mais ainda: é útil tentar resolvê-la, porque não só na variedade está o prazer, como se diz, mas também nela está a possibilidade de encontrar a verdade. Porque uma coisa é certa: creio que os que mais se fazem a si mesmos a pergunta de como se escreve um romance são os próprios romancistas. E também a nós mesmos nos damos de cada vez uma resposta diferente.

Refiro-me, por certo, aos escritores que acreditam que a literatura é uma arte destinada a melhorar o mundo. Os outros, os que pensam que é uma arte destinada a melhorar suas contas bancárias, têm fórmulas para escrever que não só são acertadas mas que podem se resolver com tanta precisão como se fossem fórmulas matemáticas. Os editores sabem. Um deles se divertia há pouco me explicando como era fácil para sua editora ganhar o Prêmio Nacional de Literatura. Em primeiro lugar se devia fazer uma análise dos membros do júri, de sua história pessoal, sua obra, os gostos literários. O editor pensava que a soma de todos esses elementos acabaria por dar uma média do gosto geral do júri.

— Para isso existem os computadores — dizia.

Uma vez estabelecida qual era a classe de livro que tinha mais possibilidades de ser premiado, procedia-se com um método contrário ao que se costuma utilizar na vida: em vez de procurar onde estava esse livro, devia-se investigar qual era o escritor, bom ou mau, que fosse mais dotado para produzi-lo. O resto era questão de assinar um contrato para que ele se sentasse e escrevesse sob medida o livro que receberia no próximo ano o Prêmio Nacional de Literatura. O alarmante é que o editor submeteu esse jogo à moenda do computador que lhe deu a possibilidade de acerto de 86 por cento.

Portanto, o problema não é escrever um romance — ou um conto curto —, e sim escrever a sério, mesmo que depois não se venda nem ganhe qualquer prêmio. Essa é a resposta que não existe, e se alguém tem motivos para sabê-lo atualmente é o mesmo que está escrevendo esta coluna com o objetivo recôndito de encontrar sua própria solução para o enigma. Pois retornei ao meu estúdio do México, onde há um ano exato deixei vários contos inacabados e um romance começado, e me sinto como se não encontrasse a ponta para desenrolar o novelo. Depois de lê-los com o saudável distanciamento de um ano, atrevo-me a jurar — talvez seria o certo — que não fui eu quem os escreveu. Faziam parte de um velho projeto de sessenta ou mais contos sobre a vida dos latino-americanos na Europa, e seu principal defeito era o fundamental para destruí-los: nem eu mesmo acreditava neles.

Não terei a arrogância de dizer que não me tremeram as mãos ao rasgá-los e em seguida dispersar as tiras para impedir que fossem reconstruídos. Tremeram-me, e não só as mãos, porque de rasgar papéis tenho uma recordação que poderia parecer alentadora mas que para mim parece deprimente. É uma recordação que me remete a uma noite de julho de 1955, na véspera da viagem à Europa do enviado especial de *El Espectador*, quando o poeta Jorge Gaitán Durán veio ao meu quarto de Bogotá para me pedir que deixasse algo para publicar na revista *Mito*. Eu acabara de revisar meus papéis, pusera em segurança os que acreditava dignos de serem conservados e rasgara os sem esperança. Gaitán Durán, com essa voracidade insaciável que sentia perante a literatura, e sobretudo diante da possibilidade de descobrir valores ocultos, começou a revistar o cesto de papéis rasgados, e de repente encontrou algo que lhe chamou a atenção.

— Mas isso é publicável — disse-me.

Expliquei-lhe por que o jogara fora: era um capítulo inteiro que retirara de meu primeiro romance, *A revoada* — já publicado naquele momento —, cujo único destino honesto seria a cesta de lixo. Gaitán Durán não concordou. Parecia-lhe que na realidade o texto sobrara dentro do romance, mas tinha um valor diferente por si mesmo. Mais para agradá-lo do que por estar convencido, autorizei-o a colar as folhas com fita adesiva e publicar o capítulo como se fosse um conto.

— Que título colocaremos? — perguntou-me, usando o plural que poucas vezes fora tão adequado como naquele caso.

— Não sei — eu disse. — Isso era um monólogo de Isabel vendo a chuva em Macondo.

Gaitán Durán escreveu na margem superior da primeira página quase ao mesmo tempo em que eu falava: "Monólogo de Isabel vendo chover em Macondo."

Assim se recuperou do lixo um de meus contos mais elogiados pela crítica e, sobretudo, pelos leitores. Essa experiência, no entanto, não me serviu para não continuar rasgando os originais que me parecessem impublicáveis, mas me ensinou que é necessário rasgá-los de tal modo que nunca possam ser remendados.

Rasgar os contos é algo irremediável, porque escrevê-los é como despejar concreto. Em compensação, escrever um romance é como colar ladrilhos. Isso quer dizer que se um conto não se consolida na primeira tentativa é melhor não insistir. Um romance é mais fácil: volta-se a começar. Foi o que me aconteceu agora. Nem o tom, nem o estilo, nem o caráter dos personagens eram adequados ao romance que ficara pela metade. Mas aqui também a explicação é a mesma, pois nem eu mesmo acreditava nele. Tentando encontrar a solução voltei a ler dois livros que supunha úteis. O primeiro foi *A educação sentimental*, de Flaubert, que não lia desde as remotas insônias da universidade e só me serviu agora para evitar com astúcia algumas analogias que teriam resultado suspeitosas. Mas não me resolveu o problema. O outro livro que tornei a ler foi *A casa das belas adormecidas*, de Yasunari Kawabata, que me atingiu a alma há uns três anos e continua sendo um belo livro. Mas dessa vez não me serviu para nada, porque eu procurava pistas sobre o comportamento sexual dos anciãos, mas o que encontrei no livro é o dos anciãos japoneses, que, ao que tudo indica, é tão extraordinário como o de todo japonês, e sem dúvida nada tem a ver com o comportamento sexual dos anciãos caribenhos. Quando contei minhas preocupações à mesa, um de meus filhos — o que tem mais senso prático — disse-me:

— Espere mais alguns anos e verifique com a própria experiência.

O outro, que é artista, foi mais concreto:

— Releia *Os sofrimentos do jovem Werther* — disse, sem o menor traço de ironia na voz.

Tentei, de fato, não só porque sou um pai obediente mas porque pensei deveras que o famoso romance de Goethe me poderia ser útil. Mas nessa ocasião não acabei chorando em seu enterro miserável, como me aconteceu a primeira vez, nem consegui passar da oitava carta, aquela em que o jovem atribulado conta ao amigo Guilherme como começa a se sentir feliz em sua choupana solitária. Encontro-me neste ponto, de maneira que não é raro que tenha de morder a língua para não perguntar a quem encontro:

— Diga-me uma coisa: como caralho se escreve um romance?

*Auxílio*

Li alguma vez, ou vi um filme, ou alguém me contou um acontecimento real, com o seguinte argumento: um oficial da Marinha pôs de contrabando sua amada no camarote de um navio de guerra, e viveram um amor desmedido dentro daquele recinto opressivo, sem que os descobrissem, durante muitos anos. Peço a quem souber quem é o autor dessa belíssima história que me comunique com urgência, pois já perguntei a tantas pessoas que não sabem que já começo a suspeitar que a inventei alguma vez e já não me lembro. Obrigado.

25 de janeiro de 1984, *El País*, Madri

Este livro foi composto na tipografia
Adobe Caslon Pro, em corpo 11,5/15,5, e impresso
em papel off-white no Sistema Cameron
da Divisão Gráfica da Distribuidora Record.